有効活用事例にみる
民事信託の実務指針

スキーム立案・登記・税務

一般社団法人民事信託推進センター◎編

発行 民事法研究会

はしがき

　民事信託は、信託法制が民法や会社法、税法等と複雑に絡む難しい分野です。その民事信託がここにきて大きく取り上げられ、平成18年法律第108号による信託法施行以来、法制度の解説、事例紹介やマニュアル、書式等を収録した書籍が多く出版されてきています。そのような中、多種多様な事例に対応できるとして活用が始まったこの法制度の実務の中で、さまざまな具体的な問題点も浮き彫りになってきています。

　本書は、このような問題点を明らかにし、民事信託が正しい方向で利用されるよう、それぞれの専門的知識を有する執筆者らが、その問題点にも触れ、わかりやすく解説したものです。

　現在、民事信託の実務で中心的な役割を果たしている「親なき後問題」「事業承継」「死後事務」などの各分野において、法律専門家による信託活用に向けての創意工夫と創造力が求められていますが、信託法2条にある「財産の管理又は処分及びその他の当該目的の達成のために」とは、「受益者のために」と解釈すべきであろうと考えます。

　そこで、このたび、「民事信託制度の適正な活用・普及」をめざし、民事信託の具体的な事例を中心にした実践的手引書の出版の機会をいただきました。本書では、成年後見制度を補完して活用する福祉型信託から、商事信託を活用した高齢者の財産管理についてなど、多岐にわたる事例を取り上げ、また、実際に信託の効力が発生した後の実務の留意点や税務、そして信託終了後の実務について触れています。

　民事信託業務は、法務、税務、福祉・医療という具合に、広範な知識を必要としますが、特に成年後見制度と税務の知識なくして、信託を創造できるものではありません。もちろん、本書では、信託税務についても、司法書士等の法律専門家が基本知識を会得していただけるよう、税理士がわかりやすく解説しています。

　民事信託の基本となる要素、さらには、一般社団法人民事信託推進センタ

はしがき

一の中心的な役割を果たしている司法書士が当然知るべき信託登記実務の基本については、ほとんど網羅されているのではないでしょうか。

　読者の皆様に、本書で取り上げた事例に即した実務の実践的な解説等を参考にしていただければ幸いです。

　最後になりましたが、本書の発行にあたり、多忙を極める中、各担当部分の執筆はもとより、構成の検討等に多大な助言・尽力をいただいた担当者、そして、本書の出版をお引き受けいただいた株式会社民事法研究会に心より御礼を申し上げます。

　　平成28年6月

　　　　　　一般社団法人民事信託推進センター理事長　山﨑　芳乃

『有効活用事例にみる民事信託の実務指針』

● 目　次 ●

第1章　民事信託実務の基礎知識と実務指針

Ⅰ　民事信託実務の基礎知識……………………………………………………2
　1　民事信託は創造する制度………………………………………………2
　　　《キーワード》　信託行為／2
　2　民事信託は財産管理・承継制度………………………………………3
　　　《キーワード》　信託関係人／4
　3　民事信託は利用者の思いや考えを満たすことができる広遠な制度……………………………………………………………………5
　　　《キーワード》　成年後見制度／6
　　　《キーワード》　信託の成年後見制度との併用／7
　4　民事信託の基本的構造（しくみ）……………………………………7
　　(1)　財産の現実的提供と移転があること………………………………7
　　(2)　財産の管理・運用は受託者に委ねられていること………………8
　　(3)　受益者を護る制度が確立されていること…………………………9
　　(4)　受益者は受益権という権利を取得すること………………………9
　5　民事信託を知る…………………………………………………………10
　　(1)　民事信託の概念………………………………………………………10
　　(2)　実務で登場する民事信託……………………………………………11
　　　《キーワード》　民事信託／12
　　　《キーワード》　福祉型信託／12
Ⅱ　民事信託を実務で有効に活用するために…………………………………13
　1　信託の本質を知り信認関係を確立すること…………………………13

目　次

　　(1)　信託は、信じて託すこと……………………………………………13
　　(2)　信認関係と信認義務……………………………………………………13
　　　　《キーワード》　信託と正義／14
　2　民事信託の創造にあたっての留意点…………………………………14
　　(1)　禁止・制限される信託…………………………………………………14
　　(2)　信託活用の限界…………………………………………………………15
　　(3)　信託の濫用防止…………………………………………………………16
　3　信託設定に際しての関係者への説明の留意点…………………………17
　　(1)　受託者の選任が難しく、しかも重要であること……………………17
　　(2)　財産が誰のものでもなくなること……………………………………19
　　(3)　予備的信託関係人の定めの必要性……………………………………20
　　　　㈦　当初受託者と後継受託者／20
　　　　㈶　当初受益者と第二次受益者／20
　　　　㈷　第一次受益者保護関係人と予備的受益者保護関係人／20
　　(4)　信託に必要な金融資産…………………………………………………21
　4　総合的な視点からの信託の設定………………………………………21
　　(1)　基本的な考え方…………………………………………………………21
　　　　《キーワード》　追加信託する財産は、信託行為上信託財産
　　　　　　　　　　　　ではない／22
　　(2)　求められる知識と総合力………………………………………………23
　　　　《キーワード》　遺言代用型信託（契約）／23

Ⅲ　民事信託の正しい活用……………………………………………………25
　1　信託の本質を正しく理解し、信託創造者となる……………………25
　2　信託創造者の倫理と信託関係人への就任……………………………26
　　(1)　信託創造者のあり方……………………………………………………26
　　(2)　信託創造者の立場………………………………………………………27
　　(3)　信託の「正義」とは……………………………………………………27
　　　　《キーワード》　信託の目的／28

Ⅳ　民事信託に関する税法・通達の基礎知識 …………………………30

1　はじめに ……………………………………………………………………30

　〔図１〕　受益者等課税信託の課税関係概念図／31

2　信託設定時の課税関係 ……………………………………………………31

　(1)　相続税・贈与税 ………………………………………………………31

　〔図２〕　信託設定時の課税関係／32

　(2)　流通税（登録免許税・不動産取得税）……………………………32

　〈表１〉　信託設定時の流通税（不動産）の課税関係／33

　(3)　印紙税 …………………………………………………………………33

　〈表２〉　信託の方法と印紙税／33

3　信託期間中の課税関係 ……………………………………………………33

　(1)　所得税 …………………………………………………………………33

　〔図３〕　信託不動産に係る不動産所得の損益通算の特例／34

　(2)　信託受益権が複層化している場合の考え方 ………………………34

4　信託終了時の課税関係 ……………………………………………………35

　(1)　所得税・贈与税および相続税 ………………………………………35

　(2)　流通税（登録免許税・不動産取得税）……………………………35

　〈表３〉　受益者・帰属権利者等が共に１名かつ個人である
　　　　　　場合の信託終了時の課税関係／36

　〈表４〉　信託終了に伴う不動産の移転に伴う登録免許税・
　　　　　　不動産取得税の課税関係／36

5　信託受益権の相続税評価額 ………………………………………………37

　(1)　信託受益権の評価──原則 …………………………………………37

　〈表５〉　信託受益権の評価／37

　(2)　受益者連続型信託の特例 ……………………………………………37

　〈表６〉　受益者連続型信託に関する権利の価額／38

　〔図４〕　複層化された受益者連続型信託の評価イメージ／38

　〔図５〕　受益者連続型信託の受益権の評価／39

目　次

　　6　相続税（贈与税）に関する主な特例の適用の可否……………………39
　　　〈表7〉　相続税（贈与税）に関する主な特例の適用の可否／40
　　7　事　例………………………………………………………………………40
　　(1)　事例の内容……………………………………………………………40
　　　〔図6〕　不動産管理処分信託のしくみ／41
　　(2)　遺言書の作成時の課税関係…………………………………………41
　　　(ｱ)　所得税・相続税／41
　　　(ｲ)　印紙税／41
　　(3)　信託受益権設定時の課税関係………………………………………42
　　　(ｱ)　相続税／42
　　　(ｲ)　流通税等／42
　　(4)　信託期間中の課税関係………………………………………………42
　　　(ｱ)　固定資産税等／42
　　　(ｲ)　所得税／42
　　　(ｳ)　信託の計算書／43
　　(5)　信託終了時の課税関係………………………………………………43
　　　(ｱ)　相続税／43
　　　(ｲ)　流通税等／43

第2章　専門職による民事信託の提案

Ⅰ　はじめに……………………………………………………………………46
Ⅱ　受託者の義務・責任と専門職による支援………………………………47
　1　受託者の義務・責任——家族等は受託者としてどのような役割を担うのか………………………………………………………………47
　　(1)　信託法上の受託者の義務・責任……………………………………47

(2)　受託者の善管注意義務等……………………………………47
　　　　〈表8〉　信託法上の受託者の義務・責任／48
　　　(3)　民事信託のリスクにかかわる責任等……………………49
　　　　(ア)　工作物等の所有者の責任／49
　　　　(イ)　受託者の不法行為（不作為を含む）／49
　　　　(ウ)　受託者と受益者の利益相反関係・扶養義務関係／50
　　2　受託者に対する支援の体制…………………………………50
Ⅲ　信託業法から学ぶ注意義務等……………………………………51
　　1　信託の引受けに係る禁止行為………………………………51
　　2　信託の引受けに係る適合性の原則…………………………52
　　　(1)　委託者の属性等……………………………………………52
　　　(2)　情報提供の適正性…………………………………………53
　　　(3)　受託者の能力………………………………………………53
　　　(4)　広告規制……………………………………………………53
　　　(5)　交付書面の記載内容………………………………………53
　　3　信託の引受けに係る説明等の義務…………………………53
　　4　受託者の義務…………………………………………………54
　　5　信託財産に係る行為準則……………………………………54
　　　(1)　受益者または信託財産の状況に応じた対応……………55
　　　(2)　不動産の信託………………………………………………55
　　　(3)　信託期間中の財産の管理…………………………………56
　　　(4)　分別管理体制の整備………………………………………56
　　　(5)　信託財産状況報告書の交付………………………………57
　　6　信託事務の委託規制…………………………………………57
　　7　重要な信託の変更等の規制…………………………………58
　　8　費用等の償還、前払いの範囲等……………………………58
Ⅳ　民事信託の提案にあたって………………………………………60
　　1　委託者のニーズの確認、状況の把握・分析………………60

2　三つの観点（実務・財務・法務）からの検証……………………………60
　　3　他の専門家との連携…………………………………………………………61
　　4　他の手法または信託銀行等の商品との比較………………………………61
　　　〈表9〉　スキームの比較一覧表／62
Ⅴ　信託事務上の検証事項と実務の視点……………………………………………63
　　1　不動産・金融資産の受託者への名義書換手続……………………………63
　　　〈表10〉　信託の公示の区分と分別管理方法／64
　　2　適切な管理方法と手続の確認………………………………………………65
　　(1)　受益者のライフプランとキャッシュフローの整合性…………………65
　　(2)　円滑な信託事務の遂行……………………………………………………65
　　(3)　不動産の状況の確認………………………………………………………66
　　3　会計帳簿・計算書等の作成および報告・提出……………………………66
　　4　受託者・受益者の変更、信託の変更………………………………………66
　　5　委託者・受託者等の権利・義務、信託関係人の設置等…………………67
　　6　信託終了時の清算等…………………………………………………………67
　　7　委託者・受益者等の情報管理………………………………………………68
　　8　信託当事者・関係者へのわかりやすい説明………………………………68
　　　（参考）　最終意思チェックリスト（簡易版）／69
　　9　信託条項──信託の目的、状況変化への対応と信託法の解釈…………70
　　(1)　最優先の信託の目的の明確化（目的条項への十分な配慮）…………70
　　(2)　状況の変化に対応する方法………………………………………………70
　　(3)　信託条項として検討すべき事項…………………………………………71
　　　(ア)　委託者のニーズのための信託関係人の定め／71
　　　(イ)　必要な信託条項の確認／71
　　　〈表11〉　信託条項に定める事項／72
　　(4)　信託法の解釈と実務上の取扱い…………………………………………72
　　　(ア)　信託行為に定める内容の解釈／73
　　　(イ)　受益権の相続等と新たな取得の取扱い／73

〈表12〉 遺留分算定における受益権説と信託財産説／74
  (ウ) 受託者の権利濫用リスクへの対策……………………………74
 10 信託税制の税負担と適用への留意………………………………75
 11 専門職の立ち位置の明確化………………………………………75
 12 信託設定・遺言作成の終了後の信託条項の見直し……………75

第3章 事例にみる民事信託の実務と書式

I 親なき後の子の生活保障における民事信託の活用……………78
 1 親なき後問題と支援信託…………………………………………78
  (1) 親なき後の支援の問題…………………………………………78
  (2) 親なき後の支援信託の位置づけ………………………………78
 2 事　例………………………………………………………………79
  (1) 事例の内容………………………………………………………79
   (ア) 家族の状況／79
  〔図7〕 当事者等の関係図／80
   (イ) 一郎の希望／81
   (ウ) 一郎の財産・収支／81
  (2) 成年後見制度における身上監護と福祉型信託における受託者の信託事務…………………………………………………………81
  (3) 本事例における福祉型信託の活用の考え方…………………82
  (4) 本事例において活用する福祉型信託のしくみ………………83
 3 事前準備……………………………………………………………83
  (1) 委託者への聞き取りによる情報収集…………………………83
  〔図8〕 遺言による信託スキーム／84
  〔図9〕 遺言代用信託契約スキーム／85

目　次

　　　㋐　信託の目的／86
　　　㋑　受益者／86
　　　㋒　受託者／86
　　【書式1―1】　委託者への事情聴取用チェックリスト（記入
　　　　　　　　例）／87
　　【書式1―2】　委託者・受益者のライフプラン（記入例）／91
　　(2)　資料の収集………………………………………………………93
　　　㋐　遺言による信託の場合／94
　　　㋑　遺言代用信託契約の場合／94
　4　信託スキームの立案………………………………………………94
　　(1)　スキーム立案時の留意点……………………………………94
　　(2)　遺言による信託を活用する場合……………………………95
　　【書式1―3】　遺言公正証書／96
　　(3)　遺言代用信託契約（不動産等管理処分信託契約）を活用す
　　　　る場合……………………………………………………………104
　　【書式1―4】　遺言代用信託（不動産等管理処分信託）契約
　　　　　　　　書／105
　　(4)　遺言信託と遺言代用信託契約の比較……………………… 111
　　〈表13〉　遺言信託と遺言代用信託契約の比較／111
　　(5)　福祉型信託スキーム立案時の専門職の関与のあり方……113
　5　信託登記と登記申請………………………………………………114
　　(1)　概　要…………………………………………………………114
　　(2)　必要書類等……………………………………………………114
　　(3)　登記申請書……………………………………………………114
　　(4)　信託目録に記録すべき情報…………………………………114
　　【書式1―5】　信託目録に記録すべき情報／114
　6　信託期間中の実務と留意点………………………………………117
　　(1)　分別管理………………………………………………………117

		(2)	帳簿作成義務と報告義務………………………………………… 117
	7	税務上の留意点……………………………………………………… 118
		(1)	遺言信託の設定時の課税関係…………………………………… 118
		(2)	遺言代用信託契約の締結時の課税関係………………………… 119
		(3)	信託期間中の課税関係…………………………………………… 119
		(4)	信託の変更時の課税関係………………………………………… 119
		(5)	信託の終了時の課税関係………………………………………… 120
	8	信託終了後の実務と留意点………………………………………… 120
		(1)	主な実務…………………………………………………………… 120
			(ア) 清算事務／120
			(イ) 残余財産の給付／120
			(ウ) 残余財産帰属権利者等／121
		(2)	信託終了後の専門職の関与のあり方…………………………… 121

Ⅱ 高齢者の財産管理における民事信託の活用……………………… 123

	1	高齢者の財産管理……………………………………………………… 123
		(1) 無防備な財産管理の問題………………………………………… 123
		(2) 高齢者の財産管理のための民事信託…………………………… 123
	2	事　例………………………………………………………………… 124
		(1) 事例の内容………………………………………………………… 124
		〔図10〕 当事者等の関係図／124
		(2) 本事例における不動産管理処分信託の活用の考え方……… 125
		(3) 本事例において活用する不動産管理処分信託のしくみ…… 125
		〔図11〕 不動産管理処分信託のしくみ／126
	3	事前準備……………………………………………………………… 126
		(1) 資料の収集………………………………………………………… 126
		(2) 情報の収集………………………………………………………… 126
	4	信託スキームの立案………………………………………………… 128
		(1) 関係者への対応…………………………………………………… 128

目　次

　　　㈦　関係者の理解を得ること／128
　　　㈦　関係者のニーズの聞き取り／128
　⑵　信託スキーム立案時の留意点……………………………………129
　　　㈦　信託すべき財産、信託しない財産の区別／129
　　　㈦　委託者が遺言を作成することの要否／129
　　　㈦　法務局との事前相談／129
　⑶　金融機関への対応……………………………………………………130
　　　㈦　担保権に関する問題／130
　　　㈦　受託者名義の預金口座の開設／130
　⑷　信託契約書の作成……………………………………………………131
　　【書式2－1】　不動産管理処分信託契約書／131
　⑸　信託スキーム立案時の専門職の関与のあり方……………………138
5　信託登記と登記申請手続………………………………………………138
　⑴　概　　要………………………………………………………………138
　⑵　必要書類等……………………………………………………………138
　⑶　登記申請書……………………………………………………………139
　　【書式2－2】　登記申請書（信託設定時）／139
　⑷　信託目録に記録すべき情報…………………………………………141
　　【書式2－3】　信託目録に記載すべき情報／142
　⑸　登記事項証明書………………………………………………………144
　　【書式2－4】　登記事項証明書／145
　⑹　代理権限証明情報（委任状）………………………………………147
　　【書式2－5】　委任状／147
　⑺　税務上の留意点（信託設定時）……………………………………148
6　信託期間中の実務と留意点……………………………………………148
　⑴　主な実務………………………………………………………………148
　　　㈦　管　　理／148
　　　㈦　税　　務／149

(2) 信託財産（金銭）を用いた不動産の購入等と登記申請············149
　　(ア) 概　要／149
　　(イ) 必要書類等／150
　　(ウ) 登記申請書／150
　【書式2－6】　登記申請書（不動産購入時）／151
　　(エ) 登記原因証明情報（報告形式の場合）／152
　【書式2－7】　登記原因証明情報／153
　　(オ) 受益者代理人の承諾書················154
　【書式2－8】　受益者代理人の承諾書／154
　(3) 信託財産（不動産）の売却と登記申請····················155
　　(ア) 概　要／155
　　(イ) 必要書類等／156
　　(ウ) 登記申請書／156
　【書式2－9】　登記申請書（不動産売却時）／156
　　(エ) 登記原因証明情報／158
　【書式2－10】　登記原因証明情報／158
　　(オ) 受益者代理人の承諾書／160
　【書式2－11】　受益者代理人の承諾書／160
　　(カ) 税務の留意点（不動産売却時）／161
　(4) 信託期間中の専門職の関与のあり方··················161
7　信託終了後の実務と留意点·······························161
　(1) 主な実務···161
　(2) 税務上の留意点（信託終了後）·······················162
　　(ア) 贈与税／162
　　(イ) 相続税／162
　　(ウ) 不動産取得税／162
　　(エ) 登録免許税／163

Ⅲ　事業承継における民事信託の活用·······················164

目　次

1　事業承継と自社株信託……………………………………………………… 164
　(1)　事業承継の問題………………………………………………………… 164
　(2)　事業承継のための信託………………………………………………… 164
2　事　例………………………………………………………………………… 165
　(1)　事例の内容……………………………………………………………… 165
　　〔図12〕　当事者等の関係図／165
　(2)　本事例における自社株信託の活用の考え方………………………… 165
　　(ｱ)　意　義／165
　　(ｲ)　想定される主なケース／166
　　(ｳ)　本事例における課題の解決／167
　(3)　本事例において活用する自社株信託のしくみ……………………… 167
　　〔図13〕　自社株信託のしくみ／167
3　事前準備……………………………………………………………………… 167
　(1)　委託者・受益者への信託提案書の作成……………………………… 167
　　【書式3−1】　委託者・受益者への信託提案書／168
　(2)　資料・情報の収集……………………………………………………… 169
　(3)　信託当事者への確認…………………………………………………… 169
4　信託スキームの立案………………………………………………………… 170
　(1)　信託スキーム立案時の留意点………………………………………… 170
　　(ｱ)　概　要／170
　　(ｲ)　公正証書の検討／172
　　(ｳ)　受託者の選定──法人・個人どちらにすべきか／172
　　(ｴ)　信託財産に事業用資産を加えるべきか否か／173
　　(ｵ)　民事信託での限定責任信託の採用の要否／173
　　(ｶ)　受託者と任意後見人の兼任／174
　(2)　信託契約書の作成……………………………………………………… 175
　　【書式3−2】　株式管理承継信託契約書／175
　(3)　その他必要な書類の作成……………………………………………… 182

㋐　要点説明書／182

　　【書式3−3】　要点説明書／183

　　　㋑　受託者（一般社団法人）の定款／186

　　【書式3−4】　受託者（一般社団法人）の定款／186

　　⑷　スキーム立案時の専門職の関与のあり方………………………… 193
　5　信託期間中の実務と留意点………………………………………………… 193
　　⑴　信託財産の公示、対抗要件の取得…………………………………… 193
　　⑵　信託期間中の管理……………………………………………………… 193
　　⑶　受益者への報告――貸借対照表・損益計算書の作成・保
　　　　存・報告……………………………………………………………… 194

　　【書式3−5】　貸借対照表／194

　　【書式3−6】　損益計算書／195

　　⑷　税務上の留意点（信託期間中）……………………………………… 195
　　⑸　信託期間中の専門職の関与のあり方………………………………… 195
　6　信託終了後の実務と留意点………………………………………………… 196
　　⑴　信託の終了……………………………………………………………… 196
　　⑵　清算手続………………………………………………………………… 196
　　　㋐　終了事由の発生による終了の場合／196
　　　㋑　委託者・受益者の合意による終了の場合／197
　　　㋒　終了を命じる裁判による終了の場合／197
　　⑶　清算受託者の職務の終了等――最終計算書の作成………………… 197

　　【書式3−7】　最終計算書／198

　　⑷　税務上の留意点（信託終了後）……………………………………… 198
　　⑸　信託終了後の専門職の関与のあり方………………………………… 198
Ⅳ　死後事務における民事信託の活用……………………………………… 200
　1　死後事務と成年後見………………………………………………………… 200
　　⑴　死後事務の問題………………………………………………………… 200
　　⑵　平成28年民法等改正法の問題点……………………………………… 200

目　次

  2　事　例 …………………………………………………………… 201
    (1)　事例の内容——健常者が自身の死後事務について、憂いなく後のことを託す場合 ………………………………………… 201
      〔図14〕　当事者等の関係図／201
    (2)　本事例における死後事務委任および財産管理処分信託活用の考え方 ……………………………………………………… 201
      (ア)　信託活用のメリット／201
      (イ)　任意後見契約の受任者が信託の受託者になれるか（利益相反）／202
      (ウ)　受益者のいない信託とならないか／204
    (3)　本事例における死後事務委任および財産管理処分信託のしくみ ………………………………………………………………… 204
      〔図15〕　死後事務委任および財産管理処分信託のしくみ／205
  3　事前準備 ………………………………………………………… 205
    (1)　資料の収集 …………………………………………………… 205
    (2)　情報の収集 …………………………………………………… 205
  4　信託スキームの立案 …………………………………………… 206
    (1)　スキーム立案時の留意点 …………………………………… 206
    (2)　信託契約書の作成 …………………………………………… 207
      【書式４—１】　死後事務委任・財産管理処分信託契約書／207
      《キーワード》　民事信託と司法書士法施行規則31条／220
    (3)　公正証書の利用 ……………………………………………… 221
      【書式４—２】　遺言公正証書／221
  5　信託期間中の実務と留意点 …………………………………… 230
    (1)　主な実務 ……………………………………………………… 230
    (2)　税務上の留意点（信託期間中） …………………………… 231
    (3)　信託期間中の専門職の関与のあり方 ……………………… 231
  6　信託終了後の実務と留意点 …………………………………… 231

(1)　主な実務…………………………………………………………… 231
　　(ア)　委託者の死亡の日から12年経過／231
　　(イ)　信託財産の消滅／232
　　(ウ)　後継受託者の死亡／232
　(2)　税務上の留意点（信託終了後）………………………………… 232
　(3)　信託終了後の専門職の関与のあり方…………………………… 232
 7　成年後見人による死後事務……………………………………………… 232
　(1)　事例の内容──成年後見人が死後事務を遂行せざるを得な
　　　い場合…………………………………………………………………… 233
　〔図16〕　当事者等の関係図／234
　(2)　本事例における死後事務委任契約の考え方…………………… 234
　(3)　死後事務委任契約書の作成……………………………………… 235
　【書式4─3】　死後事務委任契約書／235

第4章　専門職が学ぶべきその他の信託

Ⅰ　本章の位置づけ……………………………………………………………… 240
Ⅱ　高齢者の財産管理における商事信託の活用…………………………… 241
 1　事　例…………………………………………………………………… 241
　(1)　事例の内容………………………………………………………… 241
　〔図17〕　当事者等の関係図／241
　(2)　本事例における不動産管理処分信託の活用の考え方………… 242
　　(ア)　長期継続の財産管理……………………………………………… 242
　　(イ)　財産管理の判断主体と財産権の帰属主体との分離…………… 242
　　(ウ)　財産管理の判断主体と利益の帰属主体との分離……………… 243
　(3)　本事例において活用する不動産管理処分信託のしくみ……… 243

〔図18〕 不動産管理処分信託のしくみ／244
- 2 事前準備……………………………………………………………… 244
  - (1) 資料の収集……………………………………………………… 244
  - (2) 情報の収集……………………………………………………… 245
- 3 信託スキームの立案………………………………………………… 246
  - (1) 信託スキーム立案時の留意点………………………………… 246
    - (ア) 受託者の選定／246
    - (イ) 信託会社の選定／247
  - (2) 信託契約書の作成……………………………………………… 248
    - 【書式5－1】 不動産管理処分信託契約書（抜粋）／249
    - 【書式5－2】 信託財産目録／258
    - 【書式5－3】 指図権一覧表（一部）／259
    - 【書式5－4】 受益者一覧表（一部）／262
  - (3) 信託スキーム立案時の専門職の関与のあり方……………… 263
- 4 信託登記と登記申請手続…………………………………………… 263
  - (1) 概　要…………………………………………………………… 263
  - (2) 必要書類等……………………………………………………… 264
  - (3) 登記申請書……………………………………………………… 265
    - 【書式5－5】 登記申請書（信託設定時）／265
  - (4) 登記原因証明情報（報告形式の場合）……………………… 267
    - 【書式5－6】 登記原因証明情報／268
  - (5) 信託目録に記録すべき情報…………………………………… 269
    - 【書式5－7】 信託目録に記録すべき情報（抜粋）／270
  - (6) 印鑑登録証明書………………………………………………… 271
    - 【書式5－8】 印鑑登録証明書／272
  - (7) 資格証明書・登記事項証明書………………………………… 272
    - 【書式5－9】 代表者事項証明書／272
  - (8) 委任状…………………………………………………………… 273

【書式5—10】　委任状／273
　(9)　固定資産課税（補充）台帳登録事項証明書……………………275
　　　【書式5—11】　固定資産課税（補充）台帳登録事項証明書／275
　(10)　賃貸借契約書（責任限定特約部分のみ）……………………276
　(11)　税務上の留意点（信託設定時）………………………………277
　　　(ア)　自益信託／277
　　　(イ)　登録免許税／277
5　信託期間中の実務と留意点……………………………………………277
　(1)　主な実務………………………………………………………………277
　　　【書式5—12】　信託の計算書／278
　(2)　信託財産（不動産）の売却と登記申請………………………279
　　　(ア)　概　要／279
　　　(イ)　必要書類等／279
　　　(ウ)　登記申請書／280
　　　【書式5—13】　登記申請書（信託財産の売却）／280
　(3)　税務上の留意点（信託期間中）………………………………281
　　　(ア)　賃料収入／281
　　　(イ)　売　却／282
　　　(ウ)　受益者の交代時の課税／282
　(4)　信託期間中の専門職の関与のあり方…………………………282
6　信託終了後の実務と留意点……………………………………………283
　(1)　主な実務………………………………………………………………283
　(2)　信託終了後の専門職の関与のあり方…………………………283

Ⅲ　アメリカのLiving Trustの検討——ニューヨーク州司法試験
　　問題も題材に……………………………………………………………284
1　概　説……………………………………………………………………284
2　ニューヨーク州司法試験の信託のエッセイ問題の検討……………285
　(1)　はじめに………………………………………………………………285

目　次

　　(2)　信託のエッセイ問題から………………………………………… 287
　3　アメリカにおける Living Trust（生存中信託）………………… 290
　　(1)　総　論…………………………………………………………… 290
　　　〈表14〉　信託の分類／291
　　(2)　Living Trust（生存中信託）…………………………………… 291
　　(3)　Living Trust の勃興 …………………………………………… 294
　　(4)　誰が信託受託者となるか……………………………………… 295
　　(5)　生存中信託は、誰にでも適しているか……………………… 296
　　(6)　生存中信託は、税金との関係ではニュートラル（中立）で
　　　　ある………………………………………………………………… 296
　　(7)　なぜ、生存中信託が用いられるのか………………………… 297
　　(8)　生存中信託のメリット・デメリットの検討………………… 297
　　　〈表15〉　生存中信託のメリット・デメリット／298
　　　(ア)　最大のメリット──検認の回避／300
　　　(イ)　生存中のメリット／302
　　　(ウ)　死亡後のメリット／303
　　　(エ)　税金対策／306
　　　(オ)　デメリット／307
　　(9)　検認費用が高額に上った著名な事案………………………… 307
　4　AB Trust …………………………………………………………… 308
　　　〈表16〉　AB Trust／309
　5　ニューヨーク州司法試験の信託のエッセイ問題の解答・分析……… 310
　　(1)　「浪費者保護信託」に関する事例……………………………… 310
　　　(ア)　浪費者保護信託とは／311
　　　(イ)　修正可能との明文がない信託契約により設定された信託
　　　　　については、委託者による修正が可能か／315
　　　(ウ)　遺言に記載された遺贈は、離婚によって影響を受けるか
　　　　　／316

　　　　　　　　　　　　　　　　　　　　　　　　　　　　目　　次

　　(2)　「永久拘束禁止原則違反」が論点となる事例……………………316
　　　㋐　注ぎ込み信託／316
　　　㋑　永久拘束禁止の原則／317
　　　㋒　トッテン信託／319
　　　㋓　生命保険金の帰属／320
　6　日本法への示唆……………………………………………………320

・事項索引／322
・編者・執筆者紹介／325

第1章　民事信託実務の基礎知識と実務指針

Ⅰ　民事信託実務の基礎知識
Ⅱ　民事信託を実務で有効に活用するために
Ⅲ　民事信託の正しい活用
Ⅳ　民事信託に関する税法・通達の基礎知識

I　民事信託実務の基礎知識

1　民事信託は創造する制度

　民事信託は、家族信託（家族のための信託）に代表されるように、これを利用する人が自由な発想で財産の管理や処分（承継）のしくみを組み立てる法制度である。

　商品化された信託の中から選択するしくみの一部の「商事信託」とは異なり、民事信託は、これを必要な人が自ら創造し活用する制度である。

　民事信託にあっては、これを法が認める枠組み（基本ルール）の中で、目的に従って機能するように創造すること（「企画」と「制作」すること）が最も重要であり、最初に、信託の機能を考え信託行為という形にすることに最大の力を傾注しなければならない。筆者は、この信託を企画・制作する者を「信託創造者」と呼んでいるが、この信託創造者が、信託が目的に従って機能するための努力を怠れば、信託は初期の段階であるいは途中で頓挫してしまう。

　民事信託は、そこに信託商品という箱があり、その箱にクライアントの要望を詰め込めばよいというものではない。一つひとつ品定めをし、それが必要なパーツか、組み立て順序は間違いないか、漏れているパーツはないかなどをしっかり確認して、それを世に出すのである。もちろん、検査検認者が必要な信託も少なくない。

　ここでは、誰でも利用できる家族のための信託（Family trust）や個人信託（Personal trust）を中心とした民事信託実務の解説・紹介をする。

《キーワード》　信託行為
　　信託を設定する法律行為を、「信託行為」という。信託法が定める信

託行為は、「信託契約」「遺言（遺言信託）」「自己信託」の三つの行為である（同法3条・2条2項）。これらの信託行為については、それぞれの法律行為の内容が異なり、また効力の発生についても違いがある。

① 信託契約　委託者と受託者との契約の締結によって信託が設定される形態の信託である。信託法は、信託契約について特別の方式や書式等を定めてはいない。

② 遺言信託　委託者、すなわち遺言者の遺言を通じて信託を設定する形態の信託である。遺言であり、委託者の単独行為によって行われる要式行為であるが、信託法上はその方式等の定めはない。

③ 自己信託　いわゆる「信託宣言」であり、委託者の単独行為で信託が設定される。

2　民事信託は財産管理・承継制度

民事信託は、信頼できる人に財産の名義を移して当該財産の管理や活用、そして処分を託す制度である。

信託創造者が、信託設定者など信託関係人に信託を説明するにあっては、まず、信託とは何か、その定義を説明する必要がある。筆者が信託関係人に説明する信託の定義は、次のとおりである。もちろん、自己信託の場合は別である。

「信託」とは、委託者が、自分が有する一定の財産（信託財産）を別扱いとして、信頼できる受託者に託して名義を移し、この受託者において、その財産を委託者が定めた一定の目的（信託の目的）に従って管理・活用・処分し、その中で託された財産や運用益を受益者に給付しあるいは財産そのものを引き渡し、その目的を達成する法制度である。

筆者が日常業務で取り扱う信託は、その多くは家族型の民事信託である。この家族型の民事信託は、判断能力が不十分な人を支援する成年後見制度を

補完しあるいは一部これに代わるしくみ（「後見的な財産管理」）として、また一般に利用されている遺言や相続、あるいは贈与という法制度によらないで相続財産等（信託を利用すれば、委託者の財産ではなくなる。したがって、その財産は相続財産でもなくなる）を円滑に承継するしくみ（「遺産承継（家産承継）」）として活用されている。敷衍すれば、本人やその家族の安定した生活と福祉を確保するため財産を「守る（管理する）」ためと「活かす（活用する）」ための制度として、また多くは大事な財産をしっかりと大切な人や後継者に「遺す（遺贈・承継する）」ための財産承継の制度として利用されているのである。

《キーワード》　信託関係人

　信託における「当事者」は、基本は委託者（遺言者）、受託者および受益者であり、さらに福祉型信託を支える「受益者保護関係人」として、信託監督人、受益者代理人や信託管理人が登場する。また、信託事務処理代行者（信託法28条）、受益者指定権者や指図権者が指定されることもある。

　①　委託者　　信託を設定する者
　②　受託者　　信託財産の管理など信託事務を担う者
　③　受益者　　信託の利益を受ける権利を有する者
　④　信託監督人　　受益者のため受託者を監視・監督する者
　⑤　受益者代理人　　受益者のための権利を代理行使する者
　⑥　信託事務処理代行者　　受託者から事務処理を委託された者

　信託制度は、その機能を実務的にみると、この財産を「守る（管理する）」「活かす（活用する）」そして「遺す（承継・帰属させる）」という機能を一つの法的しくみで実現できるほか、民法の考え方では構成できない法律構成もできるなど、奥が深い法制度なのである。まずは、信託の、財産の管理・承

継制度の実務的機能について、理解することが必要である。

しかし、信託制度は、後見的な財産管理機能を有するといっても、あくまでも財産の管理制度である（信託法2条1項）。そこには、成年後見制度の身上監護を全面的に持ち込むことはできない。受託者に身上監護の義務を負わせたり、全面的に身上配慮義務を持ち込むことはできないと考えるべきである。それは、信託契約ではなく、いわゆる後見契約になってしまうからである。この後見契約を内包する信託契約（混合契約）がなぜ適切でないのか、これを理解していない専門職が多いことに驚くことがある。[1]

3 民事信託は利用者の思いや考えを満たすことができる広遠な制度

信託は、財産を有する人の達成したい目的により、特定の財産の管理や活用、そして財産の承継等について、さまざまな選択肢があり、組み立てるスキームも多種多様である。

特に、民事信託においては、保護を必要とする高齢の配偶者や障害をもつ子のために信託のもつ機能を利用したいときには、それを実現できる信託のしくみや組立て方は一つに限らないということである。たとえば、知的障害をもつ子の生活や福祉を生涯にわたって確保するには、一般的には成年後見制度を利用することになるが、この信託制度では、信託法の定める三つの信託行為のいずれかを選択し、しかも本人に最もふさわしいスキームを構築して長期にわたって支援することもできるのである。

信託法で認められている設定行為（「信託行為」という）は、契約、遺言それに自己信託である。この三つの制度の中から最も適した信託行為を選択することになるが、達成したい信託の目的に合致すれば、どれでも選べるのである。しかし、それぞれ特徴があるので、事例によっては選択肢が狭まる可能性がある。

---

1 遠藤英嗣「『何でもありの民事信託の活用』の相談に答える」信託フォーラム4号119頁以下。

一般的な財産の給付方法は、贈与やあるいは扶養義務の履行ということになり、また残余財産の遺し方も、相続や遺言、その他の遺贈など法のしくみによることになる。しかし、信託制度を使えば、そのような法制度を使わずに一つの制度で達成することができる。このように、信託は、選択できるスキームには無限の広がりがあり、そのうえ、財産承継機能（財産を「遺す」という機能）に限っていえば、複雑なしくみではなく、単に信託設定行為（信託行為）の信託条項の中で「残余財産の帰属（給付先）」を指定すればよいのである。

しかし、この制度の特徴は、それだけではない。受益者を支援するスキームは成年後見制度のように限定されておらず、さまざまな構図を自由に描くことができ、さらに他の制度を取り込みあるいは併用することもできるうえに他の法制度の中で、この信託を使うこともできるのである。

《キーワード》 成年後見制度

　成年後見制度は、認知症や知的障害その他精神上の障害により判断能力が不十分な人のために、成年後見人等が、本人を代理して必要な契約を締結し、あるいは本人が締結した不要な契約等を取り消し、さらには財産の管理をして、その支援や手配を行う制度である。

　この制度は、信託と同様に財産管理制度ではあるが、さらに本人の身上監護（生活や療養看護）にもかかわりをもつので、役割は信託とは同一ではない。成年後見制度には、「法定後見制度」と「任意後見制度」があり、法定後見制度は、判断能力が不十分になった者について、後見等開始の審判の申立てにより、家庭裁判所が、本人を保護する者を選任する制度であり、一方、任意後見制度は、判断能力が十分なうちに、信頼できる者を自ら選び、必要な事務を任意後見契約によって委任するとともに代理権を与えておく制度である。

> 《キーワード》 信託の成年後見制度との併用
> 　家族型の信託を活用するうえで、成年後見制度は無視することはできない。いかなる時も、可能であれば成年後見制度の一つである任意後見制度との併用を考える必要がある。

4　民事信託の基本的構造（しくみ）

　民事信託の基本的な構造となっている四つのしくみ（法的しくみ）を紹介する。

(1)　財産の現実的提供と移転があること

　信託にあっては、委託者がその有する一定の財産を提供（供出）する必要がある。それは、信託の設定時かというとそうではなく、理論的には信託の終了時までに出せばよい。マイケル・ジャクソンの生前信託のように、設定時に信託財産はなかったが（未払込み信託（unfunded））、遺言に定める払込み条項により、委託者の死亡時に信託財産に遺産が払い込まれて、信託の信託財産が特定され、供出が完成するものもある。ただし、わが国の信託法制において、自己信託の場合に未確定の信託財産について注ぎ込み条項付きの信託を設定できるかどうかについては、問題は残っている。筆者は、自己信託にあっては、かかるしくみの信託設定はできないと考えている[3]。

　一般的な信託の場合は、信託設定時に、特定された委託者の財産が供出され、それによって信託が始まるのである。

　そして、信託最大の特徴ともいえる、財産の受託者への移転が行われるの

---

[2]　About.com ウェブサイト「Information About Michael Jackson's Estate & Family Trust」〈http://wills.about.com/od/michaeljackson/qt/What-Does-the-Michael-Jackson-Family-Trust-Say.ht〉（平成28年4月22日閲覧。以下同様）など参照。

[3]　遠藤英嗣『新版　新しい家族信託』341頁、能見善久＝道垣内弘人編『信託法セミナー1』100頁。

である。しかし、それはあくまでも形式上である。この点は、後述する（本章Ⅱ3(2)参照）。

ところで、本来、信託とは、信託設定により信託財産は受託者名義となり、移転されるのが基本である。しかし、信託法は、自己信託という制度を設けて、信託の基本構造を変えてしまったのである。信託法の定めは、信託とは、同法3条各号に掲げる方法のいずれかにより、特定の者が一定の目的（もっぱらその者の利益を図る目的を除く）に従い財産の管理または処分およびその他の当該目的の達成のために必要な行為をすべきものとすることをいう（同法2条1項）。そこには、信託財産が委託者から受託者に移転するという文言はなく、いささか信託を理解するのにわかりにくい言い回しとなっている。

しかし、自己信託以外の民事信託を活用する場合、信託創造者としては、その基本が、信託財産の名義は受託者に移転するということをしっかり理解し、このことを関係者に説明する必要がある。

(2) **財産の管理・運用は受託者に委ねられていること**

信託財産を管理・運用する受託者の義務は法定され、よりに厳格に、あるいは緩やかにもできる。信託財産は、上記のように、信託の設定により受託者が名義人となりこれを保有し、管理・運用し、そして処分するので、受託者の責任は重大である。

しかも、受託者の権限は絶対的であり、また排他的である。したがって、そこには権限濫用という、当事者が望まない影が潜んでいる。そこで、信託法は、この権限濫用行為を制止・抑制するため、受託者にはさまざまな義務を課している。

基本的義務の信託事務遂行義務、善管注意義務をはじめ、次に掲げるような多種多様の義務を課しているのである。主なものをあげれば、信託事務遂行義務、自己執行義務、善管注意義務、忠実義務、公平義務、分別管理義務、帳簿等作成義務・情報提供義務などである。

4　新井誠『信託法〔第4版〕』339頁。
5　遠藤・前掲（注3）209頁。

しかし、信託法では、専門職でない親族等が受託者に就任することを容易にするため、この義務を一部緩和することもできるようにしてある。受託者の義務の任意規定化（デフォルト・ルール）である[6]。信託法は、この義務の相当部分を任意規定とし、また自己執行義務のように大幅に緩和され実質的に廃止されたものもある。しかし、家族型の信託を考える場合は、何もかもデフォルト・ルールとすることはできないと考えるべきである[7]。

(3) **受益者を護る制度が確立されていること**

信託にあっては、受益者を護ることが重要であり、受益者の存在が無視され受益者保護が全くなされていない信託は、民事信託と呼ぶべきではない。したがって、民事信託のスキームを考えるにあたっては、原則として、信託監督人か受益者代理人の選任規定をおくべきである。これがない民事信託は実務家として手を貸さないという考えはもってほしい。信託は、あくまでも受益者のための法制度と考えるべきだからである。

信託制度は、信託開始により受ける利益の主体のみならず、受託者を監督する権限の主体が受益者に移転する。そこで、受益者の権利を確実に保護する必要がある。このため、受益者による受託者に対する監督権をはじめ、受益者の権利・義務に関する明確な規律が定められており、これらの権利は奪うことはできない（信託法92条）。

(4) **受益者は受益権という権利を取得すること**

信託法にいう「受益権」とは、信託行為に基づいて受託者が受益者に対して負う債務であって信託財産に属する財産の引渡しその他の信託財産に係る給付をすべきものに係る債権（「受益債権」）およびこれを確保するためにこの法律の規定に基づいて受託者その他の者に対し一定の行為を求めることができる権利とされている（同法2条7項）。この規定は、読み込むのが難しいが、一般には、受益者の有する権利としては、①自益権である経済的利益を享受する権利として、「信託財産に属する財産の引渡しその他の信託財産に

---

6 寺本昌広『逐条解説　新しい信託法』26頁。
7 新井・前掲（注4）254頁。

係る給付をすべきものに係る債権」である「受益債権」と、②共益権として、「これを確保するためにこの法律の規定に基づいて受託者その他の者に対し一定の行為を求めることができる権利」、すなわち自益権を守るための監督的な権利を有するといわれている。

この受益者の権利について、信託法は詳細な規定を設けている。

そのうえ、信託法は、受益者保護の観点から受益者の権利の実効性を確保する制度として、信託管理人、信託監督人、受益者代理人の制度を設けている。民事信託で登場するのは、主に信託監督人、受益者代理人であり、信託行為の中で、これらの者を登場させ、受益者を保護するしくみを組み立てている。

「信託監督人」は、主として信託財産が高額で信託事務処理に不適切な処理が許されない場合や、あるいは受託者の能力からみて監視・監督者が必要な場合に受託者に対する監視・監督者として選任するものである。

「受益者代理人」は、その名のとおり受益者の代理人である。受益者にとっては、信託という制度の中で複雑な意思表示を要する事項につき本人を代理するものである。ただし、実務的にみると、受託者にとっては、監督者であるが、信託を快く思っていない受益者がいる場合には、受益者側には立つものの、信託の目的達成のため公平公正な立場から信託事務を円滑に処理するうえでの受託者の理解者にもなりうる者である。

5　民事信託を知る

(1)　民事信託の概念

民事信託とは何か、さまざまな議論がなされ、定義づけがなされている。対立する概念は、商事信託である。従来、営業信託は商事信託、非営業信託は民事信託と称されてきた。[8]

筆者は、さまざまな学説や説明の中で、「民事信託は、主として家族・親

8　四宮和夫『信託法〔新版〕』45頁、中野正俊『信託法講義』27頁。

族間の財産移転方法であり、信託目的の基本がギフト型（gift—贈与）である。商事信託は、一般に商事的な取引きの手段として用いられる、ディール型（deal—取引）である」との説明がわかりやすいと考えている。

　そこで、セミナー等で、民事信託と商事信託の区別を質問された場合には、実務的にはなるが、冒頭に説明したように、民事信託は、家族のための信託に代表されるように、これを利用する者が自由な発想で財産の管理や処分のしくみを組める法制度であり、一方、商事信託は、信託が商品化された中からこれを選択するしくみのもので、これを必要な人が自由に創造し活用する制度ではないものと説明している。もちろん、商事信託の中には、かなり自由に選択できるものもあるが、商品の枠は広遠ではない。

(2)　**実務で登場する民事信託**

　実務で活用されている民事信託の主なものは、①家族型の民事信託、②地域再生型の民事信託、③公益のための民事信託、④その他の民事信託に分類されよう。

　家族型の民事信託は、家族のための信託であり、福祉型信託に代表される。この家族のための民事信託は、筆者は、「家族信託」と呼んでいる。この家族信託は、さまざまな目的に使われている。

　地域再生型の民事信託は、㋐街づくり再生信託、㋑農地再生型信託、㋒災害地復興のための信託などである。

　なお、筆者が最近信託の設定（制作）に取りかかっている「空き家問題解決の信託契約」は、家族型の信託ではあるが、その実は地域再生型の信託ともいえるものであろう。公益のための民事信託は、かつて著書で紹介した「社会貢献型裁量信託」や「公益活動支援目的自己信託」がこれにあたると考えている。

　その他の民事信託としては、いわゆる「ペットのための家族信託」や「墓所管理信託」などが考えられよう。

　9　樋口範雄『入門　信託と信託法〔第2版〕』103頁。
　10　遠藤・前掲（注3）323頁・408頁・585頁。

第1章 民事信託実務の基礎知識と実務指針

　これら実務で登場する民事信託の一部についての詳細は、本書第3章Ⅰ～Ⅳで紹介している。

《キーワード》　民事信託
　民事信託とは、典型的には、私人が、自己の死亡や適正な判断力の喪失等の事態に備えて、契約または遺言による信託の設定をもって、自己の財産につき生存中または死亡後の管理・承継を図ろうとする場合などを想定している。このような信託の利用は、自分自身、配偶者その他の親族の生活保障あるいは有能な後継者の確保による家業の維持等の目的を達成するうえで有益であると考えられるものである[11]。

《キーワード》　福祉型信託
　福祉型の民事信託は、年少者、高齢者あるいは知的障害者等を受益者として財産の管理や生活の支援等を行うことを目的とするものである[12]。この種の信託の多くは、財産管理のできない認知症の配偶者や高齢者、障害をもつ子（受益者）のために、本来、贈与・相続させる財産を、信頼できる堅実な受託者に託し、これを管理してもらうとともに、受益者に必要な給付（生活費や病院代等の支払い）をしてもらうしくみのものである。

---

[11]　寺本昌広「信託法改正要綱試案の概要」別冊NBL104号（信託法改正要綱試案と解説）16頁。
[12]　寺本・前掲（注6）256頁・316頁。

Ⅱ 民事信託を実務で有効に活用するために

1 信託の本質を知り信認関係を確立すること

(1) 信託は、信じて託すこと

　この信じて託すという意味合いは、信託法が許容する公正なことを託すこと、そして託された人も、誠実に公正な事務処理をするということが基本にあるといえる。信託は、委託者が実現したい目的があれば何でもできる、そんな法制度であるが、後述のように、信託ではできないさまざまな事柄が法定され、あるいは考えらている。それとともに、信託の事務処理に公正を求めるために、受託者に数多の義務を課している。

　こうしてみると、信託の基本には正義を実現するという意味が含まれていると理解せざるを得ない。ただし、ここでいうのは、社会的弱者である高齢者や障害者を助けるという「正義」の意味そのものではない。

(2) 信認関係と信認義務

　信託は、基本的なしくみ、それに信託の本質に反しない限り、当事者が望むいかなるスキームでも組み立てることができる制度であり、それは、単なる平面的な変化に富んだ制度というものではなく、私たちの生活を支える広がりのある、しかも懐の深い制度なのである。

　しかし、信託契約という名の下、「契約で何もかも決めておけば、何でもできる」という制度ではない。信託という名の契約が創造されていたとしても、信託の本質に反するものであれば、それは、もはや実態は信託ではない。[13]

　信託は、特殊な信頼関係から成り立っている制度である。それは、信認義務（fiduciary duty）に裏打ちされた信認関係（fiduciary relation）の存在で

13　樋口・前掲（注9）256頁。

ある。信託においては、最初の設定時は信託を設定する委託者と受託者との信頼関係に立っているが、信託が始まると委託者は原則当事者からはずれ、受益者と受託者との信頼関係（これを「信認関係」と呼ぶ）が信託の本質となるといえる。[14]

　信託は、この信認関係を中核とする法制度であるが、その歴史からみても「正しいこと」（いわゆる「エクイティ」「良心と衡平」というもの）が求められる制度である。その衡平の見地から、あるいは倫理的見地から、さらには上記の信認関係を考え、これを欠く公正といえないしくみや運用が、信託の本質に抵触するものとして、名ばかりの信託となることを忘れてはならない。

> 《キーワード》　信託と正義
> 　信託は、財産を移転するという構造をとることから、高度な信頼関係の存在が求められている。[15] これを受け、信託では、二つの公正なことが求められていると考えている。それは、信託を創造（設定）するとき、そして信託を実現（事務処理）するとき、ともに信頼関係を維持するために「正しいこと」に向かって取り組まなければならない（厳しい義務と責任を負う）ということである（本章Ⅲ2(3)も参照）。

2　民事信託の創造にあたっての留意点

(1)　禁止・制限される信託

　信託では、いかなるしくみをも組み立てることができるのだが、おのずと限界がある。

　第1は、内部的規律である。信託法が明文で規制しているもの、信託業法

14　四宮・前掲（注8）65頁～68頁、遠藤・前掲（注3）5頁～7頁、第165回国会法務委員会（平成18年11月7日開催）における寺田逸郎法務省民事局長（当時）の説明。
15　神田秀樹＝折原誠『信託法講義』3頁・64頁。

で規制されているもののほか、信託法の趣旨から規制されているものがある。[16]

信託法が禁止している信託は、次の①〜④のとおりである。

① 受託者がもっぱら利益を享受する信託（受託者の利益享受の禁止）

受託者は、受益者として信託の利益を享受する場合を除き、何人の名義をもってするかを問わず、信託の利益を享受することができない（信託法8条）。

② 脱法信託　法令により、ある財産権を享有することができない者が、逸脱・回避するために信託を使うことは禁止されている（同法9条）。

③ 訴訟信託　訴訟行為をさせることを主たる目的としてする信託はできない（同法10条）。

④ 詐害信託　信託法は、委任者の信託の設定がその債権者の権利を害するような場合に、一定の要件のもとに信託の設定のための財産の処分等を取り消すことができるとしている（同法11条）。この詐害信託取消制度は、民法424条1項の定める詐害行為取消権の信託に関する特則といわれている。

このほか、信託法の趣旨から、信託として認められないものとして、名義信託がある。[17]

さらに、信託法は民法の特別法であり、この基本法である民法の基本的事柄を否定することがあってはならない。確かに、信託法では、民法では認められていないしくみ（後継ぎ遺贈や受益者連続など）が認められているが、相続法の基本的な規定（遺留分など）は否定すべきではない。

(2) 信託活用の限界

第2は、信託の基本構造理念からの限界である。

信託という名のもとに、信託財産を受託者に移転せず委託者名義で管理・運用する、受益者と受託者との信認関係がないしくみは、信託法にいう信託ではない。[18]

16　遠藤・前掲（注3）357頁。
17　遠藤・前掲（注3）208頁。

ここで、もっぱら受託者のための信託が禁止されていることについて触れておく。

信託法は、まず信託の定義の中で、信託とは、同法3条各号に掲げる方法のいずれかにより、特定の者が一定の目的（もっぱらその者の利益を図る目的を除く）に従い財産の管理または処分およびその他の当該目的の達成のために必要な行為をすべきものとすることをいう（同法2条1項）と定め、さらに、「受託者は、受益者として信託の利益を享受する場合を除き、何人の名義をもってするかを問わず、信託の利益を享受することができない」（同法8条）としている。受託者の利益享受の禁止である。

これを自己信託で説明すると、登場する信託関係者がすべて Settlor（委託者）という「3S（スリーS）」、あるいは Reminder（最終受益者）も同一の「4S（フォーS）」の場合である。読者も驚かれると思うが、現に相談の中には、このフォーSのケースもあるのである。その真意は、なかなか語らないものの、当該信託（信託法にいう信託と呼べるものではない）での受益権を金融機関の担保にしたいというものもいるが、もっぱら倒産隔離機能を活用したいという思惑のようである。

では、スリーSプラス Beneficiary（受益者）で、受益権の割合が99対1の場合はどうかという質問が出てこよう。もちろん、Bが傀儡なら答えは同じである。

信託は、前述のように、その本質が受託者と受益者の信認関係である。それが成立していないしくみは、信託ではない。しかも、受託者がもっぱら利益を享受するのは禁止されているのであり、かかる信託の創造はしてはならない。

(3) 信託の濫用防止

第3は、信託の濫用を防止する観点からである。

筆者は、「信託は、基本的な仕組み、それに信託の本質に反しない限り、

18　遠藤・前掲（注3）357頁以下。

Ⅱ　民事信託を実務で有効に活用するために

当事者が望むいかなるスキームでも設計できる広遠な制度である。それは、単なる平面的な変化にとんだ制度というものではなく、民法の考え方では構成できない法律構成もできるなど、奥が深い法制度なのである」。「しかし、信託であるとして何もかもできるわけではない。ときには、信託が禁止されたという歴史があることを振り返って見ることも必要である」[19]と考えている。

これまでわが国においても数々の信託の濫用の歴史があって、さまざまな規制がなされてきた。[20]

家族型の民事信託においても、「健全な信託の発展と育成」が大事である。民事信託では何でもできるという考えから、成年後見人では絶対に許容されないリスクの高い金融商品の取引や投機的な不動産運用を行うことは、保護を要する受益者にとって必要性がないので認められるべきではない。よく、福祉型金銭信託の相談で、将来金銭が潤沢になったら、受託者の裁量で不動産を購入し、これを運用したいがどうかという質問があるが、もちろん金銭信託において、かかる資産運用型の信託はできないとお断りしている。このような信託の設定は福祉型信託の領域を超える「小は大を兼ねる」不健全な信託を許容することになるので、信託創造者はかかる信託の設定には手を貸してはならないと考えている。

さらに、筆者は、成年後見制度を無視した信託の設定もやるべきではないと考えている。受益者につき、成年後見人が付された場合は、受託者の妻を受益者代理人に選任し、受託者と受益者代理人の合意により、不動産の取得をはじめ資産運用ができるという信託条項を定めることがあるが、少なくとも成年後見人の意見を聞き信託財産を管理（処分）するとすべきである。

3　信託設定に際しての関係者への説明の留意点

(1)　受託者の選任が難しく、しかも重要であること

民事信託において、受託者は誰を選任してもよいというわけではない。そ

19　遠藤・前掲（注3）あとがき。
20　新井・前掲（注4）18頁、神田＝折原・前掲（注15）17頁・18頁。

れは、二つの意味でいえる。

　第1は、受託者は、信託当事者、その他信託関係人の中にあって、最も活動的で中心的役割を果たす人物であり、この者に財産を託す以上、堅実でしかも信託の知識を有する信頼できる人を選任することが求められるからである。特に、受託者は、信認義務という厳格な義務と、それに基づく責任をもって信託事務を遂行すべき立場にある。そのため、私見ではあるが、成年後見制度の成年後見人等以上に法的知識、仕事に向き合う厳格さと倫理感が求められるといえる。

　第2は、法の規制である。ただし、信託法上は、同法7条（「信託は、未成年者又は成年被後見人若しくは被保佐人を受託者としてすることができない」）を除いて、受託者に関する規制はない。

　実務上で、常に悩まされるのが、信託業法による制限である。信託業法の定めは、「信託の引き受けを業として行う者」は、「免許を受けた信託会社」でなければならず、「営業として行う」限り、例外はないとしている（信託業法3条・2条1項・2項）。これが、信託の利用を難しくしているともいえる。平成18年法律第108号による信託法改正（以下、「平成18年改正」という）にあたり、このことに関し、衆参両議院において、「来るべき超高齢化社会をより暮らしやすい社会とするため、高齢者や障害者の生活を支援する福祉型の信託について、その担い手として弁護士、NPO等の参入の取扱い等を含め、幅広い観点から検討を行うこと」との附帯決議を出しているが、いまだ法整備について具体的な動きはない。

　この信託業法の規律のため、弁護士をはじめ多くの専門職が受託者に就任できないでいるのも事実である。もちろん、筆者としても、これを無制限に開放することには反対であるが、一定の基準を満たしている法人や専門職には、一部開放してもよいのではないかと考えている。

　ただ、実務をみると、座視しているわけではない。さまざまな工夫を凝らしながら、受託者を選んでいる。その中で大きく動き始めたのは、信託受託者法人ともいうべき、法人による信託業法に抵触しない信託の受託である。

多くは、一般社団法人を設立し、その法人が受託者となって信託報酬のない信託の引受けや、特定の個人1名の信託の受託をするという、業とはいえない信託の引受けが始まっているのである。

(2) **財産が誰のものでもなくなること**

民事信託は、信託が設定されると、委託者の財産は信託事務を取り扱う受託者に名義が変更される。信託を相談者に説明する中で、まずは、このことを話さなければならないのだが、この移転のしくみは、委託者にとっても受益者にとっても意に反する事柄である。委託者においては、多くの場合、大事な財産を、その財産で利益を受ける受益者名義にして、その者に大事に使ってもらいたいという願いがある。しかし、信託は、当該相続人等の名義にはならないのである。かつては、希望を叶えられないことから、信託を断念する者もいた。

しかし、説明の仕方によって、断念するものがなくなるはずである。説明のコツは、「信託財産は、nobody's property（誰のものでもない財産）」という説明である。

すでに説明したとおり、信託財産は、受託者名義にはなるが、受託者の固有財産になるわけではなく、受託者の財産から別個独立した特殊な法律関係にある「誰のものでもない財産」になるということである。[21]

筆者の場合、①信託財産は、信託の設定によって形式上確かに受託者の所有名義にはなるが、その固有財産になるわけではなく、その実は、信託財産は受託者とケーブルでつながれた状態で宙に浮き、誰のものでもない財産となること、②受託者はそのケーブルを利用して信託財産を管理・運用するなど必要な信託事務処理を行うこと、③信託財産には受益者の数だけ導管が付いていて受益者がその管から手を伸ばせば必要な給付を受けられるしくみになっていることを説明し、信託と信託財産について理解を得ることに努めている。

21　樋口・前掲（注9）28頁。

(3) 予備的信託関係人の定めの必要性

　民事信託、中でも福祉型の民事信託は、信託期間が長い。受益者が連続する場合はもとより、若年の知的障害者や交通事故による高次脳機能障害者を受益者とする信託は、その期間が30年、いや50年を超えるものもあろう。その間、受益者以外の信託関係人は、死亡しあるいは信託関係事務を処理することができない状態になることは目に見えている。そこで必要なのが、予備的信託関係人の定めである。

　㋐　当初受託者と後継受託者

　信託にあっては、受託者が死亡し、もしくは後見開始・保佐開始の審判を受けることによって、その事務は終了してしまう（信託法56条1項）。また、受託者が欠けた場合、新たに受託者が就任しない状態が1年間継続したときは信託そのものが終了する（同法163条3号）。

　そこで、信託行為で、後継受託者、さらにはその次の受託者を定めて、当初受託者に不測の事態が生じたとしても、直ちに後継受託者が就任して信託事務を継続できるよう準備しておく必要がある。

　㋑　当初受益者と第二次受益者

　信託では、たとえば、当初受益者が2名いたが、そのうち1名が死亡し受託者を兼ねた1名のみが残る場合が考えられる。受益者を兼ねた受託者が受益権の全部を固有財産で有する状態が継続したとき、その信託は1年間で終了する（信託法163条2号）。それでも信託の目的等から信託を継続する必要がある場合は、死亡した者に代わる第二次受益者を指定しておき信託を終了させないようにすることになる。

　㋒　第一次受益者保護関係人と予備的受益者保護関係人

　同じように、受益者保護関係人についても、信託行為に予備的受益者保護関係人を指定しておく必要がある。特に、受益者代理人については、信託監督人や信託管理人と異なり信託行為で定めなければならない規律となっているので、指定した受益者代理人が就任しない場合などに備えて予備の者などを指定しておく必要があろう。

(4) 信託に必要な金融資産

　信託設定の相談において、専門職の中には、「信託財産は、自宅不動産だけで、金融資産はありません」という説明をされる人がしばしばある。筆者は、そのつど、信託設定に必要な不動産に関する所有権移転登記や信託登記に係る費用、さらには公租公課などの諸費用は、誰が負担するのかという質問をすることにしている。株式だけというのもあるが、株式の場合、いつかの時点で配当金が支払われるので、居住用不動産とは異なるが、信託創造者としては信託に必要な金融資産は忘れてはならない事項だといえよう。

　一般に信託事務処理費用は、信託財産である金融資産から支弁することになるのだが、それにもかかわらず、答えの多くは、「利益を受ける受益者の負担です。その旨、条項に入れてください」という。

　これは、信託行為の条項に、受益者から費用の補償を求めることができるとの定めはできるかという問題になるのだが、信託法は、「受託者が受益者との間の合意に基づいて当該受益者から費用等の償還または費用の前払いを受けることを妨げない」としている（同法48条5項）。この規定は、素直に読めばわかるように、信託契約あるいは遺言信託では、受益者に債務負担を一方的に強いる定めはできないことになっているのである。[23]

　信託には、さまざまな費用がかかる。そのつど、委託者から追加信託を受けたり、受益者と個別的に交渉し費用の償還を受けていたのでは、適切な信託事務は遂行できないばかりでなく、設定費用にあてる金銭がなく、入口で躓（つまず）いてしまうこともあろう。家族型の民事信託では、委託者等の信託関係人に説明して金銭を信託財産に含めてもらうことは不可欠である。

4　総合的な視点からの信託の設定

(1) 基本的な考え方

　信託は、信認関係に裏打ちされた財産管理制度であり、自己の財産を自分

22　遠藤・前掲（注3）261頁。
23　寺本・前掲（注6）175頁～178頁。

の判断で自由に運用・処分できるしくみとは異なる。

　信託は、民法や成年後見制度を超越し、何でもできる制度であるという誤解を招くような信託のスキームを創造して提供してはならないのはもちろん、成年後見制度等を無視し、さらに否定するような信託の創造は絶対にやってはならないことである。

　最近、民事信託の勉強をされたという専門職が筆者のもとに持ち込む家族型の信託契約の文案の中に、かかる思惑が看取される内容のものもあるので、特に注意を喚起しておきたい。特に、信託法91条を適用すると、いかなる場合も民法が定める遺留分が消えるなどとする誤った考え方は絶対にしないでほしい。

　民事信託を有効に活用するには、利用者に対し、正しい信託の姿を知っていただく必要があるのに、信託創造者が上記のような考えをされては困るのである。

《キーワード》　追加信託する財産は、信託行為上信託財産ではない

　金銭管理信託契約中に、将来不動産を取得しこれを追加信託するとし、この不動産を信託財産と定めるとするものや、将来遺贈等があった金銭等の財産を追加信託するとし、これをも信託設定時の信託財産とするという条項を見かける。いかなることでも信託はできると誇示したいのだろうが、ルールがある。

　かかる追加信託財産は、その多くは特定された財産とはいえないばかりでなく、そもそも追加信託はその行為があった場合は新たな信託行為または信託の変更があったと考えるべきである。信託設定時から信託財産となるのではない。[24]

24　能見＝道垣内・前掲（注3）184頁・24頁。

(2) 求められる知識と総合力

　民事信託を活用するには、信託の機能や特徴を知っているだけでなく、成年後見制度にも精通していること、もしそれが十分でないなら信託を創造する協力者の中に、信託法制のみならず、成年後見制度を理解している者がいること、また税務などを知る者がいることが不可欠である。もちろん、相続や遺言制度の理解は、必須である。具体的には、次の①～④などが求められよう。

①　信託は相続や遺言に代わる制度であること　民事信託の設定の目的は、争いのない遺産分割を実現したい、あるいは家産を分散させず永遠に承継するしくみを使いたいなど、その目的はさまざまである。信託では、「遺言代用型信託（契約）」「遺言代用型自己信託」と呼ばれている遺言に代わるしくみのものが多用されている。

②　信託は成年後見制度を補完し一部代替すること

③　他益信託の設定は財産が移転し課税の対象になり、また信託の終了（後継ぎ遺贈される場合も含む）は新たな財産の取得であり、終了時の受益者が取得する場合を除き課税は免れないこと　そこで、自益信託と他益信託を考えて、その組み合わせを選択する必要がある。

④　福祉型の信託は長期にわたることから、その対策も必要であること　福祉型信託においては、要支援者のための数十年にわたる信託も少なくない。当然、その間には信託条項が実情に合わなくなり変更が必要になることもある。

　これらのことを、しっかりと理解し、信託創造者にならなければならないのである。このように、信託創造者に求められるものは、幅広い知識と柔軟な思考である。そして、信託を知る協力者（ネットワーク）である。

《キーワード》　遺言代用型信託（契約）
　遺言代用型信託（契約）は、たとえば、他人に財産を信託して、委託

者自身を自己生存中の受益者とし、自己の子・配偶者その他の者を「死亡後受益者」（委託者の死亡を始期として信託財産から給付を受ける権利を取得する受益者）とすることによって、委託者本人の死亡後における財産分配を信託によって達成しようとするものである。[25]

25　寺本・前掲（注6）256頁。

Ⅲ　民事信託の正しい活用

1　信託の本質を正しく理解し、信託創造者となる

　信託設定者（依頼者）は、信託は何でもできる制度であるという説明から、信託創造者に対し過度な要求をしがちである。しかし、信託にはできないこと、やるべきでない事柄が多々ある。このことはすでに何点か述べてきたところである。したがって、信託創造者は、まずは信託の本質や基礎を正しく理解し、信託設定者に信託で組み立てることができるしくみの範囲をしっかり説明する必要がある。信託の本質や基礎となるしくみを理解せずに民事信託を活用することはできないし、信託創造者になってはならない。

　以下、基本的なところをまとめておく。

　第1に、信託の基礎となるしくみは、信託の本質に通じるものである。信託の本質は、受益者と受託者との信頼関係（信認関係）であり、受託者が、信認関係に裏打ちされた信認義務を全うすることにある。このことは、信託を創造するうえで特に大事であることはすでに説明したとおりである（本章Ⅱ1(2)参照）。これらの信認義務等を全くのデフォルト・ルールにした信託はあってはならないということである。すなわち、受託者が何でもできる信託、受益者に対し信認義務を負わない信託などは制作すべきではない。

　第2に、信託創造者は、受益者保護に背を向けた信託行為は設定すべきではない。信託は、委託者の財産を守ることではない。また、受託者のためだけの信託であってもならない。信託の中心は、受益者を保護し、その利益を守ることにあるのである。家族のための信託においては、この家族である受益者を守るため、必ず信託監督人か受益者代理人を定めることを念頭におくべきである。

　第3に、「信託は何でもできるから、他の制度もカバーできる」といった誤った考えは捨てるべきである。民事信託は、成年後見制度にそのほとんど

を代わることができるなどという話を聞いたことがあるが、それは誤りである。成年後見制度が担っている身上監護については、その多くのことが信託には無力である。成年後見制度が必要な人は、その制度を選択しなければならない。もちろん本人の財産管理の重要な部分は信託が担うことができる。

2　信託創造者の倫理と信託関係人への就任

(1)　信託創造者のあり方

かつて、平成18年改正前の旧信託法時代に作成された信託契約に関する相談が持ち込まれたことがある。当事者である受益者あるいはその債権者として、信託財産となっている不動産について何らかの権利行使ができないか、できるのであれば信託の変更はできないかという相談であった。不動産管理信託契約と題する私署証書には、かなり多くの不動産の表示がなされているが、本文の内容を一見すると、その不動産はすべて委託者の所有のようにも読める表現になっている。しかし、別紙部分に記載されている不動産をみると、その大部分は、農地であって、委託者の所有ではなく、しかも信託の設定には農地法が適用になる事例であった。そのうえ、この農地に関し、委託者がいかなる権利を信託しているのかも不明なものであった。

この私署証書は、法律に関係する専門職が起案・作成し、一部の不動産、委託者所有のものについては、信託の設定登記をし、当該専門職には相当の報酬が支払われているという説明があった。この信託の創造にあたった専門職は、農地部分に関する信託行為を作成するにあたって、信託財産は何なのか、委託者と農地の所有者の関係、農地法との関係などはどのように考えたのであろうか。

あいまいな信託契約を作成し、登記することができずに撤回したり、あるいは高額な贈与税の課税通知がきて驚き、契約を白紙に戻したりすることは、信託創造者がやってはいけない、むしろ責任が問われることもありうる事柄である。

信託創造者として、かかるあいまいな信託契約（信託設定行為）は、制作

してはいけない。依頼者の強い希望があってのものだと思うが、そもそも他人の農地などは個人には信託設定はできないはずであり、かかる点の詰めはしっかりすべきであろう。

(2) 信託創造者の立場

信託につき、委託者から相談を受けた場合、信託業法の規制は別として、弁護士は、委託者と利益相反する受託者には就任できないという論文を見たことがある。その考え方は、一見すると正論である。

しかし、遺言信託の場合の受託者になることは、信託効力発生時点では、委託者はいないのだし、委託者の地位も相続人は承継しないのである（信託法147条）。そこには、原則的には利益相反は生じないように思うが、この考え方は無理だろうか。ただし、信託業法の規制は当然にある。

信託契約の場合はどうであろうか。私見としては、それは、委託者という立場からの相談ではなく、信託設定者としての立場での相談であり、その者が委託者になる人であっても、受託者や受益者の権利や義務をも考え、これを擁護する立場にあるということを忘れてはならない。信託では、委託者は立ち去る立場にあるのである[26]。ただし、委託者は、多くの場合、受益者として登場している。この場合は、委託者兼当初受益者という立場に立ち、一部（たとえば、受託者への監督権の行使、信託給付の請求に係る事務、受益者の同意を要する信託の変更等の事務など）で利益相反行為が生じる。

(3) 信託の「正義」とは

最後に、再度、実務における信託の正義とは何かを考えてみる。答えは、簡単だと考えている。信託創造者からみて、信託を使う理由がない、使う必要がないのに使う、そして使ってはならないのに使う、それが信託にとっては、正義ではないということである。こういうと、私的自治の原則から、かかる考えはおかしいという者もいるだろう（もちろん「信託」という法的な利益を受けないという当事者同士の契約であれば、もちろん有効という考え方もで

---

[26] 遠藤・前掲（注3）27頁。

きょう)。しかし、民事信託は、その中心にある福祉型信託に代表されるように大きな社会的使命を担っている制度であり、これから大事に育て上げ、誰でも利用できるしくみとして確立させなければならないのである。しかし、この制度はいまだ未熟である。まして、自己信託のように、一般の人には理解が難しく、奇っ怪な制度であるといわれかねない制度もあり、信託の創造に携わる者としては、このような人々の迷いを払拭し、これを必要とする多くの人が安心して信託制度を利用できるよう社会的な責任を果たすことが求められているのである。

このような理由から、信託は、必要なときに、必要な範囲で使うものだと考えている。信託の創造を嘱託された場合、何のために信託を使うのか、単に「財産管理のため」というだけで、合理的説明ができないものは、そこには正義は見出せない。

筆者の公証人時代の話になるが、信託に関する公正証書の作成を依頼されると、よく信託の目的が「信託財産の管理及び運用する目的」と下書きしてきている専門職が多かった。それは、そのような文例を載せている解説書があるからであるが、信託をするために信託を使うという意味しかないように思う。そこで、筆者は、その信託の目的の条項の欄には、委託者が考えている信託目的を明確に記載する必要があることを説明して、真の目的が隠された信託の設定がなされないように努めている。

信託においては、委託者自らが正しい信託を設定すること、そして受託者においても信頼されて託されていることを自覚し、正しい事務処理をすること、これが信託の正義である。

信託をなぜ利用するのかについて答えられない依頼者の信託は引き受けるべきではない。資産隠しなど、信託の悪用だけは避けたい。

《キーワード》 信託の目的
　民事信託における「信託の目的」は、受託者が従うべき「命令的な行

動の指針」であり、「受託者がどのような行動をとるべきかが決定される基準」である[27]。そして、信託の目的は、信託制度の本質に違反するものであってはならないこと、実現可能でなければならないこと違法なものあるいは公序良俗に反するものであってはならないことである。

　一般的な相談事例では、信託の目的は、次のような内容となろう。

　①　福祉後見型信託の目的　「受益者の安定した生活及び福祉を確保することを目的とする」

　②　遺産承継型信託の目的　「相続による遺産の散逸を避けるため信託財産の適正な管理と確実な承継を目的とする」

▷遠藤英嗣

27　四宮・前掲（注8）106頁～108頁、道垣内弘人『信託法入門』52頁～54頁。

Ⅳ 民事信託に関する税法・通達の基礎知識

1 はじめに

　所得税・法人税法上、信託は、①受益者等課税信託[28]、②集団投資信託、③退職年金等信託、④特定公益信託、⑤法人課税信託の五つに大別される[29][30]。

　このうち、民事信託において利用されるのは、その多くが、①の受益者等課税信託である。

　受益者等課税信託については、所得税・法人税・相続税法上、受託者ではなく受益者がその信託財産を有しているものとして取り扱う、いわゆる「パススルー課税」が適用される。

　したがって、たとえば、父親が息子を受益者として賃貸不動産を信託すれば、父から息子に当該賃貸不動産の贈与（相続）が行われたものとして、贈与税（相続税）の課税対象となる。信託設定後は、賃貸不動産に係る不動産所得について、息子の所得として取り扱う。

　このように、「法的な財産の所有者（受託者）と課税上の財産所有者（受益者）が異なる」という点が受益者等課税信託の特徴である。

　ここでは、委託者・受益者ともに個人かつ1名である受益者等課税信託[31]の課税関係について、その概要を説明したうえで（信託設定時の課税関係、信託

28　受益者等課税信託とは、信託のうち前記②～⑤以外の信託を指す（所得税法13条、法人税法12条）。個人間で設定する民事信託で、受益者が存するものは、基本的にこれに該当する。

29　青木孝徳『改正税法のすべて［平成19年版］』292頁。

30　信託財産に帰せられる収益について、前記①では発生時に受益者に対して課税が行われるのに対し、②～④では受益者が収益を受領した段階（つまり出口段階）で課税が行われる。また、⑤の法人課税信託では、信託収益につき、受託者を納税義務者として、発生ベースにて法人税が課される。

Ⅳ 民事信託に関する税法・通達の基礎知識

〔図1〕 受益者等課税信託の課税関係概念図

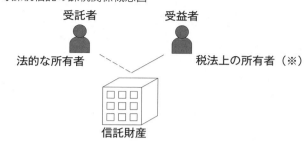

※ 所得税・法人税・相続税（贈与税）・消費税における取扱い。固定資産税等においては、登記上の所有者である受託者が納税義務者となる。

期間中の課税関係、信託終了時の課税関係、信託受益権の相続税評価額、各種特例の適用可否。後記2～6参照）、事例に即して各段階ごとの課税関係をみていく（後記7参照）。

なお、本文中意見にわたる部分は、私見である旨、申し添えておく。

2 信託設定時の課税関係

(1) 相続税・贈与税

受益者等課税信託の設定につき、当該信託が自益信託である場合には特段の課税関係は生じない。一方、当該信託が他益信託である場合には、受益者等は当該信託に関する権利を委託者から贈与（遺贈）により取得したものとみなされ、贈与税（相続税）の課税を受けることとなる（相続税法9条の2）。

取得した信託受益権の相続税法上の評価については後記5を参照されたい。

(2) 流通税（登録免許税・不動産取得税）

信託財産が不動産等である場合、信託の設定に伴い、委託者から受託者に

---

31 委託者・受益者が複数の場合、自益信託であっても設定時に所得税の課税が発生するなど、課税関係が複雑化する。ここでは、信託の課税関係の概要を示すことを主眼としているため、これらの場合の課税関係については触れないこととする。

32 自益信託とは、委託者自身が受益者となる信託である。

〔図２〕 信託設定時の課税関係

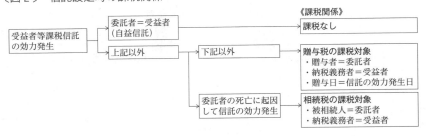

　財産権の移転の登記を行うこととなるが、当該登記については、登録免許税は非課税とされている（登録免許税法７条１項１号）。なお、所有権の信託の登記については、固定資産税評価額×0.3％の登録免許税が課される（同法附則７条・別表第１―（十）イ、租税特別措置法72条１項）。
　不動産取得税についても、委託者から受託者に信託財産を移す場合の不動産の取得[37]については非課税とされている（地方税法73条の７第１項３号）。

33　受益者としての権利を現に有する者および特定委託者をいう（相続税法９条の２かっこ書）。「受益者としての権利を現に有する者」には、残余財産受益者は含まれる一方、①停止条件が付された信託財産の給付を受ける権利を有する者、②委託者死亡の時に受益権を取得する旨の定めのある信託の委託者死亡前の受益者、③帰属権利者は含まれない（相続税法基本通達９の２―１）。また、「特定委託者」とは、信託を変更する権限を現に有し、かつ当該信託の信託財産の給付を受けることとされている者（受益者を除く）をいう（相続税法９条の２第５項）。

34　委託者の死亡に起因して信託の効力が生じた場合（典型的には遺言信託で委託者が死亡した場合）には、受益者は遺贈により財産を取得したものとみなして、相続税の課税対象となる。

35　受益者が信託に関する権利を売買等で適正な対価を負担して取得した場合を除く。

36　信託設定に伴う委託者の所得税の課税関係について、①他益信託の場合：所得税法上、信託の設定に伴い、委託者から受益者に信託財産が移転するものとみなされる。信託設定に伴い対価を収受しない前提においては、譲渡側（委託者側）で譲渡所得（損失）の認識は行わない（所得税法59条１項・２項）。②自益信託の場合：自益信託の設定による資産の受託者への移転は、委託者にとって譲渡に該当しない（所得税基本通達13―５）。

37　家屋の新築による不動産の取得（地方税法73条の２第２項）に該当する場合を除く。

Ⅳ　民事信託に関する税法・通達の基礎知識

〈表1〉　信託設定時の流通税（不動産）の課税関係

税　目	内　容	課税関係	根拠条文
登録免許税	委託者から受託者への財産権の移転登記	非課税	登録免許税法7条1項1号
	所有権の信託の登記	固定資産税評価額×0.3%	同法附則7条・別表第1－（十）イ、租税特別措置法72条1項
不動産取得税	委託者から受託者に信託財産を移す場合における不動産の取得	非課税	地方税法73条の7第1項3号

〈表2〉　信託の方法と印紙税

信託の方法	印紙税の課税関係
信託契約（信託法3条1号）	契約書1通につき200円
遺言（同条2号）	課税なし（契約書に該当しない）
自己信託（公正証書等。同条3項）	課税なし（契約書に該当しない）

(3)　印紙税

　印紙税法上、信託行為に関する契約書については1通につき200円の印紙税が課される（印紙税法別表第1第12号）。ここで「信託行為に関する契約書」には、遺言書や信託宣言を行うための公正証書等を含まない（印紙税法基本通達別表第1第12号文書1）。つまり、〈表2〉のとおり、信託法3条1号の信託契約に係る契約書のみが印紙税の対象となる。

3　信託期間中の課税関係

(1)　所得税

　所得税法上は、受益者等が信託財産を直接保有しているものとみなして所得税の計算を行う（所得税法13条1項）。信託財産が賃貸不動産等、収益を生み出す物件の場合、受益者は当該所得について、自分の所得として確定申告を行う必要がある。

第1章　民事信託実務の基礎知識と実務指針

〔図3〕　信託不動産に係る不動産所得の損益通算の特例

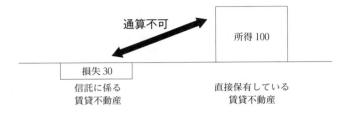

　この際、信託財産に属する不動産に係る不動産所得について損失が発生した場合、当該損失について、〔図3〕のとおり、他の不動産所得との損益を通算することができない（租税特別措置法41条の4の2）。[38][39]

　このため、収益性の低い賃貸不動産を信託する場合には、他の収益性の高い物件と組み合わせて信託財産とするなどの工夫も必要となろう。

(2)　信託受益権が複層化している場合の考え方

　収益受益権者が複数ある場合、信託財産の収益・費用の額は、受益者の有する権利の内容に応じて帰属するとされている（所得税法施行令52条4項）。受益権が持分割合という形で分割されている場合には、収益費用の額をその持分に応じて割り振ればよいが、質的に分割（複層化）されている場合には、収益費用を収益受益権者と元本受益権者にどのように割り振るかという問題が生じる（この点、法令上は必ずしも明確にされていない）。

　たとえば、賃貸不動産の場合、管理料や損害保険料などは、賃貸収益を得るための費用として収益受益権に帰属させる処理が一般的であるが、修繕

38　受益者等課税信託の受益者に該当する個人が、信託から生ずる不動産所得を有する場合において、当該信託による不動産所得の損失の金額があるときは、当該損失の金額に相当する金額は、その年分の不動産所得の金額の計算上生じなかったものとみなすこととされている（租税特別措置法41条の4の2）。

39　このほかの実務上の留意点としては、①収益・費用の認識時点（信託計算期間にかかわらず、収益・費用の発生した年分の収益・費用として認識する。所得税基本通達13―2）、②所得の計算方法（いわゆる総額法のみが認められ、純額法・中間法は認められない。同通達13―3）があげられる。

費・改築費については、いずれに帰属させることが適切であるのか判断に悩む場合も多い。

4 信託終了時の課税関係

(1) 所得税・贈与税および相続税

受益者等課税信託が終了した際、(最終)受益者がその残余財産の交付を受ける場合には、これについて特段の課税関係は生じない。[40]

一方で、残余財産の給付を受けるべき者(帰属すべき者)が、受益者と異なる場合には、残余財産を当該信託の(直前の)受益者から贈与[41](または遺贈)[42]により取得したものとして、贈与税(相続税)が課される[43](〈表3〉参照)。

(2) 流通税(登録免許税・不動産取得税)

信託財産が不動産等である場合、信託の終了に伴い、受託者から帰属権利者・残余財産受益者に財産権の移転の登記を行うこととなる。この際の登録免許税・不動産取得税の取扱いは、〈表4〉のとおりである。

---

[40] 信託終了に伴い最終受益者がその残余財産交付を受ける場合の所得税・相続税の課税関係について:受益者が1名で、残余財産の給付を受ける者が当該受益者のみである場合、所得税法上、受託者から受益者への譲渡があったものとしては取り扱われない(所得税基本通達13—5)。また、経済的な利益の移転が生じないため贈与税等の課税も生じない(相続税法9条の2第4項)。

[41] 当該信託の委託者から贈与または遺贈を受けたのではなく、直前の受益者から贈与または遺贈を受けたものとして取り扱う点に留意が必要である。

[42] 受益者の死亡に起因して信託が終了した場合である。

[43] 複層化した信託(受益者連続型信託を除く)の元本受益者については、信託設定時に元本受益権の取得につき贈与等の課税が行われている。このため、信託終了に伴い残余財産の給付を受けても、原則としてこれに伴う贈与税または相続税の課税は生じない(相続税法9条の2第4項)。ただし、予定された信託期間の終了よりも前に合意終了(信託法164条の規定による終了)をした場合には、元本受益者(個人)は、収益受益権者(個人)から当該収益受益権の価額に相当する利益(=残存期間に係る収益)を当該贈与によって取得したものとして取り扱う(相続税法基本通達9—13)。

第1章　民事信託実務の基礎知識と実務指針

〈表3〉　受益者・帰属権利者等が共に1名かつ個人である場合の信託終了時の課税関係（所得税・贈与税等）

帰属権利者等	課税関係
（最終）受益者	特段の課税なし
（最終）受益者以外の者	（最終）受益者から残余財産受益者または帰属権利者に贈与または遺贈があったものとして取り扱う

※　受益者：信託期間中に受益者としての権利を現に有していた者
　　帰属権利者等：帰属権利者または残余財産受益者

〈表4〉　信託終了に伴う不動産の移転に伴う登録免許税・不動産取得税の課税関係

税　目		課税関係	根拠条文
登録免許税			
受託者から委託者への財産権の移転登記	自益信託（※1）が終了し、受託者から委託者兼受益者に財産を移転する場合	非課税	登録免許税法7条1項2号
	自益信託が終了し、受託者から当該委託者兼受託者の相続人に財産を移転する場合	固定資産税評価額×0.4%	同法7条2項・別表第1一（二）イ
	上記以外	固定資産税評価額×2%	同法別表第1一（二）ハ
信託登記の抹消		不動産1個1000円	同法別表1一（十五）
不動産取得税			
自益信託（※1）が終了し、受託者から委託者兼受益者に財産を移転する場合		非課税	地方税法73条の7第1項4号イ
自益信託（※1）につき、委託者死亡により相続・遺贈により信託受益権等を相続した者に対し、受託者から信託財産を移転する場合		非課税	同号ロ
上記以外		固定資産税評価額準（※2）×4%（3%）（※3）	同法73条の13・73条の15

※1　信託の効力が生じたときから引き続き委託者のみが受益者であるものに限る。
※2　宅地等（宅地および宅地評価された土地）については、平成30年3月31日までの間、土地の価格の2分の1を課税標準額とする（地方税法附則11条の5）。
※3　平成30年3月31日までの住宅または土地の取得については3%（同法附則11条の2）。

5 信託受益権の相続税評価額

(1) 信託受益権の評価——原則

相続税の財産評価上、信託受益権はその信託財産の価額によって評価する（財産評価基本通達202）。つまり、あたかも受益者が信託財産を直接保有しているかのように評価するということである。

ただし、受益者が複数である場合には、信託財産の価額のうち当該受益権に対応する部分の金額によって評価する。具体的な計算方法は、〈表5〉のとおりである。

〈表5〉 信託受益権の評価

権利関係		相続税評価額
元本と収益との受益者が同一人である場合		信託財産の相続税評価額
元本と収益との受益者が元本および収益の一部を受ける場合		信託財産の相続税評価額×受益割合
元本の受益者と収益の受益者とが異なる場合（複層化信託）	元本の受益者	信託財産の相続税評価額－収益受益権の評価額
	収益の受益者	課税時期の現況において推算した受益者が将来受けるべき利益の価額ごとに課税時期からそれぞれの受益の時期までの期間に応ずる基準年利率による複利現価率を乗じて計算した金額の合計額

(2) 受益者連続型信託の特例

複層化された受益者連続型信託を個人が取得した場合、収益受益権の評価上、当該受益者連続型信託の利益を受ける期間の制限等については、当該制約は、付されていないものとみなすこととされている（相続税法9条の3）。この結果、受益者連続型信託に関する権利の価額は、〈表6〉のようになる（相続税法基本通達9の3－1）。

複層化された受益者連続型信託の評価イメージは、［図4］のとおりであり、この結果、たとえば、［図5］のような受益者連続型信託の受益者A、

第1章　民事信託実務の基礎知識と実務指針

〈表6〉　受益者連続型信託に関する権利の価額

受益権の種類		相続税評価額
受益者連続型信託に関する権利の全部		信託財産の全部の価額
受益権が複層化された受益者連続型信託	収益受益権の全部（※2）	信託財産の全部の価額
	元本受益権の全部（※1）（※2）	零

※1　当該元本受益権に対応する収益受益権について相続税法9条の3第1項ただし書の適用がある場合（法人が受益者である場合）または当該収益受益権の全部もしくは一部の受益者等が存しない場合を除く。
※2　相続税法9条の3の規定の適用により、相続税法基本通達9の3―1(2)(3)の受益権が複層化された受益者連続型信託の元本受益権は、価値を有しないとみなされることから、相続税または贈与税の課税関係は生じない。ただし、当該信託が終了した場合において、当該元本受益権を有する者が、当該信託の残余財産を取得したときは、同法9条の2第4項の規定の適用があることに留意する。

〔図4〕　複層化された受益者連続型信託の評価イメージ

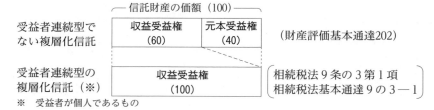

※　受益者が個人であるもの

B、Cの受益権は、それぞれの取得時点での当該賃貸不動産の価額である100、90、80となる（A、Bが実際に受け取る賃料収入の金額ではない）。

44　受益者連続型信託とは、①信託法91条に規定する受益者の死亡により他の者が新たに受益権を取得する定めのある信託（相続税法9条の3第1項かっこ書）、②信託法89条に規定する受益者指定権等を有する者の定めのある信託（同項かっこ書）、③受益者等死亡その他の事由により、当該受益者等の有する信託に関する権利が消滅し、他の者が新たな信託に関する権利を取得する旨の定めのある信託（相続税法施行令1条の8第1号）、④受益者等の死亡その他の事由により、当該受益者等の有する信託に関する権利が他の者に移転する旨の定めのある信託（同条2号）、⑤上記①～④の信託に類する信託（同条3号）をいう。

〔図 5〕 受益者連続型信託の受益権の評価

[前 提]
　Xが賃貸不動産Yを信託し、収益受益権についてはXの相続人であるA、Bが順番に取得する（当初受益者はA。Aの死亡によりBが受益者となる旨、信託契約に定めがある）。収益受益権者は家賃－費用を差し引いた金額を収受する。
　Cは残余財産受益権を取得する。Bの死亡時点で信託は終了し、Cは残余財産の交付を受ける。賃貸不動産の価額は、①信託の設定時点（Aが収益受益権を取得した時点）では100とし、②Bが収益受益権を取得した時点では90とし、③Bが死亡してCが当該賃貸不動産Yの交付を受けた時点では80とする。

[A、B、Cが取得した財産の相続税法上の評価]
A→100（収益受益権取得時の信託財産の価額。実際に収受する家賃－費用の額ではない）
B→90（収益受益権取得時の信託財産の価額。実際に収受する家賃－費用の額ではない）
C→80（交付を受けた残余財産の価額）

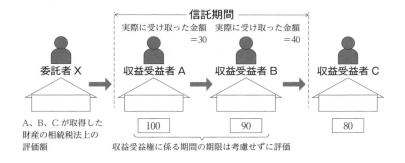

6　相続税（贈与税）に関する主な特例の適用の可否

　信託受益権を相続（贈与）により取得した場合の相続税（贈与税）に関する主な特例の適用の可否は、〈表7〉のとおりである。

〈表7〉 相続税（贈与税）に関する主な特例の適用の可否

特　例	適用関係	根拠条文
小規模宅地の特例（相続税）	信託財産に含まれる宅地等についてもその他の要件を満たせば適用可能である。	租税特別措置法40条の2第6項、租税特別措置法関係通達69の4－2
配偶者の税額軽減（相続税）	財産の種類にかかわらず、その他の要件を満たせば適用可能である。	相続税法19条の2
贈与税の配偶者控除（贈与税）	取得した金銭で信託受益権を取得→信託財産を取得したものとして取り扱う（その他の要件を満たせば適用可能である）。	同法21条の6、相続税法施行令4条の6
非上場株式に係る納税猶予（相続税・贈与税）	信託財産に含まれる非上場株式等は納税猶予の適用対象とならない。[45][46]	租税特別措置法70条の7・70条の7の2
農地に係る納税猶予	信託財産に含まれる農地は納税猶予の適用対象とならない。[47]	同法70条の8

7　事　例

前記1～6では、税務上の取扱いの概要を説明した。しかし、これだけでは全体像を掴みにくいと思われるため、事例に即して、各段階ごとの課税関係をみていく。

(1) 事例の内容

S（夫）は賃貸不動産等を有しているが、その妻（B）は認知症気味であり、

45　非上場株式に係る納税猶予については、小規模宅地の特例における租税特別措置法施行令40条の2第6項に相当する読み替え規定がおかれていないため、受益権を株式と読み替えて規定を適用することができない。この点、農地に係る納税猶予についても同様である。

46　一般社団法人信託協会「平成28年度税制改正に関する要望」（平成27年7月）2頁において、株式の信託を利用した事業承継について相続税・贈与税の納税猶予制度の適用対象とすることが要望されている。

47　前掲（注18）参照。

〔図6〕 不動産管理処分信託のしくみ

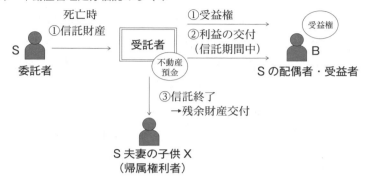

かつ、子供Xは遠隔地に居住しているため、Sは自分が死亡した後の不動産の管理が心配である。

そこで、Sを委託者、Tを受託者、受益者をB（Sの配偶者）とし、S所有の賃貸不動産、居住用不動産および金融資産（預金）を信託財産として、遺言により信託を設定する。信託期間はBの死亡までとし、信託財産の帰属権利者はSの子供Xとする。

信託期間中、受託者は不動産管理費用を信託金融資産から拠出したうえで、毎月、一定額をBに交付する（信託金融資産は預金以外には運用しない）。

Bの死亡に伴い信託は終了するが、信託終了時の残余の信託財産は子供Xに帰属するものとする。

(2) **遺言書の作成時の課税関係**

遺言書の作成時の課税関係は、次のとおりである。

　　㋐　所得税・相続税

特段の課税は生じない。

　　㋑　印紙税

遺言信託を設定するために遺言書を作成することとなるが、遺言書は印紙税の課税文書に該当しないため、印紙税の添付は不要である（印紙税法基本通達12号文書1）。

(3) 信託受益権設定時の課税関係

信託受益権設定時（Ｓの死亡時）の課税関係は、次のとおりである。

(ア) 相続税

Ｂが取得する信託受益権は、Ｓからの遺贈により取得したものとして、相続税の課税対象となる（相続税法９条１項）。相続税の課税価額の計算上、信託受益権の価額は、課税時期における信託財産の価額をもって計算する（財産評価基本通達202(1)）。なお、要件を満たす場合には、小規模宅地の特例、配偶者の相続税額の軽減の適用が可能である（前記６〈表７〉参照）。

(イ) 流通税等

信託の設定に伴い、委託者から受託者に不動産の移転の登記を行うこととなるが、当該登記については、登録免許税は非課税とされている（登録免許税法７条１項１号）。ただし、所有権の信託の登記について、固定資産税評価額×0.3％の登録免許税が課される（同法附則７条・別表第11(十)イ、租税特別措置法72条１項）。

また、委託者から受託者に信託財産を移す場合における不動産の取得に該当するため、不動産取得税は非課税となる（地方税法73条の７第１項１号）。[48]

(4) 信託期間中の課税関係

信託期間中（Ｓの死亡からＢの存命期間中）の課税関係は、次のとおりである。

(ア) 固定資産税等

信託の対象となっている不動産に係る固定資産税・都市計画税については、受託者あてに賦課通知書が送付される（受託者が納税義務者となり、信託財産から固定資産税を支払う）。

(イ) 所得税

信託財産に帰せられる収益・費用は、Ｂの収益・費用とみなして取り扱う（所得税法13条）。このため、Ｂは、賃貸不動産の賃料収入について、不動産

---

48 受託者が信託銀行等の場合は、信託に関する受益者別調書を提出する（相続税法59条２項）。

所得として確定申告を行う必要がある（実務的には、受託者から信託の計算書の交付を受けてこれに基づき申告を行う）。

受託者がBに交付する金銭については、所得税法上はBが有している財産の保管場所の移動にすぎないため、所得税の課税対象にはならない。

　(ウ)　信託の計算書

受託者は信託の計算書を翌年1月31日までに、受託者の所在地の所轄税務署長に提出する（所得税法227条、所得税法施行令96条）。

(5)　**信託終了時の課税関係**

信託終了時（Bの死亡時）の課税関係は、次のとおりである。

　(ア)　相続税

子供XはBからの遺贈により信託財産（Xは賃貸不動産と金融資産×1/2、Bは居住用不動産と金融資産×1/2）を取得したものとして取り扱う（相続税法9条の2第4項）。相続税額の計算上、その他の適用要件を満たせば、小規模宅地の特例の適用が可能である（前記6参照）。

　(イ)　流通税等

本件信託はSを委託者、Bを受益者とする信託であるため、不動産取得税の非課税要件を満たさないと考えられる。このため信託終了に伴いX、Bが不動産を取得するのに際しては不動産取得税4％（3％）が課される（地方税法73条の7第1項4号ロ）。

また、不動産取得税の場合と同様、本件信託はSを委託者、Bを受益者とする信託であるため、不動産取得税の非課税要件を満たさないと考えられ

49　受託者が信託会社・信託銀行の場合は、事業年度終了後1カ月以内である。

50　なお、BがSの後妻で、BとXとの間に養子縁組がなされていない（BとXの間に親子関係がない）場合、Xは1親等内の血族に該当しないため、相続税額の2割加算がなされる（相続税法18条。当該財産につき、XがSから直接相続した場合には、この2割加算は行われない）。

51　夫を委託者、妻を受益者とする信託は、地方税法73条の7第1項4号の「信託の効力が生じたときから引き続き委託者のみが信託財産の元本の受益者である信託」という文言に抵触すると考えられる（〈表4〉※1参照）。

る。このため信託終了に伴う受託者Tから子供Xへの不動産の移転に際して、登録免許税2％が課される（登録免許税法7条2項・別表第1一㈡ハ）。このほか、信託の登記の抹消に不動産1個あたり1000円の登録免許税が課される（同法附則7条・別表11（十五））。

▷中島礼子

52　夫を委託者、妻を受益者とする信託は、登録免許税法7条1項2号の「信託の効力が生じたときから引き続き委託者のみが信託財産の元本の受益者である信託」という文言に抵触すると考えられる（〈表4〉※1参照）。

第2章　専門職による民事信託の提案

Ⅰ　はじめに
Ⅱ　受託者の義務・責任と専門職による支援
Ⅲ　信託業法から学ぶ注意義務等
Ⅳ　民事信託の提案にあたって
Ⅴ　信託事務上の検証事項と実務の視点

第 2 章　専門職による民事信託の提案

I　はじめに

　高齢者等の安定した老後の生活の確保と並んで、親亡き後・伴侶亡き後の障害者等の安心できる生涯を支える財産の管理とその承継の方法の選択肢の一つとして「民事信託」が注目されている。しかし、多様なニーズに対応できる民事信託を活用したいものの、受託者の職務を担える家族等がいないケースが多いため、その利用はなかなか拡大していない。また、現在の信託業法では、信託会社または信託業務を兼営する信託銀行等しか、民事信託を受託者として取り扱うことができないことも、その一因と思われる[1]。

　そこで、専門職[2]は、家族等の中で信頼できる者を受託者としたうえで、専門職が受託者による信託事務を支援または監督するしくみを提案している。

　民事信託の提案は、長きにわたって、委託者・受益者をはじめとする信託関係人および重要な財産の行く末を決める行為であるから、事案ごとに個々の異なる事情を確認して慎重に総合的に考えなければならない。

　また、民事信託の安易な利用、誤用は大けがのもとである。

　専門職による提案内容が信託関係人の納得のいくものになっていなければ、その提案内容に納得できない者が、各信託条項をつぶさに分析して、提案者に責任を求めてくるということもありうる。そうなれば、委託者または受託者からも責任を問われうるのはいうまでもない。隙のない丁寧な提案が専門職に求められるのである。

　ここでは、まず、民事信託の委託者・受託者となる家族等に対して専門職が説明をする際の指針を示し、その後、専門職が民事信託を提案するに際して検証すべき具体的事項を実務の流れに沿ってみていくこととする。

　1　事案によっては、個別の交渉に基づいて柔軟に取り扱う場合もあるが、その多くは金銭が対象であり、制度商品として一定の機能を取り扱うにとどまる。
　2　ここでは、法が認める枠組み（基本ルール）の中で、信託の目的に従って機能するように企画・制作する「信託創造者」（第 1 章 I 1 参照）をいう。

Ⅱ 受託者の義務・責任と専門職による支援

1 受託者の義務・責任──家族等は受託者としてどのような役割を担うのか

　受託者は自らのためでなく信託の目的に必要な行為をする義務（目的遂行義務）があり、委託者が受託者の権限を制限すれば、その範囲で義務を負う（信託法2条1項・26条・29条）。受託者はその義務を負って、委託者の思いを実現させよう、その負託に応えようとする努力を惜しまない、他人の財産を預かっていることを忘れない者である。

　専門職が民事信託を提案する際、受託者となる家族等が信託を引き受けるにあたって、適切に受託者としての次のような義務・責任を果たせるか、信託の目的が達成できるかなどについて認識をしてもらうことが肝要である。

(1) 信託法上の受託者の義務・責任

　信託法は、受託者の義務等（同法29条〜39条）、受託者の責任等（同法40条〜47条）、受託者の変更等に関する受託者の義務等（同法59条〜61条）などを定めている（〈表8〉参照。表中の条数は信託法のもの）。

(2) 受託者の善管注意義務等

　受託者には「善良な管理者の注意」（善管注意義務。信託法29条、民法644条）[3]が求められ、これは、その者が属する社会的・経済的地位、職業などに応じて、一般に要求される注意である。自分の能力に応じた程度という主観的なものではなく、客観的に要求される程度の注意といわれる[4]。

　3　民法上の善管注意義務の源はフランス法の「善良なる家父の注意」（フランス民法1137条1項）等である。

　4　民法上、自己の財産に対するのと同一の注意（民法659条）、自己のためにするのと同一の注意（同法827条）、自己の財産におけるのと同一の注意（同法940条）と規定される。

〈表8〉 信託法上の受託者の義務・責任

	信託法が定める受託者の義務・責任	信託期間中の具体的な役割
義務等	○善管注意義務（29条） ○必要な行為をする権限があるが、その権限を制限できる（26条）	○不動産等信託財産の中期的な価値維持に配慮する。 ○信託財産を適正に管理しているか自問確認する。 ○受益者の状況・環境に注意する。
	○忠実義務（30条） ○利益相反行為の制限（31条・32条・20条・22条）	○受益者等との利益相反取引になる場合は事前に回避または了承を得るなどの定めをする（家族であれば、債権・債務、扶養義務の取扱いを明確にする）。
	○公平義務（33条）	○受益者が複数いれば目的に沿って公平に取り扱う。
	○分別管理義務（34条） ○事務委託の義務（35条）	○登記・登録を要する財産は必ず手続をする。 ○登録制度がない財産は外形上区別できる状態にし、かつ計算方法を帳簿等で明らかにする。 ○事務委託すれば選任・監督義務を負う。
	○報告・保存等の義務（36条～39条など）	○信託事務処理・信託財産等の状況を明らかにする帳簿・計算書類を作成・分析評価し、受益者等に報告する。 ○上記の書類とともに信託事務処理の契約書等を10年間保存し、受益者等は閲覧・謄写を請求できる。
	○受託者の変更等に関する義務等（受託者の任務終了（56条・57条）、受託者の解任（58条）、新受託者の義務等（59条・60条・75条～78条）、新受託者の選任等（62条））	○受託者の任務は、死亡、後見・保佐開始、破産、合併以外の解散、辞任、解任または信託行為の定めた事由により終了する。信託行為に後任の受託者の定めにより（指定または選任の方法の定めを検討する）、定めがないときまたは指定された者が引受けできない等のときは、委託者および受益者の合意により、または裁判所への申立てにより選任する。 ○新受託者が信託に関する権利・義務を承継したものとみなし、前受託者等から新受託者等への信託事務の引継ぎのために、受益者への通知、信託財産の保管等、信託事務の計算・引継ぎに必要な行為を行う義務を有する。
責任等	○損失てん補責任（40条・42条・43条） ○役員連帯責任（41条） ○違法行為等の差止請求（44条） ○受益者勝訴費用の支弁（45条） ○検査役選任（46条・47条）	○受託者は損失てん補の責任を負う。 ○受託者（一般社団法人等の場合）の役員は重過失があれば連帯して損失てん補の責任を負う。 ○受託者の法令等違反・おそれの行為は受益者により差止請求される。 ○受益者が受託者を訴えて勝訴した場合の費用等を信託財産から支弁する。

受託者の役割を担う家族等にも、受益者のためだけに思慮分別をもって慎重かつ誠実に行動する（prudent man）注意が求められている。専門職が民事信託を提案する際、専門職は受託者の役割を担う家族等に対して、受託者の具体的な事務とその注意事項を確認・理解してから引き受けるように説明することが肝要である。

(3) 民事信託のリスクにかかわる責任等

専門職が民事信託を提案するに際しては、民事信託のもつリスクという視点から、次のような責任等が発生しうることを受託者の役割を担う家族等に対して説明する。

(ア) 工作物等の所有者の責任

工作物責任は、所有する者の責務であり、建物等の工作物である信託財産を所有することにより負担する（信託法21条1項9号、民法717条1項ただし書）。信託財産で対応できなければ、受託者の固有財産をもって責任を果たさなければならない（同条2項4号）。

したがって、専門職が民事信託を提案するに際しては、受託者の役割を担う家族等に対して、信託財産の引受けに際して、物件をチェックすることが必要であることを説明することが求められよう。

(イ) 受託者の不法行為（不作為を含む）

受託者の信託事務が不法行為の要件（信託法21条1項8号、民法709条では受託者の故意・過失）を満たせば受託者の固有財産をもって負うが、受託者の固有財産が十分でないとき、受託者の行為のリスクは、対外的には受益者が負うので、信託財産が引き受けることになる。[5]

また、信託財産である旨を登記・登録していたとしても、受託者が信託財産のためにした不法行為について悪意・重過失でない限り、取消しをすることはできない（信託法27条・14条）。悪意・重過失の証明は、容易にはできないものである。

---

5 寺本昌広『逐条解説　新しい信託法〔補訂版〕』87頁。

したがって、後の祭りにならないよう、受託者の不法行為によって信託財産に著しい損害が生ずるおそれがあるときは、差止請求ができるよう（信託法44条1項）、受益者等への事前の情報開示・通知、専門職の事前の関与等が大切と考える。

　　(ウ)　受託者と受益者の利益相反関係・扶養義務関係

　受託者と受益者に親族関係がある場合、信託財産には利益相反関係が、また固有財産には扶養義務関係がありうる。信託による給付内容、財産の管理・処分等の対応方法については、信託行為に明らかに定めておきたい。

2　受託者に対する支援の体制

　委託者と受託者には、何よりも信頼・信認関係があることが前提である。委託者は、家族等である受託者の権限濫用のリスクを許せるほどに受託者を信頼しているかが、民事信託ができるか否かの胆である。

　当然ながら受託者となる家族等はその職務に不慣れである。その諸義務を軽減すべく工夫するのではなく、費用をどの程度かけて、受益者保護、信託財産に対する職務を誤りなく全うできるよう相談・支援・委任できる体制を整えるか、もしくは不安であるならば受託者を監督するしくみを構築する必要があろう（しかし、専門職に安易に任せてしまうしくみは避けたい）。

Ⅲ 信託業法から学ぶ注意義務等

　専門職が民事信託の財産管理全般にわたる提案をする場合、相談者との間に情報量・交渉力等の格差が存在するので、専門的知見をもって信託の目的の実現可能性、合理性について多角的に総合的に分野ごとに調査・検証する、いわばデュー・ディリジェンスが必要であり、また専門職にはその説明責任があると考える。

　信託法では、受益者保護のために受託者の義務と信託事務に関する規定をおいているが、デフォルト・ルール化（任意規定）されており、それらの義務を一定の範囲で軽減することもできる。

　しかし、信託銀行等は、民事信託に係る受託者の行為規制として、信託会社等と顧客との間に情報量・交渉力に大きな格差があること、委託者・受益者の保護を図ることから、信託の設定の前と設定時において取扱いの定めがある。また、信託の効力発生後には、忠実義務、分別管理義務等の受託者の義務が強行法規化され（信託業法28条）、また、信託財産に係る行為規制が適用される。

　したがって、委託者・受益者等および受託者を保護し、適正に民事信託の運営がなされるために、専門職が、同人ら双方に対して提案・関与する場合には、専門職としてどのように調査し、また、説明責任を果たすかについては、信託業法の規律を参考にして、次のような対応に配慮してコンサルティングをすることが求められていると考える。

1　信託の引受けに係る禁止行為

　信託業法では、信託の引受けにおいて禁止されている行為（信託業法24条1項）として、①不実（虚偽）の告知（同項1号）、②断定的判断の提供（同項2号）、③特別な利益を提供する行為（同項3号）、④損失補てん等（同項4

号)、⑤その他委託者の保護に欠けるものとして内閣府令で定める行為(同項5号、信託業法施行規則30条1号)[6]が定められている。

専門職が民事信託を提案するに際しては、これらの禁止行為に加え、以下のような点を踏まえて、財産・家族の状況等を把握したうえで、説明・行動をすることが肝要である。

2　信託の引受けに係る適合性の原則

信託業法では、委託者の知識、経験、財産の状況、信託の目的に照らして適切な契約内容であるか、委託者等の信託当事者の保護に欠けていないかを検証することが求められている(信託業法24条2項。重要事実の不告知は適合性の原則に反する場合がある)[7]。

専門職が民事信託を提案するに際しては、委託者がリスクの内容等を理解・許容できない場合、また、家族等である受託者自らの利益になるように誘導されていることを理解・許容できない場合には、民事信託を提案をすべきでないと考える。具体的には、次の(1)〜(5)について考慮して、民事信託の設定の適正性を検討することが肝要である。

(1)　委託者の属性等

提案する民事信託が、①委託者等のニーズに適合しているか、②財産が流用されるおそれ、権限が濫用されるおそれがないか、③信託の目的が実現できるか、④妥当な財産額・費用負担額であるか、⑤利益相反になる場面がないか、⑥反社会的な事案でないか、公序良俗に反する事案でないかを検証す

6　たとえば、重要事項について誤解のおそれのある告知・表示(信託業法施行規則30条1号)、信託を条件とした信用供与(同条2号)、優越的地位を利用した信託、免脱の疑義のある行為、反社会的行為、紛争性のある行為、経済的合理性を欠いた不適切なスキーム等の提供、法令違反行為(同条3号)がある。

7　適合性の原則には、顧客の知識・経験・財産等に適合した形で販売・勧誘を行わなければならないとする「広義の適合性の原則」と、ある特定の利用者に対しては、いかに説明を尽くしても販売・勧誘をしてはならないとする「狭義の適合性の原則」がある。

る。

(2) 情報提供の適正性

提案する民事信託について、委託者・受託者等に対して、あらかじめ過不足なく説明して（他の手法との比較、リスク、義務なども含む）、委託者・受託者等の理解が得られているかを確認する。虚偽の説明、断定的判断の提供はしない。また、誠実に対応することが求められている。

(3) 受託者の能力

提案する民事信託が、受託者が引き受けられる信託事務内容であるか、受託者を支援・補助する体制（信託事務を委託できる信頼できる実績のある専門業者の支援が得られるかなど）が整っているか、信託事務を委託した後にそれを監督することができるか、利益相反になった場合の許容スタンスを明確にしているかなどについて検証する。

(4) 広告規制

専門職が民事信託の提案について広告をする場合、事実と相違する表示はもちろん、誤解・誤認されないよう、明瞭かつ正確な情報提供に努めるべきである。

(5) 交付書面の記載内容

交付する書面内容（提案する信託条項案）について、各専門職が、法務だけでなく財産の内容・属性に関して財務・会計・税務の観点から、多面的な検証をする必要がある。

また、実務（ライフプランはどのようなものであるか、財産の状況から必要な給付が可能であるか、その他の諸手続（各財産の市場価値の鑑定、管理・処分手続、成年後見業務など））を行うことが可能であるかといった観点から、その負担とリスクを踏まえて、提案する民事信託の実現可能性を検証する。

3 信託の引受けに係る説明等の義務

信託業法では、信託契約締結を行うときは、あらかじめ、信託契約の内容（契約締結時に交付する書面の記載事項）を説明する義務があり（信託業法25条）、

また、信託契約締結時に交付すべき書面の適正性について定めている（信託業法26条1項1号～16号、信託業法施行規則33条1項～8項）[8]。

専門職が民事信託（契約だけでなく自己信託または遺言書の作成も含む）を提案するに際しても、同様の対応をすべきものであると考える。さらに、委託者だけでなく家族等である受託者に対しても、提案する民事信託についての理解を深めてもらえるように事前に書面を交付し、時間をかけて説明した後に契約等をすべきと考える。

4 受託者の義務

信託業法では、受託者の義務（①忠実義務（同法28条1項）、②善管注意義務（同条2項。解釈上、公平義務が含まれる）、③分別管理体制整備義務（同条3項））が履行できるよう、受託者の能力に応じた業務体制整備が求められ（信託業法施行規則40条）、また、倒産隔離のために分別管理体制の整備が求められる（同規則39条）。なお、信託業法では、信託財産状況報告書の作成・交付が求められるが（同法27条）、これについては第4章Ⅱ5⑴を参照されたい。

専門職が民事信託を提案するに際しては、少なくとも会計処理が適切に行われ保存されるよう、専門職への委任または専門職の監督等が必要である。

5 信託財産に係る行為準則

信託業法では、信託財産に係る行為準則（同法29条）として、受託者の禁止行為には、①通常取引条件と異なる条件での取引（同条1項1号）、不必要な取引（同項2号）、情報利用による取引（同項3号）、④その他信託財産に損害を与え、または信託業の信用を失墜させるおそれがある行為として内閣府令で定める行為（同項4号、信託業法施行規則41条2項）があり、また、自己またはその利害関係人と信託財産との間における取引（自己取引等。信

---

8 信託契約締結時の適正な交付書面の記載事項は、本章Ⅴ9⑶(イ)〈表4〉参照。

業法施行令14条）の利益相反取引の制限および手続のルールを明らかに定めることが求められる[9]。

　民事信託においても、家族等である受託者等と受益者との間には、扶養義務または利益相反関係が生じる場面が想定されるので、専門職が民事信託を提案するに際しては、以上を踏まえ、具体的には、次の(1)～(5)について配慮して、信託条項の定めに留意することが肝要である。

(1) 受益者または信託財産の状況に応じた対応

　信託設定から時を経ると、受益者または信託財産の状況の変化に応じて、受益者に係る給付内容、信託財産の管理の方法等について、重要な変更を余儀なくされる場面がある。また、このような場面においては利益相反が生じる余地もある。

　したがって、専門職が民事信託を提案するに際しては、利益相反の場面、事情が変更した場面に備えて、利益相反行為等を承認する方法を協議・確認して変更する機会を設けることを明らかにしておく。

(2) 不動産の信託

　不動産を信託にする場合、そもそも信託してよい物件であるか、たとえば、法令違反の建物等でないか、権利・境界等に法的紛争性等がないか、汚染等の環境リスクはないか等について検証する。

　信託設定後は、対抗要件の具備、疎明資料の保存をして、委託業者任せではなく（委託の選定基準を満たし信用できる状況に変化はないかを定期的に評価する）、建物等の保守・管理、境界の確認、借入金の返済リスク、利益相反等の取引の管理、不適切な処分の管理、テナント契約（住居用なら居住者）の管理、収支管理のための定期的な情報収集、現地観察、地域の環境・市場

9　自己取引等を行う旨および取引概要の定めまたは取引の重要な事実を開示して、あらかじめ書面等にて受益者の承認を得る場合で、かつ受益者の保護に支障がないと内閣府令で定める場合（委託者・受益者等の指図による取引、目的に照らして合理的に必要と認められる場合で、かつ通常取引条件に比し受益者が不利にならない取引等）は許容され、取引状況を記載した書面（自己取引等報告書）を交付する（信託業法29条2項・3項、信託業法施行規則41条3項、信託法31条3項）。

の分析が大切である。また、業績悪化に備えて修繕積立金等を積み立てるなど、財務計画を立てる。不動産等の重要な財産の場合、受託者の日々の注意義務は大変なのである。

したがって、専門職が民事信託を提案するに際しては、管理を委任する体制、チェックすべき事項の明示、相談に乗りノウハウを提供し、アドバイスをする体制等の整備が求められる。

(3) 信託期間中の財産の管理

信託業を営む信託会社等に対しては、金融庁のウェブサイトにおいて、監督指針やマニュアルが公表されている[10]。これらは、受託者を業として引き受ける、または、管理・運営するに際してのチェックポイントが記載されている。これらに記載されている内容は、専門職として民事信託を提案・支援するにあたって、信託の設定前後から終了までの信託期間中の管理においても大いに参考になるものである。

(4) 分別管理体制の整備

信託業法では、信託会社等は、分別管理義務(信託法34条)に基づき固有財産および他の信託財産を分別して管理する体制(一定の帳簿書類等の保存、委託した第三者を区分する管理体制等)、その他信託財産に損害が生じないよう、また信託業の信用の失墜を防止する体制(内部管理業務の適正な遂行、代理店の指導等、他の業務・業者との誤認防止、顧客の情報安全管理等、顧客の特別な非公開情報の目的外利用等)の整備が求められている(信託業法28条3項、信託業法施行規則39条・40条)。

したがって、専門職が民事信託を提案するに際しては、不動産・金融資産の受託者への名義書換え(本章Ⅴ1参照)、会計帳簿・計算書等の作成および報告・提出(本章Ⅴ3参照)などについて、留意することが肝要である。

---

10 金融庁HP「信託会社等に関する総合的な監督指針(平成26年6月)」〈http://www.fsa.go.jp/common/law/guide/shintaku/〉、同「信託検査マニュアル(金融検査マニュアル別編〔信託業務編〕)」〈http://www.fsa.go.jp/manual/manualj/shintaku.html〉参照。

(5) 信託財産状況報告書の交付

信託業法では、信託財産状況報告書等の作成・交付が求められるが（同法27条）、これについては第4章Ⅱ5を参照されたい。

6　信託事務の委託規制

信託法では、受託者が信託事務を自らの判断で第三者に委託する場合には（同法28条）、信託の目的に照らして適切な者に委託する選任義務（同法35条1項）、信託の目的の達成のために必要かつ適切な監督義務（同条2項）がある。しかし、その委託先が、①信託行為において指名された第三者（同条3項1号）、②信託行為において受託者が委託者または受益者の指名に従い信託事務を第三者に委託する旨の定めがある場合において、この定めに従って指名された第三者（同項2号）である場合には、その第三者が不適任もしくは不誠実であること、または第三者による事務の処理が不適切であることを知ったときは、受益者に対する通知、第三者への委託の解除その他の必要な措置をとる程度の義務となる（同条3項柱書）。

一方、信託業法では、信託会社は、委託先が的確に信託事務を遂行できる機能（同法22条1項2号）、または遂行の補助的な機能を有している者（同条3項3号、信託業法施行規則29条3号）に委託できる。信託会社は委託先の選任について相当の注意をし、かつ、委託先が委託を受けて行う業務について受益者に加えた損害の発生の防止に努めた場合を除いて、受益者に対して損害賠償責任を負う（信託業法23条1項ただし書）。

また、信託業法の委託先の場合は（同法22条2項）、同法の忠実義務（同法28条1項）、善管注意義務（同条2項）、分別管理体制整備義務（同条3項）および利益相反等取引等の信託財産に係る行為準則（同法29条）が適用される（本章Ⅲ4・5参照）。

したがって、専門職が民事信託を提案するに際しては、第三者への信託事務の委託を検討するときには、その第三者にも財産を管理する相当の態勢、信託事務の遂行経験を有する相当の能力を求めて確認しておきたい。委託者

または受益者が指名すれば受託者の責任が軽減されること、いずれがその監督義務を負うことができるかをよく検討すべきである。また、受託者の能力を補うための専門職への委託であるなら、受託者が監督するためには相当の知識・手間が必要となり容易なことでない。

7　重要な信託の変更等の規制

重要な信託の変更等（信託業法29条の2第1項）には、信託の目的の変更（信託法103条1項1号）、受益権の譲渡の制限（同項2号）、受託者の義務の全部または一部の減免（同項3号）、受益債権の内容の変更（同項4号）、信託行為において定めた事項（同項5号）、そのほか信託の併合または分割があり（同条2項）、受益者の保護に支障がなければ、公告または受益者等への各別の催告の手続を省略できる（信託業法29条の2第1項、信託業法施行規則41条の2）。なお、信託業法では、受益者の保護のために重要な信託の変更等を禁止している場合がある（同規則41条2項5号・41条の6）。

したがって、専門職が民事信託を提案するに際しては、民事信託において重要な信託の変更等に対する受益者の保護のために受益権取得請求権（信託法103条1項）が定められてはいるが、委託者が望む信託の目的を達成できなくさせる受託者の一方的な行為、変更の手続、禁止行為に留意して、受益者のために専門職が事前に関与できる別段の定め等について検討し、配慮しておきたい（信託法149条2項2号・4項）。

8　費用等の償還、前払いの範囲等

信託法では、受託者は、信託事務の処理費用または信託報酬について、固有財産からの支出の償還または信託財産からの前払いを受けることができ（信託法48条1項～3項・54条1項・2項）、多くの信託行為においては別段の定めをおいている。しかし、受益者から償還等を受けるには、受益者との別段の合意が必要となる（同法48条5項・54条4項）。

一方、信託業法では、受益者に対して、償還または前払いできる範囲その

他の事項を説明しなければならない（同法29条の3、信託業法施行規則41条の8）。

　民事信託では、費用等の支払いに不足が生じないよう、信託の目的の達成に必要な金銭等の財産を確保する方法を事前に検討することが求められる。なお、委託者兼受益者の場合には、委託者に追加信託を請求する方法の定めも可能と考える（不足する状態が続けば、信託の目的の達成が不能となり、受託者は信託を終了することができる）。

Ⅳ　民事信託の提案にあたって

　民事信託の信託期間は、成年後見制度の想定する期間[11]、あるいは一人の生涯の年月を超えるロングランである。信託のスキーム・契約内容等が、事情変更に耐えられず実現性が乏しいもの、紛争性が高いものは責任を問われかねない。

　したがって、専門職が民事信託を提案するにあたっては、極めて多角的な状況分析をして提案する必要がある。また、常に見直しをする体制も整えておきたい。

1　委託者のニーズの確認、状況の把握・分析

　専門職が民事信託を提案するにあたっては、まず、委託者のニーズを確認し、必要な情報を収集・調査する。それらの分析結果に基づき、設定から終了までにわたって、財産の変化・変動の可能性を考慮して、受益者のライフプラン、信託財産をシミュレーションする。

　必要な財産がなければ、当然、信託の目的の不達成により信託は終了するので、信託の目的と信託財産の整合性を検証する。信託の目的の達成のために、信託期間中に、必要な財産・資金、判断要素などを考慮して、トータルの資金・資産のシミュレーションをする。

2　三つの観点（実務・財務・法務）からの検証

　専門職が民事信託を提案するにあたっては、委託者・受託者等の関係について、また、信託財産について信託の設定から終了まで（変更も含む）を試算する。納税資金、遺留分減殺に対応する資金等の手当も信託の目的の達成に影響するので、信託財産以外の財産も考慮する。

11　信託では、身上配慮義務を課しても、身上監護はできないことを付言しておく（第1章Ⅰ2も参照）。

委託者・受託者等のライフプラン、受益者等のライフプラン、信託する財産の性質・状況から将来の状況を想定して、財務・信託財産・ライフプラン、税務の取扱いと負担、債務の引受け・承継および信託行為の法的安定性(民法・信託法の解釈。信託は何でもできるとはいえない)などから、信託の目的の実現性を検証する。

3 他の専門職との連携

専門職(ライフプランの作成、各種財産の取得・管理・処分の実務、財務、税務、法務その他)が、その分野ごとに検討した情報や問題点を総合的・多面的に検証して、選択肢を明確化し、また整理する。

委託者のニーズ・希望を踏まえて、提案している民事信託が、どのような将来の最悪の状況を想定して(見込んで)いるかを確認し、そのリスクに応えた内容になっているかを検証する。委託者は想定していないが、各分野の専門職であれば認識できるリスク(たとえば、受益者のライフプラン、財産のリスク、信託法の解釈、相続・遺留分減殺等の法的リスク、課税負担、費用報酬等の資金負担、信託関係者等の事情変更によるリスク、社会環境リスク、課税リスク等)について想定することが大切である。

独自の民事信託にするか、信託銀行等が提供する信託商品を活用するか、それとも信託を使わない方法(たとえば、成年後見制度、遺言・贈与など)を選択するかについて、長所・短所、費用等の負担、リスク等を比較して、事案ごとの状況を踏まえて、民事信託の適合性を他の専門職と検証する。

4 他の手法または信託銀行等の商品との比較

信託銀行等(信託会社、信託を兼営する銀行を含む)が取り扱っている信託商品が、委託者等のニーズにあっていれば、また税制の特例による信託があり、定められた要件が趣旨に合致しかつ制約に支障がなければ、これを利用する価値は大いにある。信託銀行等は、受託者として金融庁の監督に服し、指定紛争解決機関との契約締結義務(信託業法23条の2)が課されているし、

信託商品には優れた機能があるからである。

　関係者と協議する際には、信託銀行等が取り扱う類似の信託商品、さらに類似するしくみ・方法を比較検討できる一覧表を作成するとよい（〈表9〉参照）。

〈表9〉　スキームの比較一覧表

特　徴	信託銀行等の信託商品	検討する民事信託	他の手法（成年後見制度、贈与・相続等）
安全性	○銀行への信頼（金融庁の監督。信託業法、金融機関の信託業務の兼営等に関する法律、金融商品取引法等の遵守） ○信託業務の範囲 ○信託業務の委託の責任 ○行為準則（信託業法24条～31条等、信託業法施行規則33条・37条・40条・41条等）	○受託者、信託関係者（特別な信頼関係・しくみ次第）	○関係者の状況次第 ○財産の状況次第
トラブルの防止	○指定（一般社団法人信託協会）の紛争解決機関がある	○対話が不可欠 ○受託者、信託関係者（特別な信頼関係・しくみ次第） ○トラブルの解決機関がない	○従前の贈与・相続による法的効果
柔軟性	○銀行等の取り扱う範囲 ○担当者の能力次第	○受託者、信託関係者（特別な信頼関係・しくみ次第）	
対象等の限定	○合同運用指定金銭信託（元本保証等）その他取り扱う財産の規模、信託の目的、管理方法等が限定された信託商品	○受託者の能力、しくみ次第（リスクもある） ○単独運用指定金銭（金銭債権・有価証券・不動産・包括）信託	
その他	○手間・時間を要する場合がある ○合理的費用・報酬がかかる	○受託者、信託関係者（特別な信頼関係・しくみ次第）	○手続に係る時間・費用

Ⅴ 信託事務上の検証事項と実務の視点

1 不動産・金融資産の受託者への名義書換手続

　まずは、委託者から受託者（または後任受託者）への所有権等の移転手続を行う。たとえば、遺言信託では、遺言執行者の指定をし（死因贈与であれば、履行義務者を定め）、不動産・預貯金・有価証券等の財産について、受託者への名義書換手続が円滑にできるようにする。その際には、信託財産に属する財産と固有財産および他の信託の信託財産に属する財産とを分別して管理しなければならない（信託法34条、信託法施行規則4条。分別管理義務。〈表10〉参照）。

　登記・登録をしなければ権利の得喪・変更を第三者に対抗することができない財産については、信託財産であることを対抗する（または取消請求（信託法27条1項・2項）する）ために、登記・登録する必要がある（同法14条）[12]。不動産・抵当権・著作権・特許権等は、分別管理義務に基づいて、登記・登録する。

　不発行の株式・社債等は名簿・原簿に信託財産に属する旨を記載し、また、社債、株式等の振替に関する法律により振替株式・振替社債・振替受益権等（同法75条・127条の18・142条・176条・207条ほか）は、信託財産に属する旨を振替口座簿に記載・記録して対抗させる[13]。

　預貯金等を信託財産として受託者名義とし、帳簿による分別管理をすれば、信託財産の主張は認められる（信託法34条1項2号ロ）。しかし、民事信託の

12　登録できない信託財産では、受託者の権限外行為が信託財産のためであることを知らないと取消しできず信託財産に帰属することもありうる（信託法21条1項6号イ）。

13　社債、株式等の振替に関する法律の信託口は、加入者が受託者の場合である（会社法154条の2、信託法14条・37条、信託法施行規則4条）。

〈表10〉 信託の公示の区分と分別管理方法

信託の公示方法に係る財産区分	具体的な信託の公示・分別管理方法とその財産
信託法14条の信託の登記・登録をしなければ、信託財産に属することを第三者に対抗できないもの（法務省令で定める財産を除く）（信託法34条1項1号）	委託者・受託者・受益者の氏名等、信託の目的、信託財産の管理方法等を具体的に登記・登録する（不動産（不動産登記法97条～104条の2）、特許権（特許法66条・98条）、著作権（著作権法75条～78条の2・88条）など。登録免許税については登録免許税法2条別表1参照）。
個別の法令により名簿・原簿等に記載・記録しなければ、信託財産に属することを第三者に対抗できないもの（同項3号、信託法施行規則4条）	信託財産に属する旨を記載・登録する（不発行株式、不発行社債、振替社債等（社債、株式等の振替に関する法律75条・142条など））。
公示しなくても信託財産に属することを第三者に対抗できるもの（同条1項2号）[14]	信託に関して特段の公示不要で、計算方法を帳簿等で明らかにする（現物の有価証券、一般の動産、指名債権等）。
	信託財産に属する財産と固有財産およびその他の信託の信託財産に属する財産とを外形上区別できる状態で保管する（金銭を除く動産）。

　受託者が家族等である場合、信託財産である預貯金・投信・上場株等の金融資産が、受託者に属するものとしてその信用リスクに晒され、受託者による返還請求に手間取ることが予想される（帳簿の記載が悪いと、どの預金等が信託財産であるかを立証しにくい場合がありうる）ので、帳簿だけではなく、金融機関等に誤認されないよう円滑な信託事務をめざす視点から、「信託口」等を付して信託財産である旨を明示して覚知できる状況にすることが望まれる（同号ロ・3号。社債、株式等の振替に関する法律の金融商品は、家族等が受託者である場合には、3号ではなく2号の信託財産にあたると解されるが、念のため別段の定めとして帳簿管理とする旨を信託行為に記載する）。

　14　判例（最判平成14・1・17民集56巻1号20頁）および通説は、一般債権は、信託の表示がなくても第三者に対抗できると解している。

最近、証券会社が取り扱う上場株式・社債・投信も受託者名義に「信託口」を付すことを了承している場合もあると仄聞するが、一般口座として名称変更手続に応じているようである。

2　適切な管理方法と手続の確認

信託する財産の種類、個々の財産の状況、またその利用・使用の目的により、適切な管理等の方法が異なるので、その分野の専門職から必要な知識を得るか、調査を依頼して当該財産の状況、将来の可能性を分析する。

(1)　受益者のライフプランとキャッシュフローの整合性

一口に財産管理といっても、長期にわたる生活資金に充当する金融資産ならば、金融資産の市場リスクを踏まえるとともに、定期的・臨時的な給付に備えた運用の工夫が求められる。規模にもよるが数年間に必要な資金もあれば、中長期の運用ができる資金もある。長期にわたる運用の場合には、インフレーションのリスクにも注意する必要がある。したがって、信託の設定に際しては、委託者から必要な資金量と運用スタンスについて確認しておきたい。また、ファイナンシャル・プランナー等の専門職に相談する体制の整備にも配慮しておく（セールスサイドの話だけではよくない）。

また、不動産についても、賃貸用不動産の場合には地域の環境、建物の需要・老朽度、必要な管理費等、また自宅利用不動産の場合には同居者等の利用状況、老朽度等の必要な情報・資料を収集して（その不動産に係る重要な書類を保管する）、必要な物件調査をし、改築等または処分の長期的な展望、借入れ等を委託者と相談し、信頼できる管理会社等への物件管理等を委託する方法も考慮に入れて信託行為をする。

(2)　円滑な信託事務の遂行

信託財産および信託財産責任負担債務に係る適正かつ必要な事務手続（債務の引受けの方法、条件および手続、財産の取得・処分、借入れ・担保等の手続など）、受益者の変更時や新受託者への引継ぎの手続を確認する。財産の取得に関しては、施設利用権を信託財産とするか否かも検討しておくとよい。

(3) 不動産の状況の確認

不動産の状況については、報告だけではなく、現場も見ることができるようにしたい。受託者の定期的な確認方法を確立しておくとよい。居住用の不動産の場合には、住まいの状況を簡単には観察できないが、同居者がいないか、特別な状況になっていないかを確認できる権限を明確化する、あるいは、その責任を居住者に負わせるなどの対応を検討する（もし、居住者が負えないときは、そのリスクは帰属権利者に属する旨を定める）。

3　会計帳簿・計算書等の作成および報告・提出

信託法では、会計帳簿・計算書等の作成および報告・提出について、受託者の義務が定められている（信託法34条・36条～39条）。[15]

4　受託者・受益者の変更、信託の変更

受託者の交代・引継ぎの手続、受益者の変更に際して、受益者等への通知等の取扱い、また信託財産の管理等の方法の変更、名義変更（受託者の変更、受益者の変更等の登記手続）、また受益者への給付内容の変更が考えられ、こ

---

[15] 家族等の受託者の義務を緩和する方法が考えられる。寺本昌広立法担当参事官は、「貸借対照表や損益計算書に類似する書類の作成が必要と考えられるが、単に物の管理をするに過ぎない信託であれば、財産目録に相当する書類が作成されれば足りると考えられる」（寺本・前掲（注5）147頁）。しかし、単に物の管理状況を表すものとしては、定期預金のみの場合には通帳の写しと残高証明程度と考えられるが、不動産の場合には現場および証憑書類を確認・保存し、その状況・経緯を示す明細・注記事項を信託財産状況報告書に記載するなど、成年後見事務と同程度以上の収支計算書等を報告することが大切である。これらの義務に関して安易に手抜きをしては、信託の目的は達成できないものと考える。必要な情報がすべて説明できるか、適切に管理しているかを常に把握するためには、会計帳簿を作成することが受託者義務を履行するうえで簡便である。むしろ、受託者の責務を補助・支援する体制とともに、監督する体制を敷くことが信託の本旨に沿うものと考える。なお、受益者の確定申告のために12月末日現在の貸借対照表・損益計算書を、また委託者・受益者に相続が開始された場合には、相続税の申告のために、相続開始日現在の信託財産の目録（財産および信託財産責任負担債務）、1月1日から開始日までの損益計算書を作成し、委託者等の相続人等に提供する。

れらが円滑にできるかを検証しておく。

5　委託者・受託者等の権利・義務、信託関係人の設置等

　民事信託の当事者のニーズおよび当事者の状況から、信託当事者・関係者それぞれにふさわしい権利、義務および職務を提案し、納得のうえで信託行為に定める。

　委託者には、どのような権限を留保するか、すなわち、受託者にはどのような権利・義務を制約するか、また委託者の相続人等にその地位を承継させるかについて検討する。

　指図者・同意者を設置する場合には、信託法の定めがないことから、その職務の内容、権利・義務等を検討して、明確にすることが望ましい場合が多いと思われる。

　専門職は、受託者を支援すること、受益者を保護する（受託者を監督する）ことのいずれがよいか、もしくは両方が必要かを委託者と確認する。信託監督人等の信託関係人を設置して（第１章Ⅰ２参照）、その職務を専門職等に担わせたい場合、その費用負担とリスクを説明し、妥当な体制、合理的な費用負担および残されるリスクの合意点を見出して理解を得る。

6　信託終了時の清算等

　信託が終了すれば、清算して残余財産を帰属権利者または残余財産受益者に引き渡す。誰が清算受託者になるか、またその手続を確認する。

　帰属権利者等への通知、残余財産の目録の作成、受益者への未払給付の清算、残余財産の引渡方法の確認および手続の通知、信託計算書の作成・交付・承認の手続を経て（承認・引渡しが円滑にできるかを考えておく。信託法177条・182条１項・184条）、名義変更手続（速やかに交付できるか否か、トラブルになる可能性の有無および対処方法の確認）により引き渡す、または財産処分後に金銭等にて交付することが円滑にできるかを検証しておく（家屋内動産の引渡し、測量等の調査等に留意すべきである）。

残余財産を帰属権利者等に引き渡すための名義変更までに要する登記等の費用・報酬を、正確に確認・把握して、交付する残余の財産額を確定する。また、提案に際しても帰属権利者等の負担となる費用・税金等も事前に検証する。

7　委託者・受益者等の情報管理

　信託行為にはプライバシー保護に留意する。たとえば、不動産等の登記・登録すべき財産の場合、第三者への対抗のために信託の登記をするので、信託目録（登記申請時に案を示して登記官が作成する）により信託条項が公になる。受益者等のプライバシーその他の記載に留意して慎重に表現したい。
　信託目録には、受託者・受益者等の権利行使ができること、その権利が制限されているか否かを明らかにして濫用されないようにすることなどを熟慮して、受益者等のプライバシーが明らかにならないようにする（信託法38条・39条）。また、プライバシー保護のために、委託者の信託公正証書等の管理、委託者の相続人からの情報開示要請への受託者の対応等に注意する。

8　信託当事者・関係者へのわかりやすい説明

　専門職は、民事信託の基本スキームとそのリスク、関係者の権利・義務について、具体的な例をあげたり図表等のツールを活用したりして、信託当事者・関係者の誤解をなくし適正な理解を得られるまで、時間をかけて、よりわかりやすい説明に努める。信託当事者・関係者の良好な関係を構築して、互いに協力を得ることが肝要である。
　民事信託の提案に際しては、いくつかの説明資料が必要と考える。信託銀行等が、パンフレットやウェブサイトにて、信託商品のしくみ、利用者、メリット・デメリット、手続の流れおよびQ&Aなどによりわかりやすく紹介しているし、信託商品概要書等の記載内容を参考にするのもよい。
　以上のようなわかりやすい説明に努めた後、信託当事者・関係者の最終意思確認のためのチェックリストを使って、再度の念押しをすることが大切と

V 信託事務上の検証事項と実務の視点

考える。

(参考) 最終意思チェックリスト（簡易版）

民事信託意思確認書

○ ○ ○ ○（専門職）宛

☐ 民事信託が一番よい方法と理解した（他の方法・信託銀行との長短所を比較・確認した）。

☐ 信託目的に沿って具体的な場面を想定した必要かつ十分な信託財産であることを確認した。

☐ 費用負担について納得できた（受託者報酬、専門職報酬、実費について他の方法等と比較した）。

☐ 受益者の特定、受益者への給付内容が具体的に予想できるように（相続分・遺留分が計算できる程度に）明らかになっているかを確認した。

☐ 想定できない事態が生じた場合の対応方法（変更する、終了する、指図する者の指定、協議する方法等）を確認した。

☐ 受託者、受益者、委託者その他の信託関係者が、円滑に友好的に遂行できる（妨害行為が安易にできない）か、濫用を防ぐようなしくみか、受益者が保護されるようすぐに対応できるしくみか、またそのリスクを確認した。

☐ 受託者に託すること、財産の名義が移転することを納得した。

(☐ 不動産の場合、修繕等のための資金が不足すれば目的不達成でその後1年で信託は終了することもありうることを理解した（誰かが補充できるか））。

☐ 専門職に納得できるまで説明してもらって、不安は残っていない。

以上について相違ない。

平成○○年○○月○○日

　　　　　　　　　　　　委託者　氏　名　○　○　○　○　㊞
　　　　　　　　　　　　受託者　氏　名　○　○　○　○　㊞

9 信託条項——信託の目的、状況変化への対応と信託法の解釈

民事信託は、受益者の生涯にわたる生活、療養看護および事業・家産の維持等を目的とすることから、民事信託を設定するに際しては、柔軟性に配慮した慎重さ、信託関係者の相互の権利・義務の明確さが求められる。特に次の(1)(2)の事項について留意したい。

(1) 最優先の信託の目的の明確化（目的条項への十分な配慮）

受託者は、信託の目的の達成のために必要な行為（信託法2条1項）をすべき義務を負う者をいう（同条5項。同法8条・26条・29条ほか参照）。

信託の目的は、受託者が信託事務を処理するうえで必要な行為を理解して従うべき指針であり基準となる。委託者からのメッセージであり、受益者のためにどのように行動すべきかの具体的な指針である（第1章Ⅲ2(3)も参照）。同時に、受益者にとって、その他の関係者にとっても、受託者の行為が受益者の利益に沿うものであるか、どの程度の給付内容が適切であるか、終了すべき事由に該当するか、信託目的に反せずに信託の条項を変更できるか否かの判断の基準となる。

したがって、関係者の思いが一致するよう、トラブルにならないよう、その最優先の信託の目的を明らかにしておきたい。

一口に通常の生活のためというものの、扶助、扶養、教育、療養看護、安寧、幸福などの要素があり、さらに、提案する民事信託において、受益者の固有の財産、所得およびその把握方法、受益者を扶養する者の扶養義務負担、受益者の家族の生活をも考慮するのか否かにより、給付すべき内容、給付すべき額は異なる。いずれの場合も、どのような点について配慮すべきかについての客観的・付随的な基準の定めが信託の目的として求められる。

(2) 状況の変化に対応する方法

受益者の生活、療養看護のための財産の管理等を信託の目的とするなら、その信託の期間は長期にわたることから、給付内容、財産の管理方法の信託

条項を硬直的に定めると、予期していない事態が生じた場合に支障が生じる。そのような事態の変化に柔軟に対応できるように、受託者等の裁量の権限付与、指図者の指定、信託関係者による協議等によって信託条項を変更等できるような定めを慎重に検討する。

ただし、法的安定性、柔軟性のあいまいさによる権利の濫用リスクに留意する。法的安定性の一つとして、受益者の得られる利益が予測可能なことである。権利の濫用リスクについては、受益者等の意見を聴取しつつも最終判断は受託者等が行う旨、また、分配に係る受託者の説明責任を明確に表しておくことが賢明と考える。

(3) 信託条項として検討すべき事項

㋐ 委託者のニーズのための信託関係人の定め

受益者の利益を保護するため、受託者の能力を補助または監督する方法として、共同受託者、信託事務委任、信託監督人、受益者代理人等を定めること、また、成年後見制度を併用することを検討し、その機能、責務、メリット・デメリット等を踏まえて個別に選択する。その者の責務・具体的行為およびそれに伴う受託者の具体的・定期的な報告・確認等の責務も、明確化する。

㋑ 必要な信託条項の確認

信託法では、自己信託の場合（自己信託に係る公正証書等の記載事項等）の要式を定めている（信託法3条3号、信託法施行規則3条1号～8号）。また、信託業法26条には信託契約の締結時に信託業を営む受託者が委託者に交付する書面について、不動産登記法97条には信託目録に記載・公示される事項について定めている。

これらの基本的な条項とともに（〈表11〉参照）、委託者の信託する本旨、信託事務および信託関係者の権利・義務を適切にかつ明瞭に示し、状況の変化に応じて具体的な給付内容がみえるように特段の条項の定めを示すことが求められ、条項に漏れがないように慎重に吟味しなければならない。また、将来の予測には限界があるので、想定外の漏れ、事情の変更に対処できるよ

〈表11〉 信託条項に定める事項

自己信託に係る公正証書等の記載事項等 (信託法3条3号、信託法施行規則3条1号～8号)	信託契約締結時の交付書面 (信託業法26条1項1号～16号、信託業法施行規則33条1項～8項)	信託の登記の登記事項 (不動産登記法97条)
信託の目的 信託財産 信託設定者 受益者（定める方法） 信託財産の管理・処分方法 信託行為の条件・期限 信託の終了事由 その他の信託の条項	信託契約の締結年月日 委託者 受託者 信託の目的 信託財産(債務の引受け) 信託の期間 信託財産の管理・処分方法 信託業務の委託先 自己取引等の概要 受益者 信託報酬 租税その他の費用 信託財産の計算期間 信託財産の管理・処分の報告 信託契約の合意による終了 指定紛争解決機関 苦情処理措置・紛争解決措置	委託者 受託者 受益者（定める方法） 信託管理人 受益者代理人 受益証券発行信託である旨 受益者の定めのない信託である旨 公益信託である旨 信託の目的 信託財産の管理方法 信託の終了の事由 その他の信託の条項

うに、受託者の裁量権限または信託の変更・終了の柔軟なルールを定める。

(4) 信託法の解釈と実務上の取扱い

　平成18年に信託法が全面的に見直され、旧法条文の解釈が明確になったもの、新たな枠組みが明確になったものが多数ある一方で、民法または信託法に新たに解釈が委ねられることになったものもある。それらの定めをどのように解釈するか、また、相続法との関係をどのように整理するかは、今後の課題である。信託法に関する判例は少なく（特に民事信託に関する判例はほとんどなく）、学説も有力説はあっても議論が十分でない。また、民法からの検討も十分になされていない。このような状況下で民事信託を活用するのであるから、専門職が民事信託を提案するにあたっては、トラブルになるリスクを踏まえた提案が求められる。

　委託者の相続人、受益者等とのトラブルの可能性を踏まえて、委託者等に

Ⅴ　信託事務上の検証事項と実務の視点

説明をして、その理解のうえで対応方法を考えておきたい。法律上の解釈が明らかになっていないもののほか、税務上の取扱いが不透明であるものなど、実務のあり方が未確定なものが数多く存在するので留意されたい。

　㈦　信託行為に定める内容の解釈

信託による受益と扶養義務の履行、特別受益に係る持戻し免除の意思表示、遺言との抵触、遺産分割における遺留分の減殺方法の指定、受益権の放棄、個人情報の開示と保護、停止条件付遺贈・負担付遺贈との違い、収益受益権と用益権（居住・生涯権）、元本受益権と残余財産受益権との相違、指図権の権利・義務、受託者の裁量と受益者の扶養義務の関係、受益者が扶養義務を負う親族がいる場合の給付、受益者が破産した場合の受益権、委託者等の相続・遺贈に伴う取扱い、トラブル回避の条項の定め方、リスクの有無・程度を検証・説明しておきたい。

　㈩　受益権の相続等と新たな取得の取扱い

受益者に与えられた受益権は、信託期間中に相続が開始すれば受益者の相続財産になり、また譲渡・贈与もできる。しかし、新たな受益者等（信託法89条～91条）の別段の定めまたは変更できる定めがあれば、次の受益者は原始的にその権利を取得する。また、裁量信託、受益者指定権等の行使の有効性の範囲（遺言代理の禁止との違い）、死亡以外の事由（後継ぎ贈与）による受益者連続信託の有効性などについて、どのように解釈されるのか未知の領域がある。

沖野眞已東京大学教授は、信託法が「『私法秩序』特に『相続法の公序』との衝突が指摘されている」ことにつき、具体的には、同時存在の原則、遺言による担保権等の設定の可否、遺留分の三つの論点をあげて信託の考え方や位置づけ、そして相続法の解釈、その公序について考察されている[17]。西希

16　水野紀子「信託と相続法の相克」東北信託法研究会編『変革期における信託法』103頁、同「親族法・相続法の特殊性について」平井宜雄先生古稀記念『民法学における法と政策』765頁～766頁参照。

17　沖野眞已「信託法と相続法」季刊論究ジュリスト10号132頁。

〈表12〉 遺留分算定における受益権説と信託財産説

	受益権説	信託財産説
遺留分算定の基礎財産	受益権の価額（の総額）	信託財産の価額
遺留分を侵害する行為	受益権の恵与	信託の設定、信託財産の移転
遺留分減殺の対象	受益権	信託の設定行為、信託財産
遺留分減殺請求の相手方	受益者	受託者（＋受益者）
遺留分減殺の効果	受益権の共有	信託の（一部）効力否定、信託財産の共有

代子慶應義塾大学准教授は、遺留分算定の基礎財産における学説の対立を整理されている（〈表12〉参照）[18]。また、法制審議会の民法（相続関係）部会が進める相続法の改正についての審議内容およびその動向を注視したい。

　㈦　受託者の権利濫用リスクへの対策

信託法は、受託者の義務など多くの点で任意規定化されており、権利を濫用する危険なスキームとなってしまうおそれもある。信託業法や消費者法その他の法律で対処するのでは遅い。

したがって、専門職が民事信託を提案するにあたっては、信託行為に基づいて信託利益の給付を受ける権利を確保するために認められた受益者の権利[19]を具体的に示し、速やかに権利を行使できるよう事前の通知・報告等、説明義務をも明定する必要がある場合もある。[20]

18　西希代子「民法の空洞化？　財産承継方法としての信託と相続法」信託法研究36号99頁。

19　受益者には、受託者の権限違反行為の取消し（信託法27条）、受託者の利益相反行為の取消し（同法31条6項・7項）、帳簿等の閲覧・謄写請求（同法38条）、受託者の損失てん補・原状回復請求（同法40条）、受託者の法令・信託違反行為の差止請求（同法44条）、検査役の選任（同法46条）、受託者の解任（同法58条）、特別の事情による信託の変更を命ずる裁判（同法150条）などの権利が認められている。

20　能見善久＝新井誠「対談　信託法のこれからを語る」信託フォーラム1号7頁・8頁。

10　信託税制の税負担と適用への留意

　専門職が民事信託を提案するにあたっては、信託の設定時、受益者の変更がなされる時、毎年生ずる所得の種類と帰属、財産の処分時、受益権の譲渡時、信託が終了し残余財産が処分・交付される時に至るまでの信託関係者の課税負担を確認する必要がある。課税負担を確認したうえで、信託財産から支出・負担すべき資金、信託財産および受益者等への資金フローへの影響を検証する。

　また、税制が将来改正されうること、そもそも信託税制またはその解釈に信託法の法的効果との違いがあること、信託法または民法からその効力について明らかになっていないことまで踏み込んでいることから、将来トラブルになる要素が潜んでいる。また、信託税制が難解であいまいな部分があり、信託関係者にとって理不尽な負担になる場合もあるので、専門職の慎重な検討が不可欠である。

11　専門職の立ち位置の明確化

　専門職が民事信託のコンサルティングや提案をするに際しては、専門職自らの立ち位置を明確にして行動する。そのスキームにおいて、信託終了までどのような立場で関与するのかを明らかにして行動すべきである。相談を受けるとき、相談者が委託者、受託者、受益者またはその他の関係人のいずれの立場であるかによって、専門職がどのように説明・行動するかは異なる。利益相反、双方代理に陥らないようにしたい。

12　信託設定・遺言作成の終了後の信託条項の見直し

　最後に、信託行為により信託を設定した後、また遺言を作成した後において、状況の変化等を踏まえ、信託のスキーム、信託財産および信託条項等を定期的に見直し、必要に応じて変更することができる体制を設けておきたい。

▷星田　寛

第3章　事例にみる民事信託の実務と書式

Ⅰ　親なき後の子の生活保障における民事信託の活用

Ⅱ　高齢者の財産管理における民事信託の活用

Ⅲ　事業承継における民事信託の活用

Ⅳ　死後事務における民事信託の活用

Ⅰ 親なき後の子の生活保障における民事信託の活用

1 親なき後問題と支援信託

(1) 親なき後の支援の問題

　障害をもつ子への生活等支援は、多くの場合、その親が行ってきたが、その親が高齢になり、ますます支援が難しくなってきている。しかも、これまで支援の中心は、成年後見制度の中の問題としてとらえられてきたが、その後見制度も曲がり角にきて見直しの必要性が生じてきた。幸い、平成28年4月8日、成年後見制度の利用の促進に関する法律（平成28年法律第29号。以下、「成年後見制度利用促進法」という）が成立し、抜本的な見直しと使いやすい、しかも本人の意思が尊重されるような制度改正がなされることが期待されている。

　しかし、これまでの成年後見制度の運用等をみた場合、この制度の中で知的障害者等の「親なき後問題」にどのように対応するかなどは、具体的な制度的な対応がなされてこなかったことからしても、大きな期待はできそうもない。したがって、成年後見法制が改正されたとしても、知的障害者等の「親なき後問題」がどの程度どのように改善されるかは、未知数である。

　やはり今までどおり、その監護者である親が、積極的に子の幸せな人生設計を考え、手当てをしておく必要があるのだと思う。

(2) 親なき後の支援信託の位置づけ

　親なき後の支援の問題は、家族型の民事信託で解決するのが、一つの大きな手段といえる。

　高齢者や障害者を支援する信託は、福祉型信託と称され、家族型の民事信託の中でも最も重要な「要保護者の生活および福祉のための信託」である。

　福祉型信託は、成年後見制度の限界を補充・補完するものであり、また、

成年後見制度と併用することにより、受託者と成年後見人が財産管理と身上監護とを役割分担することができる制度なので、本人のみならず家族のためにも大いに使える法制度であるといえよう。

信託は、このように判断能力が不十分な人を支援する成年後見制度を補完しあるいはこれに代わるしくみ（「後見的な財産管理」）として活用する制度であるが、このような機能だけではない。本章Ⅲで事例を紹介しているように、一般に利用されている遺言や相続、あるいは贈与という法制度によらないで相続財産等を円滑に承継（「遺産承継（資産承継）」）するしくみとしても利用されるのである。

しかし、民事信託を学ぶものとして、「親なき後支援信託」は、民事信託の基本となる要素（学ぶべきポイント）がほとんどすべて網羅されているといっても過言でないので、まずはこの信託のスキームを会得されることを希望している。

2 事 例

(1) 事例の内容

㋐ 家族の状況

一郎（79歳）、一郎の長男太郎（52歳）、次男二郎（50歳）は、一郎名義の不動産である土地建物に同居している。

二郎は、大学卒業後会社員として働いていたが、勤務先での対人関係がうまくいかなかったり、仕事でミスを繰り返すなどで長続きせず、転職を繰り返した後、現在は、自宅からほとんど外出することがなくなり、自宅の郵便ポストに郵便物を取りに行くことくらいとなってしまっている。来客があれば会話をしたり、電話に出て簡単な対応をすることはできるが、社会的適応はできないのではないかと家族は心配している。一郎と長女花子は地元の保健所に相談したが、心身障害認定など福祉サービスを受給できる状況ではないと判断され、また、成年後見制度の利用を検討するため、医師にも相談して二郎を受診させたが、後見・保佐・補助に該当しないと診断された。

〔図7〕　当事者等の関係図

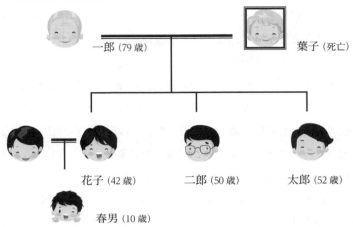

　一郎は、妻葉子の死亡後、家事全般を行い次男二郎の世話をしてきたが、足腰が不自由になり日常生活に支障を来すようになったため、要支援1の認定を受け、一部介護サービスを受けることとした。一郎の親族に認知症を患っている者がいることや、一郎自身も要支援認定を受けたことをきっかけに、自分も体力の低下とともに判断能力も低下してしまうのではないかと心配し始め、太郎と花子には、一郎自身の預貯金などの現状を伝えている。

　太郎は、不動産会社に勤務し、休日には一郎を手伝っているが、平日は残業も多く、一郎や二郎との会話は休日のみとなってしまっている。長男としての自覚はあり、花子や一郎と今後の二郎の生活について話し合いを重ねているが、再婚を控えており、婚約者が一郎や二郎との同居に難色を示しているため思案中である。前妻との間に子はない。

　花子は、結婚し、実家から車で10分ほどの場所に住まいがある。現在は週3日のパート勤務をしながら、定期的に一郎の世話に来ている。花子も二郎のことを案じており、太郎が結婚を控えていることから、将来的に二郎を全面的にサポートをしなければならないという気持はあり、夫も理解してくれている。

(イ)　一郎の希望

　一郎は、できれば二郎には就労して少しでも自分で収入を得られるようになってもらいたいとは思う一方、二郎が今までどおりの生活ができるように、自宅は二郎に住まわせたい。

　一郎自身は、二郎の生活をできる限り支援していきたいが、万が一、一郎が二郎の生活支援をできなくなった場合や、一郎が先に死亡した場合には、花子に二郎の支援を頼みたいと考え、その点については、太郎の同意・協力も得られている。

　二郎が支援なく生活が維持できる状態になるという希望は捨てたくはない。二郎が自立して、花子の支援が不要となった場合は、「支援のため」と考えていた自宅や預貯金を二郎に与えたい。

　太郎と花子には遺産分割で争ってほしくないので、一郎自身や二郎が死亡した後は自宅も含めてすべて現金化し、二人で均等に分けてほしい。

　(ウ)　一郎の財産・収支

　一郎の財産は、太郎、二郎と居住している不動産の土地（路線価3500万円）と、建物（軽量鉄骨造・築16年・評価額500万円）、預貯金8000万円がある。居住建物は、前年に一部修繕しているため、当分は経費を見込む必要はない。

　収入は、年金を1カ月あたり24万円受給しており、支出は、一郎、二郎の生活費が1カ月あたり15万円、固定資産税等維持費が1年あたり20万円であるため、臨時の出費にも対応できる状況にある。

(2)　成年後見制度における身上監護と福祉型信託における受託者の信託事務

　成年後見人は、成年被後見人の生活、療養看護および財産の管理に関する事務を行うにあたっては、成年被後見人の意思を尊重し、かつ、その心身の状態および生活の状況に配慮しなければならない（民法858条）。成年後見人の職務は、成年被後見人の法定代理人として、包括的に、財産管理のみならず身上監護にも及ぶが、保佐人や補助人の場合は成年後見人とは異なる。なお、ここでいう、身上監護についての具体的職務は、福祉サービスを受ける

ための契約締結などを行い、契約にかかる費用の支払い等をすることが職務となる。

これに対して、福祉型信託における受託者の任務は、成年後見人等と区別する必要があるだろう。民事信託の受託者は、受益者のための財産の管理・処分の任務を遂行するものであるので、成年後見人等に認められている身上監護事務のうち、福祉サービス契約締結は当然行えないが、すでに契約されているサービス等の個々の支払いについては可能となるので、信託事務の定め方については、慎重に検討し、工夫する必要があると考える。

(3) 本事例における福祉型信託の活用の考え方

本事例におけるスキームのねらいとしては、行政の福祉サービス対象外とされ、成年後見制度が利用できず、社会的適応がうまくできないなど、何らかのサポートが必要な家族に対して、一時的に財産を与えるのではなく、信託を活用して継続的に必要な生活支援を行うことを受託者へ託すことを目的とする。

本事例では、委託者が、親族の1名を受託者とすることを希望しており、その希望に沿ったスキームを設計したい。

ところで、民事信託においては、受託者の選択が一番の難題といえるだろう。信託財産の分別管理など、信託法における受託者としての義務を果たす者を親族個人に任せるのか、あるいは一般社団法人などの組織を構成して託すかの判断は、個別事案によって検討していく必要がある。

受託者として適格な人物が複数親族にいて、当初の受託者としての任務を継続できない場合に備えて後継受託者まで決められるときは、その定めをしておくことが可能であり、信託事務内容が複雑でなく、親族間にトラブルがなければ、親族個人を受託者としてよいのではないかと考える。また、受託者を個人とする場合にも適格性を考慮して、候補者が複数あれば、任務分掌して託すことも考えられるが、基本的には複数の受託者は避けたほうがよいとされている。

いずれにしても、信託制度や受託者の地位について、当事者に正しく理解

してもらうことは、相談を受ける専門職の重要な役割であると考える。

(4) 本事例において活用する福祉型信託のしくみ

本事例において活用する福祉型信託として、遺言信託（〔図8〕、後記4(2)参照）、遺言代用信託契約（〔図9〕、後記4(3)参照）の二つの場合を紹介する。

遺言信託では、委託者は一郎、受託者は花子（後任受託者は太郎）、受益者は二郎である。信託終了時に残余財産がある場合の承継については信託終了事由によって区別し、二郎が死亡した場合には、帰属権利者を太郎と花子とし、二郎の死亡以外の事由で終了した場合は、二郎を残余財産受益者と設定している。

また、遺言代用信託契約では、委託者と受託者は遺言信託と同じだが、委託者一郎の生存中の受益者は一郎と二郎として、契約時から効力が発生することとしている。これは、他益信託となると、受益者二郎に対して贈与税が課税されてしまうことの対策と、二郎の生活支援をできる限り一郎自身が行いたいという希望を実現させるために、二郎の受ける利益を一郎の扶養義務の範囲内と設定する。そして、一郎死亡後の受益権はすべて二郎とするというものである。信託終了時の残余財産の承継については、遺言信託の場合と同様である。

なお、本事例では、太郎は再婚して他に住居を所有して住んでいること、そして、一郎死亡時の相続人太郎と花子の遺留分を考慮し、預貯金の一部を信託財産とせず、太郎と花子に相続させることを想定したものである。

3　事前準備

(1) 委託者への聞き取りによる情報収集

信託スキームを立案するうえで、相談者である委託者を中心とする関係者から、必要な情報を収集するため事情を聴取する（【書式1―1】参照。作成上の留意点については、「※」を付しているので参考にされたい）。チェック項目のほかに、個別の目的もわかるように、左側に具体的内容を記載できる欄を設けている。

第 3 章 Ⅰ 親なき後の子の生活保障における民事信託の活用

〔図 8 〕 遺言による信託スキーム

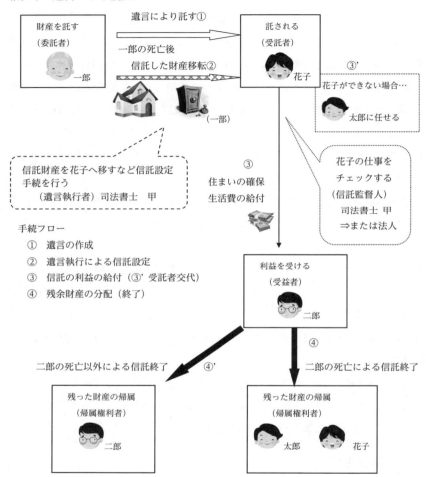

〔図9〕 遺言代用信託契約スキーム

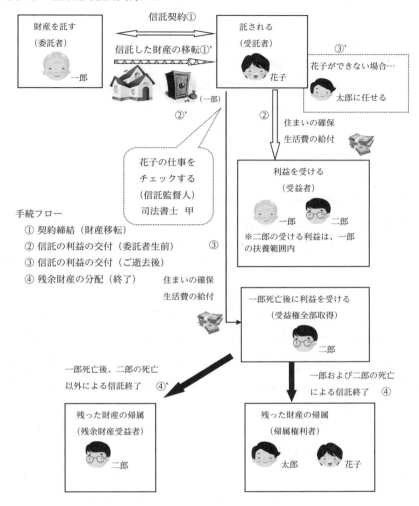

㋐ 信託の目的

　信託の目的は、信託のスキームを考えるうえで最も重要である。信託の目的が、委託者である相談者自身の財産管理能力が減退したことによる支援を中心とするものなのか、資産を守っていきたいためなのか、将来の相続人となるべき親族間でもめる可能性があることへの対策なのか、守りたい親族・守らなければならない親族があるためなのかなどを確認することにより、信託の内容や注意点のヒントを得ていく。

㋑ 受益者

　資産承継目的などでは、一代で終わらせないことも多いので、第2次受益者や第3次受益者についても確認する。

　本事例では、遺言代用信託も検討しているが（後記4(3)参照）、その場合、税務上の問題なども調査する必要があるので、委託者の希望を確認しつつ、当初受益者とその後の受益者を検討していく。

㋒ 受託者

　本事例では、親族に託す設定であるが、委託者や受益者とどのような関係にある人物なのか、長期間にわたる財産管理をこなすことができる人物なのか、なぜ、その人に託したいのかという情報を把握できるように、複数の項目をあげている。また、受託者を個人とする場合は、後継受託者も検討しておく必要がある。

　以上のほか、受益権の内容、信託期間、信託する財産、遺留分を考慮する必要がある委託者の推定相続人などを確認する。

　また、詐害信託とならないように、信託財産や引き受ける債務等の確認事項の下に、委託者の負債内容等を確認することも必要である。

　そして、信託の目的を明確にするために委託者から受益者のライフプランを聴取し（【書式1-2】参照。作成上の留意点については、「※」を付しているので参考にされたい）、守りたい親族や守らなければならない親族の生活状況や収入（年金等）を確認する。

【書式1-1】 委託者への事情聴取用チェックリスト（記入例）

委託者への事情聴取用チェックリスト

委託者	住　　　所　　○○県○○市○○町○○丁目○○番○○号 氏　　　名　　○　○　一　郎 生年月日　　昭和○○年○○月○○日		
信託の目的 具体的目的 二郎の復帰を願っているが、とても難しいと思うので、二郎の生活を支援していってほしい。	財産管理能力の減退	□認知症の兆候がある	
^	^	□障害をもっている	
^	^	■財産を管理する能力がない	
^	^	その他（　　　　　　　　　　　　　　　　）	
^	資産の保全	□消費者被害に遭っている	
^	^	□不動産等を多数所有している	
^	^	□金融機関から執拗に金融商品を勧められている	
^	^	□事業で資産を失う可能性がある	
^	^	その他（　　　　　　　　　　　　　　　　）	
^	親族への配慮	□配偶者（もしくは子）が生存中は自宅に住んでもらいたい	
^	^	□事実婚の相手に生存中は自宅に住んでもらいたい	
^	^	■配偶者（または子）に障害等があり、財産の管理ができない	
^	^	その他（　　　　　　　　　　　　　　　　）	
^	紛争への留意	□財産を相続させたくない者がいる	
^	^	□代々受け継いでもらいたい財産がある	
^	^	□再婚相手の親族には相続させたくない	
^	^	□特定の時期までは処分してほしくない財産がある	
^	^	□遺産分割時に不利な扱いを受けそうな相続人がいる	
^	^	その他（　　　　　　　　　　　　　　　　）	
^	成年後見制度の補完	■成年後見制度を利用するほど判断能力は低下していない 　判断能力低下の成年後見制度利用について 　　□法定後見　□任意後見 　　□その他（　　　　　）	
^	^	□身体障害者であるが成年後見制度を利用できない	
^	^	■親なき後の生活に備えたい	
^	^	□財産管理契約（単なる委任契約）では不安	
^	^	その他（　　　　　　　　　　　　　　　　）	
	当　　　初　　　○　○　一　郎 委託者との関係　　本人 受益者とする理由　自分自身の生活を守るため。		

第3章 Ⅰ 親なき後の子の生活保障における民事信託の活用

受益者	現在の生活状況　年金生活 管理能力の有無　ある 第　2　次　　　○　○　二　郎 委託者との関係　次男 受益者とする理由　引きこもりで社会的適応ができるかどうか心配だから。 現在の生活状況　一郎の扶養 管理能力の有無　ないだろう
受益権の内容 （割合）	■居住権 ■生活費 　□基礎とする　■補充とする　□日常雑費（　　　　　　　　　　） □収　　益 □元　　本 □その他 割　合
信託期間	一郎と二郎が亡くなるまで
信託財産	現　金 　下記①②の預貯金を解約したうちの　5000万円　◀ 預貯金 　①　○○銀行○○支店　普通預金　口座番号　○○○○○○○○ 　②　○○銀行○○支店　定期預金　取引番号　○○○○○○○○ ｝解約したうちの 不動産 　①　□単有　■共有（持分○○分の○○）　■居住用　□賃貸 　②　□単有　□共有（持分　　分の　　）　□居住用　□賃貸 　③　□単有　□共有（持分　　分の　　）　□居住用　□賃貸 株式・投信・口座 信託財産から除かれるその他の財産（動産・保険・貸金庫など） 　一郎が死亡したときに一郎名義の家財等いっさいの財産
委託者の負債 の状況	なし
受託者	住　　所　　○○県○○市○○町○○丁目○○番○○号 氏　　名　　○　○　花　子 生年月日　　昭和○○年○○月○○日 委託者との関係　　長女 受益者との関係　　妹 受益者とする理由 　■受託できる環境にある 　■責任感がある 　□法律を理解できる素養がある 　□ある程度の資産を有している 　■未成年者、成年被後見人、成年被保佐人でない（※1） 　■家庭裁判所で免じられた法定代理人等でない（※2） 　■破産者でない（※3） 　■委託者に訴訟をした者並びにその配偶者・直系血族でない（※4） 　□その他（　　　　　　　　　　　　　　　　　　　　　） 委託するにあたっての希望内容

	二郎がこれまでどおりの生活ができるようにしてもらいたい
	後任を選ばなければならない場合の選任基準 信託監督人に選んでもらいたい
後継受託者	住　　所　〇〇県〇〇市〇〇町〇〇丁目〇〇番〇〇号 氏　　名　〇　〇　太　郎 生年月日　昭和〇〇年〇〇月〇〇日 □な　し
	後任を選ばなければならない場合の選任基準
信託監督人 受益者代理人	■信託監督人　□受益者代理人　□おかない 住　　所　〇〇県〇〇市〇〇町〇〇丁目〇〇番〇〇号 氏　　名　司法書士　〇　〇　〇　〇 指図権等を特別に定める場合はその内容
	報酬 　　月　　額　　〇〇万円 　　変更方法　　話し合いで変更できるようにしてほしい
	後任を選ばなければならない場合の選任基準
信託事務内容	不動産 　　■管　理　□運　用（　　　　　　　　　）□処　分 預金ほか 　　■管　理　□運　用（　　　　　　　　　）□処　分 　　　　◎受益者が二郎のみとなったとき 　　　　　現金　■生活費（送金・(届け)）■医療費　■光熱費・電話料金 　　　　　　　■介護サービス費　■施設入所費用　■保険料　■葬儀費用 　　　　　　　■不動産修繕費 　　　　　　　■その他（成年後見人等就任の場合の報酬、立替え実費） 信託財産を処分する場合の順序 　　第1　　　　　　第2　　　　　　第3 作成書類 　　■資産管理台帳　■出納帳　□貸借対照表　□財産目録 　　□その他（　　　　　　　　　　　　） 報告期間 　　□6カ月　■1年　□その他（　　　　　　　　　　　　　　　） 事務の一部委託 　　■可　□否 　　　　◎委託内容・委託先 　　　　　受益者代理人と協議で決めてもらいたい
受託者・信託監督人または受益者代理人	■受託者・受益者・その他の者との合意　■受託者の破産 □受益者の死亡　□受託者の死亡 □その他（　　　　　　　　　　　　　　　　　　）

第3章 I 親なき後の子の生活保障における民事信託の活用

の終了・解任事由	
契約・遺言に定めのない信託内容の変更	■受託者・受益者・その他の者との合意 □その他（　　　　　　　　　　　）
契約・遺言に定めのない信託内容の終了	■受託者・受益者・信託監督人その他の者との合意 □受益者の死亡　□受託者の死亡 □その他（　　　　　　　　　　　）
信託終了時の権利帰属者または残余財産受益者 ［二郎が社会復帰できた場合に終了となったときは、二郎に信託した財産を与える。］	◎二郎が死亡したことで信託終了の場合の ■権利帰属者（信託期間中の受託者監督権なし） □残余財産受益者（信託期間中の受託者監督権あり） ① 住　　所　　〇〇県〇〇市〇〇町〇〇丁目〇〇番〇〇号 氏　　名　　　〇　〇　太　郎 委託者との関係　　長男 帰属または受益内容割合　　現金化して花子と均等 ② 住　　所　　〇〇県〇〇市〇〇町〇〇丁目〇〇番〇〇号 氏　　名　　　〇　〇　花　子 委託者との関係　　長女 帰属または受益内容割合　　現金化して太郎と均等
推定相続人	① 〇　〇　太　郎 続柄・年齢　　長男・〇歳　　■遺留分あり 注意事項 ② 〇　〇　花　子 続柄・年齢　　長女・〇歳　　■遺留分あり 注意事項 ③ 〇　〇　二　郎 続柄・年齢　　二男・〇歳　　□遺留分あり 注意事項 ④ 続柄・年齢　　　　　　　　　□遺留分あり 注意事項
付随契約遺言	■成年後見（法定・(任意)）　■遺　言　□死後事務 □その他（　　　　　　　　　　　）
特記事項	

上記のとおり確認しました。
　　　　平成〇〇年〇〇月〇〇日
　　　　　　　委託者　　〇　〇　一　郎　㊞

		作成者　司法書士　○　○　○　○　㊞

※1　信託法7条による。
※2　民法847条2号による。
※3　同条3号による。
※4　同条4号による。

【書式1－2】　委託者・受益者のライフプラン（記入例）

委託者・受益者のライフプラン

委託者兼受益者 （○○一郎） 現財産	預貯金	金融機関名・支店名・種類	番号等	金　額
		○○銀行○○支店　普通	○○○○○○○○	○○○○万円
		○○銀行○○支店　定期	○○○○○○○○	○○○○万円
	保険（契約者・受取人が受益者名のもの）	社名・保険の種類	番号等	保険金額
		○○銀行○○支店		○○○○万円
	その他（負債を含む）	自宅不動産 　土地　　　　　　　　　　　建物		
受益者 （○○二郎） 現財産	預貯金	金融機関名・支店名・種類	番号等	金　額
		○○銀行○○支店　普通	○○○○○○○○	○○○○万円
	保険（契約者・受取人が受益者名のもの）	社名・保険の種類	番号等	保険金額
	その他（負債を含む）			
		公的年金	○○万円／月	

第3章　Ⅰ　親なき後の子の生活保障における民事信託の活用

収　支 （※1）	収　入	給　　与	万円／月		
		そ の 他	万円／月	合計	○○万円
	支　出	日常生活費	○○万円／月		
		住 宅 費	○○万円／月		
		医 療 費	万円／月		
		保 険 料	万円／月		
		固定資産税・維持費等	○○万円／月		
		そ の 他	万円／月	合計	○○万円
				収入－支出＝○○万円	
医　　療	既往症・対応 　一郎：高血圧、腰・膝の痛み 　二郎：社会適応性に欠ける 罹りつけの病院 　■内　科　　　○○病院　　○○医師 　□歯　科 　□耳鼻科 　□眼　科 　■その他　　整形外科（一郎：○○病院　○○医師） 苦痛軽減延命治療 　一郎・二郎：できるだけ苦痛は取り除いてもらいたいが、延命治療は希望 　　　　　　　しない。 　□希望しない				
支援関係者の 連絡先	①市区町村担当 　一郎：○○市高齢介護課　　○○様 ②関係福祉サービス 　二郎：○○市保健所　　○○様 ③親　戚 　一郎・二郎：太郎、花子 ④知　人 ⑤その他				
日常生活に関 する希望	趣　味 　一郎：庭いじり 　二郎：音楽・映画鑑賞（自宅） 健　康 　一郎：足腰が弱ってきたので、あまり悪くならないように鍛えたい。 　二郎：家から出ない生活なので、食生活や体力維持面で注意が必要。 留意・配慮すべき人 　二郎：対人関係がうまくいかず仕事を辞めているので、新たに誰かが関与 　　　　する場合は、慎重に対応してほしい。 　　　　仕　事 　二郎：徐々に外の世界に触れて、短時間でも、ボランティア活動でもかま 　　　　わないので、外とのかかわりをもてるようになってほしい。				

住居の希望 （※2）	□一人暮らし可能 ■施設等自宅以外の場所はできるだけ避けたい
葬儀の希望 （※3）	葬儀形式 　家族に見送ってもらえればそれでいい。 菩提寺・宗派 　○○寺 費　用 　葬儀・戒名・納骨等で○○万円以内で済ませてほしい。
残余財産の帰属先	住　所　○○市○○町○○丁目○○番○○号 氏　名　○　○　太　郎 住　所　○○市○○町○○丁目○○番○○号 氏　名　○　○　花　子 住　所　○○市○○町○○丁目○○番○○号 氏　名　○　○　二　郎（※4）
備　考	

　受益者を○○一郎および○○二郎とする民事信託の設定につき、上記のとおり処理されることを希望します。なお、本文書は、受託者への希望を述べたものです。

　　　平成○○年○○月○○日

　　　　　　　委託者　　○　○　一　郎　㊞
　　　　　　　作成者　　司法書士　○　○　○　○　㊞

※1　一郎と二郎の二人の生活についてのもの。
※2　一郎と二郎ともに、そのように希望している。
※3　一郎と二郎ともに、そのように希望している。
※4　社会復帰でき、自分で生活ができるようになった場合である。

(2)　資料の収集

　信託を起案するために必要な資料は、それぞれ次のとおりである。なお、遺言公正証書による信託設定と、信託契約を締結し残りの財産につき公正証

書を作成する場合は、証人二人が必要となる。

　　　㋐　遺言による信託の場合

　公正証書とする法律上の定めはないが、効力発生時に遺言執行者が信託設定のために行う諸手続にあたり、一部金融機関等では信託口座の開設につき公正証書遺言のほうがスムーズに行うことができるようである。次の①～⑤は、公正証書作成時に公証人から求められる資料である。専門職として、設定にあたって本人確認や信託財産の確認を行うことはいうまでもない。

①　遺言者と推定相続人との続柄がわかる戸籍謄本
②　不動産の登記事項証明書・固定資産評価証明書または固定資産税・都市計画税納税通知書中の課税明細書
③　遺言者および遺言執行者（相続人以外の場合）の印鑑登録証明書
④　金融資産の明細がわかる資料
⑤　信託関係人の住民票

　　　㋑　遺言代用信託契約の場合

　公正証書とする法律上の定めはないが、「受託者」としての預金口座開設等、信託設定時に行う諸手続にあたり、一部金融機関等では公正証書遺言のほうがスムーズに行うことができるようである。

　公正証書作成時に公証人から求められる資料は、契約当事者として、委託者と受託者の印鑑証明書である。なお、信託当事者は委託者と受託者であるが、場合によっては、後継の受託者や主な受益者を契約当事者とする場合も考えられるので、そのようなときには、これらの者の住民票のほかに印鑑登録証明書が必要となる。

4　信託スキームの立案

　⑴　スキーム立案時の留意点

　契約や遺言で信託を設定する場合は、信託事務となる財産管理および承継の内容の決定も慎重に進めつつ、かつ柔軟に対応できるように注意しなければならない。

本事例では、二郎の生活の支援、特に住居確保、身上監護等のために財産を管理する信託設定方法として、①一郎の死亡後から信託を設定する「遺言による信託」（後記(2)参照）、②一郎の生前に契約で設定する「遺言代用信託契約」（後記(3)参照）という二つのパターンを検討する。

(2) **遺言による信託を活用する場合**

遺言による信託の場合は、効力発生は委託者の死亡と同時となるため、委託者の生存中には受託者適格があると判断していた受託者の状況が変化する場合などを想定し、信託監督人をおくなどして受益者に不利益が生じないよう工夫する。

また、受託者の就任承諾につき、遺言作成時にあらかじめ確認したとしても、遺言効力発生時に承諾するとは限らないため、万一のため事前確認承諾書が必要と思われる。

委託者の希望どおりの信託が開始・遂行されるよう、受益者以外の相続人に対する遺留分を配慮しておく必要があり、また、遺言効力発生からスムーズに信託に移行できるよう確かな遺言執行者を定めておくことも重要である。本事例では、遺言執行者と信託監督人を同一人物とすることで、よりスムーズになると考えた。

本事例において活用する遺言公正証書は【書式1―3】のとおりである。また、書類の作成上の留意点については、「※」を付しているので参考にされたい。

なお、本事例のスキームでは、委託者である親の死亡後、受益者二郎の生活態度や精神状態が以前とは全く変わってしまうということを考慮して、受益者代理人を定めている。受益者代理人は、受益者が行うすべての権限を代理する地位にあり、受託者に対して、信託財産の給付内容について意見を述べることができることができる者である。受益者代理人が指定されていれば、受益者の判断能力が低下してしまった場合にも、受益者代理人が受益者の役割を担えるため、より強力な受益者保護が可能となる。福祉型信託の受益者が意思表示できない事例では、必ず指定を考えなければならない受益者保護

第3章 I 親なき後の子の生活保障における民事信託の活用

関係人でもある。しかも、信託行為に定めをおく必要がある。

【書式1—3】 遺言公正証書

遺言公正証書

　本公証人は、平成○○年○○月○○日、遺言者○○一郎の嘱託により、証人○○○○、同○○○○の立会いのもとに、遺言者○○○○の遺言の趣旨の口述を筆記し、この証書を作成する。

遺言の趣旨

第1条　遺言者は、遺言者が本遺言効力発生時に所有する別紙遺言信託第2条記載の財産（以下、「信託財産」という。）を、同遺言信託記載のとおり信託する。

第2条　遺言者は、別紙遺言信託第2条(2)記載の建物内の二郎の財産を除く遺言者の所有する家財一式を次男二郎に相続させる。（※1）

第3条　遺言者は、前2条記載の財産を除くすべての金融資産、不動産その他一切の財産を遺言者の長男太郎及び長女花子に、各2分の1の割合により相続させる。（※2）

第4条　遺言者は、次男二郎が遺言者の死亡より前に若しくは同時に死亡したときは、第1条（別紙遺言信託第2条記載の信託財産となる財産）及び第2条記載の財産は太郎及び花子に、各2分の1の割合により相続させる。

第5条　遺言者は、太郎が遺言者の死亡よりも前に若しくは同時に死亡したときは、本遺言において太郎に相続させるとした財産を、その直系卑属に相続させる。ただし、太郎の死亡時点で直系卑属がない場合は、花子に相続させる。

第6条　遺言者は、花子が遺言者の死亡よりも前に若しくは同時に死亡した

きは、本遺言において花子に相続させるとした財産を、その直系卑属に相続させる。ただし、花子の死亡時点で直系卑属がない場合は、太郎に相続させる。

第7条　遺言者は、祖先の祭祀を主宰する者として、太郎を指定する。

第8条　遺言者は、本遺言の執行者として、司法書士○○○○を指定する。
2　遺言執行者は、第1条の信託設定に関する手続として、遺言者名義の預貯金、株式等の名義変更、換価、解約及び払戻しをし、信託不動産については信託による所有権移転及び信託の登記手続等を相続人の同意を要することなく行う権限を有する。
3　遺言執行者は、前項のほか本遺言を執行するため、遺言者が貸金庫を借用している場合は貸金庫の開庫、内容物の引き取り、貸金庫契約の解約、遺言者名義の預貯金、株式等の名義変更、換価、解約及び払戻しをし、この遺言執行のために必要な一切の権限を有する。
4　遺言執行者は、必要があるときは、第三者にその任務を行わせることができる。
5　遺言執行者は、第3条により二郎及び花子が取得する財産から、次の諸経費を随時支出することができる。
(1)　葬儀・納骨までの法要費用
(2)　医療費、施設利用料その他の一切の遺言者の支払うべき債務弁済費用
(3)　第1条の信託不動産に関する登記費用
(4)　遺言執行者への報酬及び遺言執行に関する各種費用
6　遺言執行者に対する報酬は、遺言執行対象財産の○○パーセントとする。

以上

本　旨　外　要　件

○○市○○町○○丁目○○番○○号
　　無　　　　　職
　　遺　　言　　者　　○　○　○　○
　　　　　　　　　　昭和○○年○○月○○日生

上記は、印鑑登録証明書の提出により、人違いでないことを証明させた。

　　　　○○市○○町○○丁目○○番○○号
　　　　　司法書士・行政書士
　　　　　証　　　　　　人　　○　○　○　○
　　　　　　　　　　　　昭和○○年○○月○○日生

　　　　○○市○○町○○丁目○○番○○号
　　　　　司　法　書　士
　　　　　証　　　　　　人　　○　○　○　○
　　　　　　　　　　　　昭和○○年○月○○日生

　以上（別紙の添付文書を含む。）を遺言者及び各証人に読み聞かせたところ、各自筆記の正確なことを承認し、次に署名押印する。

　　　　　遺　　言　　者　　○　○　一　郎　㊞
　　　　　証　　　　　　人　　○　○　○　○　㊞
　　　　　証　　　　　　人　　○　○　○　○　㊞

　この証書は、民法第969条第1号から第4号までの方式に従って作成し、同条第5号に基づき本職次に署名押印する。

　平成○○年○○月○日、本職役場において。
　　　　○○市○○町○○丁目○○番○○号
　　　　○○地方法務局所属
　　　　　公　　証　　人　　○　○　○　○　㊞

　前同日、○○一郎のため、正本1通を交付した。
　　　　○○市○○町○○丁目○○番○○号
　　　　○○地方法務局所属
　　　　　公　　証　　人　　○　○　○　○　㊞

(別紙)

遺言信託

　遺言公正証書第1条に定める信託(以下「本信託」という。)の内容は、次のとおりである。なお、以下の各条項(以下「本信託条項」という。)中に表記する条数は、特に断らない限り、本信託条項を示すものとする。

第1条(信託の目的)
　　第2条記載の信託財産を適正に管理運用し、その他本信託目的達成のための必要な行為を行い、その中で受益者の住居を確保するとともに、受益者の健康状態に応じた適正な支援を行うため必要な給付をし、もって受益者が遺言者死亡前と同程度の生活を終生確保することを目的とする。

第2条(信託財産)
　　本信託の信託財産は、次の不動産(以下「信託不動産」という。)及び金銭等預貯金債権(以下「信託金融資産」という。)とする。
　(1)　土地
　(2)　建物及び付属設備
　(3)　預貯金5000万円

第3条(受託者)
1　当初受託者は、遺言者の長女花子とする。
2　当初受託者が、死亡その他の事由により本信託を行えない場合は、後任受託者を長男太郎とする。
3　受託者は、本信託の目的に従って忠実に信託事務の処理その他の行為を行い、かつ善良なる管理者の注意をもって信託事務を処理するものとする。
4　受託者は、受益者代理人と協議のうえ、信託事務の一部又は全部を第三者に委託することができる。この場合は、委託先を適切に指導・監督するものとし、委託先の債務不履行責任について責任を負うものとする。ただし、委託先の指導・監督に過失がないことを証明した場合はこの限りではない。

第4条(受益者及び受益権)

1　受益者は、遺言者の次男二郎とする。
2　受益者は、受益権の譲渡又は質入れその他の担保設定等の処分をすることができない。

第5条（信託の期間）
　本信託の期間は、次の各号に定める事由によって信託が終了する。
(1)　受益者次男二郎が死亡したとき
(2)　信託財産がなくなったとき

第6条（受益者代理人）（※3）
1　本信託において、受益者次男二郎が判断力が不十分になったとき、その他受託者が必要と認めたときは、受益者代理人として司法書士〇〇〇〇を指定する。
2　受益者代理人は、善良なる管理者の注意をもって事務を行わなければならない。
3　受益者代理人について、辞任・死亡・解任・その他任務が終了した場合は、〇〇〇〇の推薦する者を後任の受益者代理人とする。

第7条（信託給付の内容）
1　受託者は、信託不動産を住居用として管理し、受益者にこれを住居として使用させるものとする。
2　受託者は、二郎に対して生活費として毎月末月限り、1カ月金〇〇万円を信託金融資産から給付するほか、医療費、施設利用料等を支払うものとする。

第8条（信託財産の管理・処分）
1　受託者は、信託不動産については、信託による所有権移転及び信託の登記手続を行い、信託金融資産については、受託者の固有財産と区別し、「信託口」等の信託財産である旨の口座名義による預金として管理する。
2　受託者は、信託不動産について必要な修繕等を行うものとする。なお、信託金融資産については、元本が保証された預貯金として管理する。（※4）
3　受託者は、信託された建物につき、必要な保険を付する。
4　受託者は信託された不動産について、次の各号の処分等を行う場合は、受益者又は受益者代理人の意見を聞き、その同意を得て処分するものとする。

(1) 老朽化による処分
(2) 受益者の施設入所等に伴う処分

第9条（信託事務の内容）
1　受託者は、本信託開始と同時に信託帳簿の作成を開始するものとする。なお、信託帳簿は、一の書面その他の資料として作成することを要せず、他の目的で作成された書類又は電磁的記録をもって信託帳簿とすることができる。
2　受託者は、信託の効力発生日から12月末日まで、以後毎年12月末日を信託期日として財産状況開示資料を作成して、受益者及び受益者代理人に報告する。

第10条（信託費用等）
1　受託者は、次の各号に掲げるものを信託費用として信託財産から支出することができる。
(1) 信託不動産に関する公租公課
(2) 信託不動産に関する保険料
(3) 信託不動産に関する修繕・保守・管理等の費用
(4) 振込手数料
(5) 軽過失なくして受けた損害賠償請求による賠償金
2　本信託において、受託者は、前項の信託費用のほか、以下に掲げるものを合わせて信託費用等として、信託財産から支払う。
(1) 受益者に納付義務の課された公的保険料等
(2) 受益者につき後見等が開始した場合の後見人等の報酬及び立替費用（※5）
(3) 受益者が負担すべき公租公課
3　受託者は、訴訟行為等、前項以外の特別の支出が見込まれる場合は、信託監督人の同意を得たうえで、当該費用を支出する。

第11条（受託者の変更）
1　受託者は、受益者代理人の同意を得て辞任することができる。
2　受益者又は受益者代理人は、次の各号に定める場合に受託者を解任することができる。
(1) 受託者が本信託及び信託法に定める義務に違反し、受益者又は受益者代

理人の是正勧告から1カ月を経過しても是正されないとき
(2)　受託者に破産手続又は民事再生手続その他これと同種の手続申立てがあったとき
(3)　受託者が仮差押え、仮処分、又は強制執行、競売又は滞納処分を受けたとき
(4)　その他受託者として信託事務を遂行しがたい重大な事由が発生したとき

第12条（後継受託者の引継ぎ等）
1　受託者の任務が終了したときは、受託者は後継受託者、受益者及び受益者代理人に対し、任務終了時点の信託財産状況の報告をしなければならない。
2　受託者は、任務が終了した場合は、後継受託者又は信託財産管理者が信託事務を処理することができるまでは、引き続き信託財産を保管し、かつ信託事務の引継ぎに必要な行為をしなければならない。

第13条（報告）
　受益者及び受益者代理人は、受託者に対し、前項以外においても適宜信託事務の処理状況及び信託財産の状況について報告を求めることができる。

第14条（信託の変更等）
　受益者と受託者、又は受益者代理人と受託者との合意により、本信託の目的に反しない範囲で本信託の内容を変更し、又は将来に向かって終了させることができる。（※6）

第15条（信託の終了）
　本信託は、前条の定めによる場合のほか次の各号に定める事由に終了する。
(1)　第5条に定める信託期間が満了したとき
(2)　信託法第163条第1号ないし第8号に定める事由が生じたとき

第16条（清算受託者）
　本信託が終了したときの清算受託者は、信託終了時の受託者を指定する。

第17条（信託終了時の清算事務）
1　清算受託者は、信託財産に属する債権の取立て及び信託債権に係る債務を

弁済し、残余のすべての信託財産を現金に換価処分して換価処分に要した費用を差し引き、次条に定める帰属権利者に引き渡す。
2　清算受託者は、清算事務につき、信託財産状況報告書を作成したうえで、次条の帰属権利者に交付する。

第18条（信託終了時の帰属権利者等）
1　第15条第1号により本信託が終了したときは、残余の信託財産は太郎及び花子に均等な割合により帰属させる。ただし、帰属権利者が死亡していた場合は、その者の直系卑属に帰属させる。
2　第15条第1号以外により本信託が終了したときは、残余信託財産は、二郎に帰属させる。

第19条（信託の報酬）
1　受託者の報酬として、毎月○○万円を支払う。ただし、信託された不動産の換価処分を行った場合は、換価金の○パーセント相当額を報酬として支払う。（※7）
2　受益者代理人の報酬として、毎月○○万円を支払う。

第20条（協議）
　　受託者は、信託の本旨に従い、信託監督人と協議して本信託に定めない事項の決定をすることができる。

※1　「建物内の家財一式」を信託財産として定める必要があるかについては、判断が分かれる。これらの財産は、金銭に換価できるものもあるが、家財の多くは価値なしと判断され、しかも分別管理が難しいので、相続財産とした。
※2　受益者以外の相続人に対しての遺留分を配慮したものである。相続人個別に承継させるべき遺産を特定させるケースも考えられる。
※3　受益者代理人は、受益者に代わって受益者の権限を行使する。したがって、受益者が判断能力を喪失するなどして後見開始の審判を受けたり、任意後見監督人が選任されたときには、この受益者代理人を選任し、受益者の権利を保護することになる。
※4　受益者の生活支援が信託目的であるため、信託財産の運用は、最低限の内

※5　受益者が成年後見制度を利用することは、受益者支援として必要であるため、その費用を信託財産から支払うことができるのではないかと考える。
※6　一郎は、二郎が支援なく生活が維持できる状態になるという希望は捨てていないこともあり、受益者二郎自身で収入を得られるようになった場合など状況の変化に応じ、受益者と受託者あるいは受益者代理人と受託者の合意によって、変更または終了できることとした。
※7　信託業法2条・3条により、信託の引受けを営業として行おうとする場合は、免許等が必要とされているが、本事例の場合は、親族の受託者であり反復継続して受託者となる可能性がないため、報酬を付与しても信託業法違反とはならないと判断し、受託者としての負担を考慮して付与することとした。

(3) 遺言代用信託契約（不動産等管理処分信託契約）を活用する場合

　遺言信託の場合は、遺言者（委託者）の死亡によって信託の効力が発生するが、委託者の判断能力が低下した場合には、委託者自身だけでなく二郎の支援が委託者の希望どおりにできなくなってしまうため、遺言代用信託（信託契約）を活用することで、その希望を叶えることができる。

　受託者が個人であるため、万一の場合に備えて後継受託者を定めておくほうがよいことは前述のとおりだが（前記3(1)(ウ)参照）、後継受託者は、信託設定時には契約当事者とならないため、別途約定書や同意書によって了解を得ておくことが必要であろう。

　生前契約の場合は、委託者の地位は相続されることとなるので、推定相続人である受託者に委託者の地位が相続されないよう条項を盛り込んでいる。

　本事例は、成年後見制度を利用できず、社会的適応がうまくできないなど、何らかのサポートが必要であるケースであるが、受益者の判断能力が低下していると認められる場合は、後見等開始の審判を申し立てるべきである。

　また、契約書の形式としては、契約当初から条項を詳細に定めておくのか、シンプルに定めて当事者間で随時変更できるようにしておき、補足書などで詳細はフォローするかということも検討する必要があると考える。

この種の契約は、契約当事者の理解にも限界があり、また、信託期間中には、想定外の事情が起こることを予想して、理解しやすい文言を使用しながらも、委託者の希望が満たされ、受益者の保護が欠けていない内容とできることが専門職の役割と考える。

　受益者以外の推定相続人に対する遺留分を配慮しておく必要があることは、遺言による信託と同様であるため、信託受益権を取得させるだけでは不十分な場合には、別途、遺言等による補完が必要であると考える。

　本事例において活用する遺言代用信託契約書（不動産等管理処分信託契約書）は【書式1－4】のとおりである（なお、関係当事者の表示は簡略化している）。また、書類の作成上の留意点については、「※」を付しているので参考にされたい。

【書式1－4】　遺言代用信託（不動産等管理処分信託）契約書

不動産等管理処分信託契約書

第1条（信託の目的及び信託の契約締結）
1　委託者一郎と受託者花子は、一郎が有する別紙信託財産目録記載の財産につき次項の目的で、以下のとおり信託契約を締結する。
2　本信託は別紙信託財産目録記載の財産を信託財産として、これを管理・運用し、その中で受益者らの住居を確保するとともに、受益者らの健康状態に応じた適正な支援を行うため必要な給付をし、一郎の死亡後は、二郎が一郎の死亡前と同程度の範囲内で生活を終生確保することを目的とする。

第2条（信託財産）
1　当初信託財産は、別紙信託財産目録記載の不動産（以下「信託不動産」という。）、付属設備及び金銭等金融資産（以下「信託金融資産」という。）とする。
2　信託不動産は、受益者の住居として使用させるものとする。
3　信託金融資産は、第11条に基づき受益者に対して金銭を給付し、信託不動産の管理費用、公租公課、信託報酬、その他の費用等の支弁にあてる。

4　第1項の信託財産から生じる果実及び換価による取得財産は、信託財産に帰属する。

第3条（受託者）
1　受託者は花子とする。
2　前項の受託者が、死亡その他の事由により、任務が終了した場合は、太郎を後任受託者とする。

第4条（受益者及び受益権）
1　本契約締結時の本信託の受益者（当初受益者）は一郎及び二郎とする。
2　前項において、二郎が有する受益権の割合は一郎の扶養義務の範囲内とし、必要な都度金銭を給付することとする。（※）
3　一郎の死亡後の受益権はすべて二郎が取得する。
4　受益者は、受益権の譲渡又は質入れその他の担保設定等の処分をすることができない。

第5条（信託の期間）
　本信託の期間は、本契約締結時に効力が発生し、次の事由によって信託が終了する。
（1）　すべての受益者が死亡したとき
（2）　信託財産がなくなったとき

第6条（受益者代理人）
1　受益者において意思表示ができないとき、その他受託者が必要と認めたときは、受益者代理人として司法書士〇〇〇〇を指定する。
2　受益者代理人は、善良なる管理者の注意をもって事務を行わなければならない。
3　受益者代理人について、辞任・死亡・解任・その他重大な事由により任務が終了した場合は、〇〇〇〇の推薦する者を後任の受益者代理人とする。

第7条（信託財産の引渡し）
1　委託者は、本信託契約締結後速やかに、受託者に対して前条第1項の信託財産を引き渡し、信託に必要な名義変更、所有権移転及び信託の登記手続等

を行うことにより信託譲渡し、受託者はこれを引き受ける。
2　信託財産の公租公課、その他の費用管理は上記引渡日をもって区分する。

第8条（委託者の地位の相続）
　　委託者が死亡したときは、委託者の地位等は相続人に承継せず消滅する。

第9条（信託給付の内容）
1　受託者は、信託不動産を住居用として管理し、受益者に信託不動産を住居として使用させる。
2　受託者は、一郎の要求があった際は、生活費等を信託金融資産から給付する。
3　受益者二郎が単独受益者の場合は、受託者は、二郎に対して生活費として毎月末月限り、1カ月金○○万円を信託金融資産から給付するほか、医療費、施設利用料等を支払うものとする。

第10条（信託財産の管理）
1　受託者は、信託不動産については所有権移転及び信託の登記手続を行い、信託金融資産は受託者の固有財産と区別できるような「信託口」等の信託財産である旨の口座名義により預金管理する。
2　受託者は、信託財産について、賃貸借以外の投機的運用をしてはならない。なお、信託金融資産については、元本が保証された預貯金として管理する。
3　受託者は、信託された建物につき、必要な保険を付する。

第11条（信託事務の内容）
1　受託者は、本信託開始と同時に信託帳簿の作成を開始するものとする。なお、信託帳簿は、一の書面その他の資料として作成することを要せず、他の目的で作成された書類又は電磁的記録をもって信託帳簿とすることができる。
2　受託者は、信託の効力発生日から12月末日まで、以後毎年12月末日を信託期日として財産状況開示資料を作成して、受益者及び受益者代理人に報告する。
3　受益者及び受益者代理人は、受託者に対し、前項以外においても適宜信託事務の処理状況及び信託財産の状況について報告を求めることができる。
4　受託者は、信託事務の一部につき、受益者又は受益者代理人との協議のう

え、専門能力を有する第三者にこれを委託することができる。

第12条（信託費用等）
1　受託者は、次の各号に掲げるものを信託費用として信託財産から支出することができる。
　(1)　信託不動産に関する公租公課
　(2)　信託不動産に関する保険料
　(3)　信託不動産に関する修繕・保守・管理等の費用
　(4)　振込手数料
　(5)　軽過失なくして受けた損害賠償請求による賠償金
2　本信託において、受託者は、前項の信託費用のほか、以下に掲げるものを合わせて信託費用等として、信託財産から支払う。
　(1)　受益者に納付義務の課された公的保険料等
　(2)　受益者につき後見等が開始した場合の後見人等の報酬及び立替費用
　(3)　受益者が負担すべき相続税
3　受託者は、訴訟行為等、前項以外の特別の支出が見込まれる場合は、受益者又は受益者代理人の同意を得たうえで、当該費用を支出する。

第13条（受託者の義務）
1　受託者は、本信託の目的に従って、忠実に信託事務の処理その他の行為を行い、かつ善良なる管理者の注意をもって信託事務を処理するものとする。
2　受託者が信託事務の一部又は全部を第三者に委託するときは、委託先を適切に指導・監督するものとし、委託先の債務不履行責任について責任を負うものとする。ただし、委託先の指導・監督に過失がないことを証明した場合はこの限りではない。
3　受託者は、信託財産を自己の固有財産を分別して管理する。

第14条（信託の計算期間）
　　信託財産に関する計算期間は、本日から12月末までとし、以後毎年12月末、及び信託終了日までとする。

第15条（受託者の変更）
1　受託者は、受益者又は受益者代理人の同意を得て辞任することができる。

2 受益者又は受益者代理人は、次の各号に定める場合に受託者を解任することができる。
  (1) 受託者が本信託及び信託法に定める義務に違反し、受益者又は受益者代理人の是正勧告から１カ月を経過しても是正されないとき
  (2) 受託者に破産手続又は民事再生手続その他これと同種の手続申立てがあったとき
  (3) 受託者が仮差押え、仮処分、又は強制執行、競売又は滞納処分を受けたとき
  (4) その他受託者として信託事務を遂行しがたい重大な事由が発生したとき

第16条（後継受託者等）
1 受託者の任務が終了したときは、受託者は後継受託者、受益者又は受益者代理人に対し、任務終了時点の信託財産状況の報告をしなければならない。
2 受託者は、任務が終了した場合は、後継受託者又は信託財産管理者が信託事務を処理することができるまでは、引き続き信託財産を保管し、かつ信託事務の引継ぎに必要な行為をしなければならない。

第17条（信託の変更等）
　受益者と受託者、又は受益者代理人と受託者の合意により、本信託の目的に反しない範囲で本信託の内容を変更し、又は本信託を将来に向かって終了させることができる。

第18条（信託の終了）
　本信託は、前条の場合によるほか、次の各号に定める場合に終了する。
  (1) 第５条の各事由が発生したとき
  (2) 信託法第163条第１号ないし第８号に定める事由が生じたとき

第19条（清算受託者）
　本信託が終了したときの清算受託者は、信託終了時の受託者とする。

第20条（信託終了時の清算事務）
1 清算受託者は、信託財産に属する債権の取立て及び信託債権に係る債務を弁済し、残余のすべての信託財産を現金に換価処分して換価処分に要した費

用を差し引き、次条に定める帰属権利者に引き渡す。
2　清算受託者は、清算事務につき、信託財産状況報告書を作成したうえで、次条の帰属権利者に交付する。

第21条（信託終了時の帰属権利者等）
1　第18条第１号により本信託が終了したときは、残余の信託財産は太郎及び花子に均等な割合により帰属させる。ただし、帰属権利者が死亡していた場合は、その者の直系卑属に帰属させる。
2　第18条第１号以外により本信託が終了したときは、残余信託財産は一郎に、一郎が死亡しているときは二郎に帰属させる。

第22条（報酬）
1　受託者の報酬は毎月○○万円とする。ただし、信託された不動産の換価処分を行った場合は、換価金の○パーセント相当額を報酬として支払う。
2　受益者代理人の報酬は、月額○○万円（含消費税）とする。

第23条（契約に定めのない事項）
　本契約に定めのない事項については、受益者、受託者及び受益者代理人は、信託の本旨及び信託法の規定等に則り誠実に協議する。

（別紙）

信 託 財 産 目 録

(1)　土地
(2)　建物
(3)　預貯金のうちの5000万円

以上

※　他益信託の場合は贈与税が課税されることとなるが、受益権の内容が扶養義務の範囲内であるならば、贈与税負担の問題はクリアできるのではないかと考

える。ただし、受益権給付内容について具体的に記載する必要があるので、「まとめて金銭等を渡すのではなく、必要な都度金銭を渡すことにする」などの配慮は必要であろう。

(4) 遺言信託と遺言代用信託契約の比較

遺言による信託と遺言代用信託契約のどちらがよいという判断は、個別事案の目的や事情を詳細に検討し、課題やリスクについてより対処できるかを見極めていく必要がある。これらの相違点は、〈表13〉のとおりである（表中の条数は信託法のもの）。なお、遺言代用信託契約については、契約時に効力が発生するものにつき触れる。

〈表13〉 遺言信託と遺言代用信託契約の比較

	遺言信託	遺言代用信託契約	備考
定義	「特定の者に対し財産の譲渡、担保権の設定その他の財産の処分をする旨並びに当該特定の者が一定の目的に従い財産の管理又は処分及びその他の当該目的の達成のために必要な行為をすべき旨の遺言をする方法」による信託（3条2号）	「委託者の死亡の時に受益者となるべき者として指定された者が受益権を取得する旨の定めのある信託」（90条1項1号）または「委託者の死亡の時以後に受益者が信託財産に係る給付を受ける旨の定めのある信託」（同項2号）もしくは「信託行為に停止条件又は始期が付されているときは、該当停止条件の成就又は当該始期の到来によってその効力を生ずる」（4条4項）。	遺言信託は遺言による信託設定であり、委託者の死亡時に効力が発生する。一方、遺言代用信託契約は契約条項により異なる。
法律行為	単独行為	契約行為	遺言信託は単独行為なので、一人でいつでも作成し、また、撤回することができる。一方、遺言代用信託契約は撤回等が制限される行為である。
機能	民法上の遺贈に準じたものとして、遺贈に関する規定が類推適用される。	死因贈与と類似する機能を有する（しかし、事案により解釈が異なる余地がある（異なる説があ	遺言代用信託契約では、委託者の生前は自らが当初受益者となり、委託者の死亡後の次の受益者を

		る))。	決め、さらにその後の受益者を指定できる。
効力の発生時期	遺言の効力の発生によって信託の効力が発生する（死後に財産が移転する）（4条2項）。	契約によって定めた信託の条項によって信託の効力が発生する（生前に財産が移転する）（4条1項）。	遺言代用信託では委託者の生前に信託契約が開始するため、委託者が受託者の能力をチェックすることができる。
受託者の選任	当該遺言に受託者の指定に関する定めがないとき、または受託者となるべき者として指定された者が信託の引受けをせず、若しくはこれをすることができないときは、裁判所は、利害関係人の申立てにより、受託者を選任することができる（6条）。	信託契約によって定まる。	遺言信託の場合、受託者の指定に関する定めがない場合や、受託者が信託の引受けをしない場合に信託事務が開始しない可能性がある。一方、遺言代用信託契約の場合、契約により受託者が決まるので、遺言信託のような不安定な状態を回避できる。
財産の移転方法	遺言公正証書以外の場合には家庭裁判所の検認手続を要し、財産の引渡しには遺言執行者による執行手続が必要となる。	信託契約の内容に従って財産が移転する。	遺言信託では委託者の死亡により財産が移転するので、利害関係人とのトラブルが発生する可能性があるが、遺言代用信託契約では契約に基づき財産が移転するので、遺言信託のようなトラブルや手続の煩雑さを回避できる。
委託者の地位	委託者の相続人は委託者の地位を相続により承継しない（147条）。（※）	委託者の相続人は、委託者の地位を相続により承継する。（※）	委託者の相続人と受益者の間には利害対立が生ずるのが通常であるため、遺言信託では委託者の地位を相続人が承継しない。一方、遺言代用信託契約は自由契約であるが、その地位を承継しないとするのが多くの例である。
信託内容の変更	委託者は、いつでも遺言の方式に従って信託の全部または一部を変更することができる（民法1022条）。	信託内容の変更は、委託者および受託者の合意によってすることができる（90条2項）。ただし、受託者の利益を害しないことが明らかな場合には委託者が単独で信託の変更ができる（同項、149条3項1号）。（※）	遺言信託と遺言代用信託契約はともに委託者死亡後の受益者の支援を目的としたものであり、委託者の意思を尊重する要請が強い。そこで、契約の場合は原則として委託者が単独で信託の内容を変更、終了させることができるとすることもできる。

受益者を指定しまたはこれを変更する権利（受益者指定権等）	受益者指定権等は遺言によって行使することができる（89条2項）。ただし、受託者がこれを知らないときは、これにより受益者となったことをもって当該受託者に対抗することができない（同条3項）。	委託者は、受益者指定権等がない場合であっても受益者変更権を有する。なお、受益者指定権は相続によって承継されない（90条1項、89条5項）(※)	
信託行為の撤回・終了	委託者は、いつでも信託の全部または一部を撤回することができる（民法1022条）。	委託者はいつでも信託契約を終了することができる（90条2項、164条1項）。(※)	
特別受益者払戻しおよび遺留分減殺請求の適用	適用対象になる（民法903条、民法1028条以下）。		遺贈や死因贈与に準ずると考えられているので、いずれも遺留分減殺や特別受益者払戻しの対象になる。
遺留分減殺請求の順序	遺贈に準ずると考えられるので「遺贈」「相続させる遺言」と同順位となる。	死因贈与に準ずると考えられるので「死因贈与」と同順位となる。	死因贈与よりも遺贈を先に減殺すべきという多数説に従えば、遺言代用信託契約の受益債権よりも遺言信託の受益債権が先に減殺請求の対象になる。

※信託行為に別段の定めをおくことができる。

(5) 福祉型信託スキーム立案時の専門職の関与のあり方

　民事信託は、受託者が信託行為で定められた受益者のために信託財産を管理・処分するものであるが、家庭裁判所によって監督される成年後見制度の煩わしさを回避するための抜け道のように利用しようとすることではあってはならない。成年後見制度は、事理弁識能力の不十分な人の意思決定を支援し、必要に応じて代理・代行する制度であるので、福祉型信託を利用したからといって、必ずしも、成年後見制度が不要となるわけではないということを当事者に十分理解してもらうことが、特に法律専門職として重要であると考える。

　信託の設定にあたっては、信託契約当事者・遺言者に当然判断能力が必要であり、したがって任意後見契約も締結し得ることも考え、任意後見契約の

併用も重要となろう。

5 　信託登記と登記申請手続

(1) 　概　要
本章Ⅱ5(1)を参照されたい。

(2) 　必要書類等
本章Ⅱ5(2)を参照されたい。

(3) 　登記申請書
遺言信託および遺言代用信託契約の登記を申請する際の登記申請書は、本章Ⅱ5(3)および【書式2－2】のとおりであり、参照されたい。

(4) 　信託目録に記録すべき情報
遺言信託および遺言代用信託契約の登記を申請する際の信託目録に記載すべき情報は、筆者が担当し実際に登記した事例を基にした例を紹介する（【書式1－5】）。また、書類の作成上の留意点については、「※」を付しているので参考にされたい。

この例は、個人情報の部分を一部書き換えて登記しており、実務では数多く行われている。

【書式1－5】　信託目録に記録すべき情報

信託目録に記載すべき情報

一　委託者の氏名及び住所　　〇〇県〇〇市〇〇丁目〇〇番〇〇号
　　　　　　　　　　　　　　〇　〇　〇　〇

二　受託者の氏名及び住所　　〇〇県〇〇市〇〇丁目〇〇番〇〇号
　　　　　　　　　　　　　　〇　〇　□　□

三　受益者の氏名及び住所（委託者と同じ）

四　信託条項
（信託の目的）
　信託財産の管理運用及び処分を行い、受益者の安定した生活と福祉を確保するとともに、資産の適正な管理運用を通じて次代への適切な資産承継を図ることを目的とする。

（信託財産の管理運用及び処分）
1　受益者の生活の本拠地等として、又はこれを賃貸するなど受託者が相当と認める方法等によりこれを管理活用する。
2　委託者は、受託者に通知して本件信託財産以外の不動産、金銭及び有価証券等金融資産を追加信託することができる。
3　受託者は、信託財産の適切な管理を行い、信託不動産から生ずる賃料その他の収益及び金融資産をもって、公租公課、保険料、修繕積立金その他の本件信託に関して生じる一切の必要経費を支払い、そのうえで、信託財産である金銭をもって、受益者又は受益者代理人の意見を聞き、受託者が相当と認める額の生活費等を受益者らに交付し、又受益者らの医療費、施設利用費等を銀行振込み等の方法で支払い、残余金を本信託終了時の公租公課にあてるため留保する（以下「信託事務」という。）。
4　受託者は、信託事務を処理するにあたっては、本件信託の目的に従い、善良な管理者の注意をもって、これをしなければならない。
5　受託者は、信託財産を、受託者の固有財産又は受託者が第三者から受託した他の信託財産と分別して管理し、それぞれの財産を混同してはならない。
6　受託者は、信託事務遂行上、必要と認めた場合、第三者にその任務を行わせることができるものとし、その選任については、受託者に一任する。
7　受託者は、信託の目的に照らして相当と認めるときは、受益者及び受益者代理人の同意を得て、信託不動産を換価処分または建替え等することができる。
8　受託者は、本件信託開始と同時に、①信託帳簿、②財産状況開示資料、③事務引継があった場合の関係書類を作成し、受益者及び受益者代理人に対して以後年1回各計算期日から2カ月以内に書面にて報告する。
9　受託者は、信託事務に必要な諸費用を立替払いしたときは、これを本件信託財産から償還を受けることができる。

(信託の終了の事由)
　本件信託は、本信託契約と同時に効力が生じ、次の事由によって終了する。
　(1)　委託者が死亡したとき
　(2)　信託財産が消滅したとき
　(3)　その他法定の終了事由に該当するとき

(その他の信託の条項)
1　受益権は、受託者との合意がない限り、第三者に譲渡し、または質入れその他担保設定等することはできないものとする。
2　委託者の地位は、相続により承継しない。
3　受益権について、受益者の死亡により相続はしない。
4　受益者が判断能力を欠き意思表示できないとき(任意後見監督人が選任されたとき、後見開始または保佐開始の審判の申立てがあったときも含む)または受託者が信託事務処理上必要と求めたときは、受益者代理人〇〇〇〇(〇〇県〇〇市〇〇丁目〇〇番〇〇号)を選任する。
5　受益者代理人は、受益者の意思を確認し、信託の本旨および本信託の目的に反しない限り、これを信託事務に反映させるように努めるものとする。
6　受託者は、委託者との合意により、または本信託の目的に反しない場合は、受益者または受益者代理人との合意により本件信託の内容を変更し、または本件信託を終了させることができる。
7　清算受託者は本件信託の終了時の受託者とし、信託の清算手続および残余の信託財産は、平成〇〇年〇〇月〇〇日〇〇地方法務局所属公証人〇〇〇〇作成にかかる平成〇〇年第〇〇号不動産等管理処分信託契約公正証書第〇条記載のとおりとする。(※)

※　家族のための信託は、信託を設定するとき、信託の条項に「帰属権利者」あるいは「残余財産受益者」を決めておき、その者が財産を最終的に取得する者となる。この帰属権利者等が財産の遺贈を受けたり贈与を受ける資格をもつので、その者に財産は引き渡すことになる。その者が死亡していたり、受取りを拒否した場合は、その財産は委託者に戻ることになる。委託者が死亡していれば、その相続人や包括受遺者が帰属権利者の指定があったとして財産を受け取ることになる。
　また、受益者が連続する場合の「後継受益者」も相続人と同じ立場に立つ。

このように、遺言代用型信託契約や後継ぎ遺贈型受益者連続信託契約は、実は、遺言そのものなのである。したがって、この帰属権利者等（受益者連続の場合は、後継の受益者）に関する事項がすべて登記されることは、世の中に委託者の遺言をすべてさらけ出すことになる。これを見た相続人や代襲相続人は、自分のところに財産は全く相続されないことや、わずかしか渡されないことを知りうるのである。それでは、委託者本人の生前からいわゆる「争族」の種をまき散らすことになる。

　そこで、筆者は、このような記載をし（あるいは、後継の受益者についても同じような定め方をし）、争いごとが信託設定時から起きないように配慮することにしている。

6　信託期間中の実務と留意点

(1)　分別管理

　信託の効力発生時には、信託財産を分別管理するため、信託財産に不動産があれば、受託者への移転登記が必要となる。登記・登録が必要な信託財産については、信託契約などでこの手続を免除することは認められていないため注意を要する。

　また、預金は「信託口」「受託者○○○○」などの口座を新規開設することとなるが、これに応じてくれるかどうかは、金融機関によって異なるようである。

(2)　帳簿作成義務と報告義務

　信託法37条1項では、信託財産に係る帳簿その他の書類を作成しなければならないとされている。また、同条2項で、毎年1回、一定の時期に、貸借対照表、損益計算書その他の書類を作成し、その内容について受益者に対して報告しなければならないとされている。その詳細は、信託計算規則4条6項では、「信託帳簿や財産状況開示資料の作成方法は、信託行為の趣旨を斟酌する」とされている。

　たとえば、財産の運用や事業承継を目的する信託であれば、貸借対照表や

損益計算書、各出納帳や財産目録などを作成し、報告する必要があるが、受益者の生活支援を目的とする福祉型の信託で信託財産の管理や保全が信託事務内容である場合は、そこまでは不要と考えられる。ただし、現金の管理は分別管理の点からも重要と考えられるため、少なくとも現金出納帳により明確にしておく必要があろう。

　また、信託に関する書類は、一定期間保存しなければならず、原則として、帳簿であれば10年間の保存義務があり、損益計算書や財産状況開示資料は、信託の清算の結了まで保存義務があるとされる。ただし、信託法37条4項・6項では、保存義務が免除される場合も定められているが、法で認められているとしても、家族のための民事信託にあっては、当事者間の確認のために、契約書に条項を設けるなどすることも検討したほうがよいと考える。

　報告義務については、信託法37条3項で、信託行為に別段の定めがあるときは、その定めるところによるとされているが、これら作成書類は、受益者の請求に応じて、信託に関する書類を閲覧させなければならないことから、本事例のように親族である個人が受託者となる場合であっても、定期的報告義務は定めておく必要があると考える。

7　税務上の留意点

　信託においては、基本的課税は、受益者に課税される。信託財産は、受託者名義になるが、原則受託者に課税されることはない（ただし、受益者がいない場合は別である）。

　この種の福祉型信託において、課税を考え、留意しなければならない主な点を紹介する。

(1)　遺言信託の設定時の課税関係

　受益者には、相続税が課税される。

　また、不動産を信託した場合の「所有権の信託の登記」などに、財産権の信託の登記または登録には登録免許税がかかる。

(2) 遺言代用信託契約の締結時の課税関係

　信託課税は、受託者は導管にすぎず、受益者が財産（負債を含む）を有しているとみなされるのである（導管課税＝パス・スルー課税）。したがって、信託の効力発生時には、委託者から受託者に信託財産を移す場合における不動産の取得については、不動産取得税はかからない（地方税法73条の7第3号）。

　ところで、本事例では、信託設定者（S）とその子（B）が登場しているが、一方は自益信託であり、他方は他益信託である。自益信託にあっては贈与税の対象にはならないが、他益信託にあっては贈与税の対象になる。しかし、「受益者2名のときは、受益者Bが取得する受益権の割合は、Sが負担する扶養義務の範囲内とする」とあり、直ちに課税の対象にはならないと考えられる。

　信託契約にあっては、1通につき200円の印紙税がかかる（印紙税法2条・7条・別表第1の12）。なお、自己信託は不要である。

　また、不動産を信託した場合の「所有権の信託の登記」などに、財産権の信託の登記または登録には登録免許税がかかる。

(3) 信託期間中の課税関係

　税制は、信託につき「投網をかける課税」を敷いている。

　受益者等課税信託の信託期間中の課税関係については、上記のように信託財産の形式的な所有者は受託者となるが、税務上はその実質で判断され、受益者を信託財産の所有者とみなして課税が生じるのである。すなわち、信託財産に属する資産・負債は受益者が有しているものとみなし、信託財産に係る収益・費用は受益者に帰属するものとみなされ（所得税法13条1項、法人税法12条1項）、そこから発生する不動産所得は受益者の所得となる。

(4) 信託の変更時の課税関係

　受益者など信託の変更時の課税関係については、注意が必要である。税務上は、受益者が信託財産の所有者とみなされるので、受益者に変更があった場合には、変更前の受益者から変更後受益者に、財産の所有者が変わったも

のとみなされて、課税関係が生じる（所得税法13条1項、法人税法12条1項、相続税法9条の2第3項）。

　(5)　信託の終了時の課税関係

　信託では、信託終了時の残余財産の帰属先として、信託行為で「帰属権利者」や「残余財産受益者」を定めることが一般的である。税務上は、受益者の死亡を原因として信託が終了した場合には、受益者から帰属権利者等に、実質的な財産の遺贈があったものとして一般には扱われる。なお、残余財産受益者については、スキームによっては設定時等に課税関係が生じることもあるので注意が必要である。

8　信託終了後の実務と留意点

　(1)　主な実務
　　㈦　清算事務

　信託は、①信託終了の事由の発生、②当事者の合意により終了、③裁判所の命令による終了によって終了する。

　信託は、信託が終了したときは、法の定める清算手続をしなければならない（信託法175条）。この清算手続を行うのが、清算受託者である。

　この信託が終了した時以後の清算受託者の行う職務は、①現務の結了、②信託財産に属する債権の取立ておよび信託債権に係る債務の弁済、③受益債権（残余財産の給付を内容とするものを除く）に係る債務の弁済、④残余財産の給付である（信託法177条）。

　ここで、重要な役割を果たすのが清算受託者である。

　　㈣　残余財産の給付

　清算受託者は、前述のように現務の結了した後、残余財産を給付するが、この事務は事案によってはかなり難しい場合があろう。

　信託法は、残余財産の帰属権利者等への給付についての定めをおいているが、遺産分割と同様に、給付すべき真の権利者は誰か、給付の方法は現物引渡しか、他の名義変更の手続は必要か、遺留分権利者が現れたらいかなる対

応をとるべきか、解決すべき難しい問題がそこにはある。

　特に、信託には、その目的（機能）の一つとして「信託財産の承継」がある。この信託財産の承継の目的を実現するのが、清算受託者による残余財産の帰属権利者等への給付、すなわち引渡しは最も大事である。

　　㈦　残余財産帰属権利者等

　信託法は、残余財産の帰属者として、①信託行為において残余財産の給付を内容とする受益債権に係る受益者となるべき者として指定された者（「残余財産受益者」）、②信託行為において残余財産の帰属すべき者となるべき者として指定された者（「帰属権利者」）の二者を定めている（同法182条1項）。

　信託の清算にあたって、残余財産は、信託行為にこの残余財産帰属権利者等が指定されていれば、この者に給付引渡しをすることになる。そして、信託行為に残余財産受益者等に関する定めがない場合やこの残余財産受益者等として指定を受けた者のすべてがその権利を放棄した場合には、信託行為に「委託者」または「その相続人その他の一般承継人」を帰属権利者として指定する旨の定めがあったものとみなし、それでも残余財産の帰属者が決まらないときは、残余財産は清算受託者に帰属させるとしている（信託法182条2項・3項）。

　このことは、忘れてはならない規定である。

　知識のない親族受託者の場合、残余の信託財産は委託者の相続財産と誤解して、相続法に従って給付することもありうるので、信託関係者として、またアドバイスを求められた専門職としては、誤った処理がなされないよう最大限注意すべき事柄といえる。

　(2)　**信託終了後の専門職の関与のあり方**

　信託法は、信託が終了した時以後の受託者を清算受託者と定めているが、清算受託者の選任等に関する直接の規定はない。この清算受託者には誰がなるかであるが、同法166条1項の申立てが認められた裁判において信託清算のための新受託者の選任がなされる場合（同法173条）以外、一般には従前の受託者が清算受託者になることも多い。

清算受託者は、現務は終了させ、信託財産にかかる債権債務についての取立てや支払いをし、残余財産を帰属権利者等に引き渡すなどの事務処理を行うものであり、多くの場合は専門的な能力が求められるので、専門職が就任できるという積極的な考え方もある。したがって、専門職がこの清算受託者に就任できるか、大事な問題が残っている。もちろん、信託法28条を活用し、専門職を清算事務処理代行者に選任し、この者に清算事務を委任することもできるので、そのような契約条項にし、専門職法人などを指定しておくことはできよう。

▷山﨑芳乃

Ⅱ 高齢者の財産管理における民事信託の活用

1 高齢者の財産管理

(1) 無防備な財産管理の問題

　わが国は、超高齢社会を迎え、加齢や認知症などにより判断能力や財産管理能力が低下した高齢者が増え続けている。かかる高齢者の大多数は、全く無防備であり、成年後見制度を活用して自分の財産を守っている人はほんのわずかである。その唯一の頼りになると考えられていた成年後見制度も、欠陥が目立ち始め、本人にとっても家族にとっても不自由な世界を招来させるといって、この制度を利用しない人も多くなってきていると聞く。そのため、この制度を見直そうということになり、前述のとおり、成年後見制度利用促進法が成立した。

　しかし、この法律に基づき、本人を護るための新たな法制度ができるのはかなり先である。

(2) 高齢者の財産管理のための民事信託

　わが国の場合、高齢者本人が、その家の長として一家の財産、たとえば、賃貸用不動産や事業用資金等を所有し管理していることが多い。このため、本人が成年被後見人になれば、事業の基盤になっている個人所有の不動産や重要な金融資産は確実に成年後見人の管理下におかれ、個人（その家）の事業のためには使えない状況に陥る。それでなくとも、高齢者が、かかる賃貸用不動産や個人事業を管理し運営していくには、いつかは限界がくることははっきりしている。

　そこで、私たちが奨めるのが、家族のための民事信託である。家族のための民事信託は、家族の中で判断能力や財産管理能力等が不十分な人、主に高齢者や知的障害者などの財産を「管理する」「活用する」という法的しくみ

(「後見的な財産管理」)であるが、実は、本章Ⅲでも触れる、一般には相続や遺言、あるいは贈与などの制度によって実現する「財産を承継帰属させる」という法的しくみ(「遺産承継(財産承継)」)をも一つの信託という法制度で達成することができるのである。

「高齢者の財産管理のために、そして大事な財産を跡継ぎにしっかりと承継させるために民事信託を活用する」。ここでは、それが当たり前の時代になるという考えに基づいて、具体的な実務の指針を解説したい。

2 事 例

(1) 事例の内容

梨田正治が2年前に亡くなり、その遺産をめぐって遺産分割調停が長期化している。また、梨田鶴代はすでに高齢であり、判断能力に問題はないものの、足腰が不自由である。鶴代は賃貸不動産を複数保有しているが、その中にはすでに朽廃寸前の建物があり、その建替えや、賃借人に対する建物明渡しの交渉をしなければならない。また、銀行における本人確認は、以前より厳格に行われるようになり、鶴代本人が窓口に行く必要がある。しかし、足腰が不自由な鶴代にとって、娘・梨田愛子に連れられて銀行の窓口に行くの

〔図10〕 当事者等の関係図

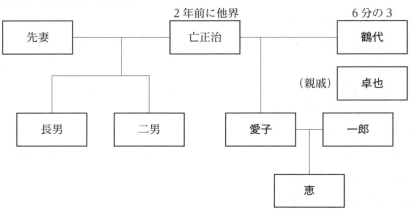

は相当な負担であり、できれば、預貯金の管理はすべて愛子に任せたいと思っている。

このような中、愛子は、補助開始の審判の申立てや、任意後見契約の締結などを検討した。もしも補助開始の審判を申し立てた場合、裁判所は専門職補助人を選任する可能性が高い。また、任意後見契約の締結をしたとしても、鶴代は積極的な資産の活用を希望しており、任意後見監督人や家庭裁判所の意向によっては、資産の活用を断念しなければならない可能性もある。したがって、成年後見制度の利用に関しては、積極的になることができなかった。

(2) **本事例における不動産管理処分信託の活用の考え方**

鶴代は、娘の愛子に不動産のすべてを信託し、不動産の売買や建替えなど、積極的な資産活用を任せたいと願っている。また、同時に、愛子に金銭を信託し、鶴代自身の身上監護の費用にあてるとともに、不動産の活用のために必要な費用にあててほしいと願っている。

また、遺産分割の結果、鶴代が不動産を取得する方針であるので、それについても、将来、追加信託したい。

(3) **本事例において活用する不動産管理処分信託のしくみ**

本事例において活用する不動産管理処分信託のしくみの概要は、［図11］のとおりである。委託者兼受益者は鶴代、受託者は愛子とする自益信託である。鶴代は、保有する不動産のすべてを、受託者である愛子に信託し、その管理と処分を委ねる。また、近いうちに不動産の購入や修繕を予定していることから、その資金として、金3000万円を信託する。さらに、遺産分割調停が係属中であり、将来、遺産分割調停が終了した場合には、鶴代が不動産を取得する見込みであることから、それも、あらかじめ契約書の中に盛り込み、将来の追加信託の予約をする。

また、受益者代理人として、愛子の親戚である梨田卓也が就任する。契約条項の中に、不動産の購入や売却、新築といった重要な事項を決定するためには、受益者代理人の同意を要することとし、また、受益者代理人が受託者のことを監督できるようにする。

〔図11〕 不動産管理処分信託のしくみ

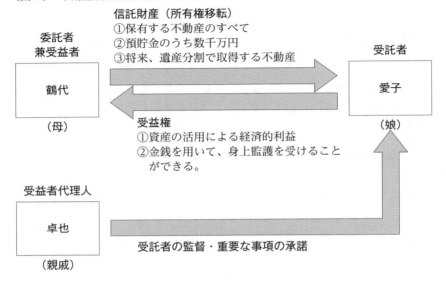

　委託者兼受益者である鶴代が死亡した際には、その受益権は受託者である愛子が取得するようにする。その時点で信託を終了し、愛子の財産とする予定である。

3　事前準備

(1)　資料の収集

　不動産管理処分信託契約書を起案するために必要な不動産に関する資料は、次の①～④である。

　①　不動産登記事項証明書
　②　固定資産評価証明書
　③　火災保険証書
　④　賃貸借契約書・不動産管理委託契約書

　前記①は、信託契約書を起案するにあたり、不動産の所有者や担保権設定の有無等を確認するために必要になる。特に、金融機関の担保権が設定され

ている場合には、金融機関との交渉が必要になるため注意が必要である。

前記②は、所有権移転および信託の登記を行う際の見積書の作成のために必要となる。また、未登記不動産の有無の確認のためにも使用する。

前記③は、信託によって所有権が受託者に移転した場合に、火災保険の名義の変更が必要になる。

前記④は、信託によって所有権が受託者に移転した場合に、賃貸人は受託者に変更されるため、賃借人への通知を行う際に必要である。また、不動産管理会社に委託をしている場合には、不動産管理会社に通知を行う。

(2) 情報の収集

不動産管理処分信託契約書を起案するために必要なその他の情報は、次の①～③である。

① 家族関係（戸籍謄本、住民票等）
② 信託をする目的
③ 受託者の裁量の範囲

前記①の家族関係は、信託スキームを構築するうえで必須の情報である。協力的な当事者がいれば、受益者代理人に就任してもらう、受託者に万が一の事故があった場合の後任の受託者になってもらうなどという協力のあり方を考えることができる。また、受益者死亡後に受益権を誰が取得するのか、信託終了時の帰属権利者を誰にするのか、家族間で不公平感が生まれないかなどという点から検討をする。特に、敵対的な感情をもっている家族がいる場合には、遺留分減殺請求が行使される可能性も含め、十分な検討が必要である。

前記②の信託をする目的は、本事例においては、鶴代が認知症になっても不動産の活用を継続できるようにすることである。したがって、鶴代の死亡によって信託を終了させることを想定している。ただし、鶴代の死亡後にも信託を継続させることも可能となる余地を残し、柔軟に対応できるように配慮している。また、不動産の売却や担保設定など、広範な権限を受託者に与えている。信託をする目的によって、信託を継続する期間、受益者連続型の

信託とするかどうか、信託の終了事由、財産の管理処分の方法、信託監督人または受益者代理人の有無などが変わってくる。

　前記③の信託財産に属する財産の管理処分に関して、どの程度受託者の裁量を認めるのかについては、依頼者の希望を聞いたうえで信託条項に反映させる必要がある。特に、㋐受託者が自由な裁量で遂行できる事務の範囲はどこまでか、㋑受益者、受益者代理人、信託監督人等の同意があれば遂行できる事務の範囲はどこまでか、㋒受益者または受益者代理人等の指図に従って遂行しなければいけない事務の範囲はどこまでか、㋓行ってはならない事務の範囲はどのような内容かなどである。

4　信託スキームの立案

(1)　関係者への対応
㋐　関係者の理解を得ること

　民事信託によるスキームを構築するには、どれだけ多くの関係者の理解を得られるのかがポイントである。

　本事例では、委託者兼受益者である鶴代、受託者である愛子、受益者代理人である卓也、また、不慮の事態が起きたときに後任の受益者代理人となる予定の梨田恵とも面談し、全員に対して信託スキームの説明をして、理解を得ることが肝要である。

　また、遺産分割調停の代理人である弁護士、不動産所得の申告等で依頼している税理士などからの協力を得られるようにしたい。

㋑　関係者のニーズの聞き取り

　民事信託は、成年後見制度による財産管理などと異なり、信託行為の定めによって関係者のニーズに柔軟に対応することができる。

　本事例では、たとえば、受託者である愛子自身から、「自分だけで財産管理をするのではなく、第三者の目でチェックできるようにしてほしい」との要望があることが想定できる。したがって、愛子の親戚である卓也を受益者代理人とするなどして、関係者のニーズに応えられるように工夫したい。

(2) 信託スキーム立案時の留意点

(ア) 信託すべき財産、信託しない財産の区別

　成年後見制度であれば、保佐・補助などで一部の行為にのみ代理権が付されるということはあるが、原則として本人のすべての財産について、成年後見人等が管理することとなる。しかし、民事信託においては、どの財産を信託の対象財産とするのかは、信託行為によって定めることができる。したがって、委託者の財産を聞き取り、委託者がそのまま保有すべき財産、信託すべき財産、将来信託する予定の財産等を分けていく必要がある。

　本事例では、前記(1)を踏まえて、金銭については3000万円分、不動産についてはすべてを信託すべき財産とした。また、将来において、正治に関する遺産分割が終了した時に鶴代が取得する不動産も追加して信託することとし、必要がある場合には金銭を追加信託できるようにした。

(イ) 委託者が遺言を作成することの要否

　本事例においては、鶴代の推定相続人は愛子のみである。したがって、鶴代に関して残りの財産が少ない場合は遺言を作成する必要性は、それほど高くないと考えられるが、信託しない財産が多額の場合などは遺言との併用を検討すべきである。信託すべき財産について、遺言代用信託または受益者連続型信託などのスキームにするかどうか、信託しない財産については遺言をつくるべきかどうかなど、委託者の想いや家族構成、将来のリスクに応じて考える必要がある。

(ウ) 法務局との事前相談

　鶴代は、遺産分割調停が終了した後に、自らが取得する予定の不動産も愛子に信託する予定である。この点については、管轄の法務局と事前に協議し、あらかじめ不動産管理処分信託契約書に記載をしておけば、遺産分割調停終了後に、不動産管理処分信託契約書と遺産分割調停の調書をセットにして登記原因証明情報とすることで、所有権移転登記および信託登記が可能であることの回答を得ておくとよい（後記5参照）。

　本事例に限らず、信託の登記は、ケースごとに異なるものである。また、

事案の蓄積もそれほど多くないために、不安な点があれば逐一法務局に相談し、後日、登記上の障害が発生しないように注意しなければならない。

(3) 金融機関への対応

不動産管理処分信託契約を締結するためには、前提として金融機関の承諾を得ることが重要である。金融機関の承諾は、主に、担保権に関する事項と預貯金口座の名義に関する事項について重要になる。

(ア) 担保権に関する問題

不動産を信託するにあたり、金融機関が担保権を設定している場合に、スムーズに信託スキームが構築できない可能性がある。一般的に、担保権の設定されている不動産の所有権を移転するにあたっては、事前に金融機関の承諾を要するものとし、仮に承諾なく所有権を移転した場合には、借入金について期限の利益を失うという旨の約定がなされていることが多い。したがって、事前に金融機関に信託のスキームと狙いを説明し、承諾を得る必要がある。信託について理解のある金融機関は、少しずつ増えてきているものの、信託については知識がない金融機関が多数である。担保権が付いている不動産を信託したところで、担保価値が下落するわけではない。また、所有者の認知症リスクや相続争いのリスクを避けることができる分、金融機関にとってはメリットがあることなのである。この点を理解してもらうために、信託についての資料を作成するなどして、金融機関を説得する必要がある。

また、信託により所有権の名義が受託者に変わるため、既存の借入れについて債務引受けや連帯保証人の変更を求められたり、既存の担保権についての債務者変更登記を求められたりすることがある。このような金融機関の要望によって、信託契約の内容が変わることもあるため、金融機関との綿密な打合せが必要である。

(イ) 受託者名義の預金口座の開設

受託者名義の預金口座の開設も非常に重要である。単に受託者の氏名・名称で預金口座を開設するのではなく、民事信託の受託者であることを付記した口座を開設することが望ましいと考えられる。一般的には、「受託口座

B」「信託口　B」などというように、信託の受託者としての肩書を付されていることが多い。

　受託者としての肩書を付すことには、いくつかの意味がある。まずは、受託者の固有財産との分別管理を徹底することである。特に受託者の相続人からみた際に、受託者の固有財産と誤認されるおそれを防ぐ必要性は高い。また、信託には、倒産隔離機能や差押禁止効、相殺禁止効など、信託財産の独立性を保つための強力な機能が備わっている。これを明確にするためにも、信託財産であることを口座の名義によって明示することが望ましいのである。

(4)　信託契約書の作成

　本事例において活用する不動産管理処分信託契約書は【書式2—1】のとおりである。また、書類の作成上の留意点については、「※」を付しているので参考にされたい。

【書式2—1】　不動産管理処分信託契約書

不動産管理処分信託契約書

　　　　甲　　　梨　田　鶴　代
　　　　乙　　　梨　田　愛　子

第1条（信託の目的）
　　委託者甲は、財産の管理・運用・処分を目的として、本契約書第2条記載の甲の財産を信託し、乙はこれを受託した。本信託契約の締結により、甲の判断能力が低下したとしても、その財産を受託者が活用することによって、甲の現在の意思を反映した財産管理を継続することが、本信託に込められた願いである。本契約の受託者は、この願いに従って、家族の資産を護り、ますます一家の繁栄に尽くすことを旨として任にあたるものとする。（※1）

第2条（信託の目的財産）
1　本契約締結時における信託財産は、下記第1号及び第2号に掲げるとおりとする。また、将来において、下記第3号に掲げる財産も信託財産に属するものとする。

(1) 本契約書末尾記載の不動産
(2) 金3000万円
(3) 被相続人梨田正治（大正〇〇年〇〇月〇〇日出生、平成〇〇年〇〇月〇〇日死亡、最後の本籍　〇〇県〇〇市〇〇町〇〇丁目〇〇番、最後の住所〇〇県〇〇市〇〇町〇〇丁目〇〇番〇〇号）の死亡により、甲が遺産分割の結果取得する不動産のすべて
2　前項のほか、信託財産に属する財産の管理、処分、滅失、損傷その他の事由により受託者が得た財産は、信託財産とする。

第3条（信託の期間）
　本信託は、本契約の締結とともに効力を生じ、次の事由により終了する。
(1) 第20条第2項に該当するとき
(2) 信託財産が消滅したとき
(3) 受託者及び受益者代理人が合意したとき
(4) その他信託法に定める事由が発生したとき

第4条（信託不動産の管理・運用及び処分の方法）
1　受託者は、本契約に特段の定めがある場合を除き、以下の方法により、信託財産に属する不動産（以下「信託不動産」という。）を管理・運用・処分する。
(1) 委託者及び受託者は、本契約の成立後、速やかに、信託不動産に関し、受託者名義に変更する所有権移転の登記及び信託の登記の申請を行う。
(2) 信託不動産の維持・保全・修繕又は改良は、受託者が適当と認める方法、時期及び範囲において、自らの裁量で行う。
(3) 受託者は、信託不動産の管理事務の一部については、受託者が相当と認める第三者（以下「管理受託者」という。）に委託することができる。
(4) 受託者は、信託不動産の管理事務を遂行するために必要があるときは、信託不動産の一部を無償で使用することができる。また、前号により受託者が選任した管理受託者に、信託不動産の一部を無償にて使用させることができる。
(5) 受託者は、受益者代理人の書面による承諾を得たときは、信託不動産を譲渡し、取り壊し、新たな信託不動産を取得又は建築することができる。
（※2）

(6) 受託者は、受益者代理人の書面による承諾を得たときは、信託不動産につき、受益者、又は受託者その他の第三者を債務者とする、抵当権、根抵当権、質権、譲渡担保その他の担保に供することができる。
(7) 前2号の場合、受益者代理人は、受益者が意思表示できるときは、その同意を得てそれぞれの承諾を行うものとする。

第5条（信託金銭の管理・運用及び使用の方法）
1 受託者は、信託財産に属する金銭（以下「信託金銭」という。）を、自らの固有財産とは分別して管理する。
2 受託者は、信託金銭を用い、信託不動産に関する公租公課・修繕費・火災保険料・管理受託者への手数料・専門家報酬その他信託不動産の維持管理に必要な一切の費用の支払いのために使うことができる。
3 受託者は、信託金銭を、老朽化した不動産の処分及び解体、新規の不動産の取得及び建築のために用いることができる。この場合、受益者代理人の書面による承諾を要する。
4 受託者は、本信託の目的を達成するために金銭の借入れを行い、その金員を信託金銭とした時は、借入金の返済を信託金銭から行うこととする。
5 受託者が、信託財産に属する財産をもって履行する責任を負うものとして金銭の借入れを受けるには受益者代理人の書面による承諾を要する。
6 受託者は、信託金銭を、受益者の身上監護のために使うことができる。
7 受託者は、信託金銭の中から、親族に対する慶弔金や人生の節目における祝い金など、社会的儀礼として相当な範囲での贈与を行うことができる。この場合、受益者代理人の書面による承諾を要する。（※3）

第6条（金銭の追加信託）
委託者は、本信託の目的を達成するために、金銭の追加信託をすることができる。追加信託された金銭の管理・運用及び使用の方法については、前条の規定に従う。

第7条（賃貸人の地位の引受け）
1 受託者は、本契約の締結と同時に、信託不動産に関する既存賃貸借契約における賃貸人としての地位及びすべての権利義務を、委託者から承継する。
2 受託者は、信託金銭から賃借人に対する敷金の返還を行うことができる。

第8条（受益者）
　本契約の受益者は甲とする。

第9条（受益者代理人）
　すべての受益者の受益者代理人として、梨田卓也（○○県○○市○○町○○丁目○○番○○号）を指定する。（※4）

第10条（後任の受益者代理人の指定）
　梨田卓也の受益者代理人としての任務が終了する場合には、後任の受益者代理人として、乙の長女である梨田恵（○○県○○市○○町○○丁目○○番○○号）が就任する。（※5）

第11条（受益権の内容）
1　本信託の受益者は、信託不動産の売却代金、賃料等、信託不動産より発生する経済的利益を受けることができる。
2　受託者は、信託不動産の収益から経費及び修繕準備金を控除した残金のうちの相当額を、少なくとも3カ月に1回、受益者に対して支払わなければならない。

第12条（受益者による金銭の払渡請求）
　受益者及び受益者代理人は、いつでも、受益者の身上監護のために信託金銭を受益者に払い渡すよう請求することができる。

第13条（受益権の処分の制限）
　受益者は、受託者の同意なく、その受益権の分割、放棄、譲渡又は質入れその他の担保設定を行うことができない。

第14条（契約の変更）
　本信託の内容を変更するためには、受託者及び受益者代理人の同意を要する。

第15条（受益権証書の不発行）

本信託契約に関し、受益証券は発行しないものとする。（※６）

第16条（受託者に対する報告請求権）
　　委託者、受益者及び受益者代理人は、いつでも、受託者に対し、信託財産に属する財産の状況や、信託事務の状況に関する報告を求めることができる。

第17条（受託者の辞任）
　　本信託の受託者は、受益者代理人の書面による同意があれば辞任をすることができる。

第18条（受託者の解任）
　　本信託の受託者に、本契約に反するような行為や、信託の目的に著しく反するような行為があった場合、若しくは心身の故障により受託者の事務を遂行できないと認められる場合には、受益者代理人の意思表示によって、受託者を解任することができる。

第19条（新受託者）
1　乙の受託者の任務が終了した場合において、新受託者の選任の必要がある時は、梨田一郎（○○県○○市○○町○○丁目○○番○○号）が受託者となる。（※７）
2　受託者の任務が終了した場合における新受託者となるべき者の選任（前項の規定により新受託者として梨田一郎が就任した場合を除く）については、受益者代理人が単独で行うことができる。

第20条（甲の死亡）
1　甲が死亡したときは、乙が単独で受益権を取得する。仮に乙が甲より先に死亡していた場合には、梨田恵が受益権を取得する。
2　甲が死亡した後には、受益者は、いつでも、受託者に対する意思表示（受託者と受益者が同一人物であるときは、その決定）によって信託を終了させることができる。（※８）

第21条（信託終了後の残余財産の帰属）
1　本信託の終了時の残余財産は、信託終了時の受益者に帰属する。（※９）

2　委託者は、いつでも、遺言又は公証人の認証を受けた書面による意思表示によって、残余財産の帰属権利者を指定し、又は変更することができる。この場合、前条の規定は、当該指定又は変更に抵触する限度で、その効力を失う。（※10）

第22条（残余財産の引渡しの方法）
　　信託の終了にあたり、清算受託者は、残余財産のすべてを、これに関する一切の債権債務関係とともに、帰属権利者に引き渡すものとする。

　　上記契約の成立を証するため、本契約書2部を作成し、甲乙が各一部を保管する。

平成〇〇年〇〇月〇〇日

　　　　甲（委託者）
　　　　　〇〇県〇〇市〇〇町〇〇丁目〇〇番〇〇号
　　　　　　梨　田　鶴　代　㊞

　　　　乙（受託者）
　　　　　〇〇県〇〇市〇〇町〇〇丁目〇〇番〇〇号
　　　　　　梨　田　愛　子　㊞

不動産の表示（略）

※1　本契約は、委託者兼受益者である鶴代が死亡するまでの間の財産管理を目的とする信託であり、5年～10年程度の、比較的短期間で終了する信託である。信託は、事例によっては数十年の長期にわたり、委託者の死亡後も存続するものである。したがって、信託の目的に委託者の思いや願いを記すことによって、受託者の事務の拠り所の一つとなると考えられる。
※2　受託者には、信託の目的の実現のために、自らの広範な裁量によって事務を遂行することが期待されている。しかし、受託者の裁量について信託行為によって制限を付することも、可能である。本事例では、不動産を受託者が

処分する場合等には、受益者代理人の同意を必須とする特約を付した。これにより、受託者の独断で不動産の処分等の行為をすることを防ぐことができる。

※3　※2参照。

※4　受益者代理人とは、信託行為の定めのみによっておくことのできる、信託法上の機関の一つである（同法138条〜144条）。そもそも受益者代理人の立法趣旨としては、受益者が多数だったり交代したりして、受益者がその権限を適切に行使できない場合に備えて、その代理人をあらかじめ定めることができるようにするものである。しかし、受益者代理人をおくことができる場合は制限されていないため、家族信託の中でも活用することができる。

　なお、受益者代理人と似た制度として信託監督人がある（同法131条〜137条）。信託監督人は、受託者の監督に関する権限のみを有するが、受益者代理人は、受託者の監督に関する権限はもちろん、信託に関する意思決定を受益者に代わってできるという点で、信託監督人よりも広範な権限を有するものである。これにより、仮に受益者が認知症等になり、受託者に対する監督や、信託の意思決定に関与することができなくなったとしても、受益者代理人がその権限を行使することができる。ただし、受益者代理人をおいたときは、受益者当人は、受託者に対する監督権限は失わないものの、信託に関する意思決定に関する権限を失うことに注意が必要である（ただし、信託行為の定めによって受益者当人の権限を失わせないことも可能である）。

※5　本事例に関しては、関係者の中で、委託者兼受益者である鶴代が最も高齢であり、一番先に死亡する可能性が高い。しかし、受託者である愛子が先に死亡したり、受益者代理人である卓也が先に死亡する可能性もある。したがって、信託継続中に起きうる事例を複数パターン想定しておき、後任の受託者や受益者代理人を定めておくことが重要である。

※6　本事例では、受益証券は発行しない。受益証券を発行すると、法人課税信託となり、課税上著しい不利益を被るからである。一般的に、民事信託では受益証券を発行しないのが通常であろう。

※7　※5参照。

※8　鶴代の死亡を信託の終了事由とすることも考えられるが、本事例では、あえて鶴代の死亡を終了事由とせず、受益者の意思表示によって信託を終了させることとした。これによって、鶴代の死亡後、信託を終了させるのか、それとも継続させるのか柔軟に判断することができる。

※9　信託の終了事由が発生しても、即座に信託が終了するわけではなく、清算が結了するまで、信託はなお存続するものとみなされる。清算期間中、受託者は清算受託者と呼ばれ、現務の結了、債権の取立て、債務の弁済そして最終的に残余財産の給付を行うことによって、信託の清算は結了する。原則として、残余財産を帰属権利者や残余財産受益者に給付することは、清算受託者による債権の取立ておよび債務の弁済が終わった後でなければならない。しかし、関係者全員の合意があれば、それと異なった清算の仕方も可能である。したがって、残余財産について、これに関するすべての契約関係・債権債務とともに、現状のままで帰属権利者・残余財産受益者に引き渡す旨を定めた。

※10　受益者は信託行為において定めておくのが一般的であるが、事後的に受益者を指定したり、変更したりする必要性が生まれることがある。そのような場合に備え、受益者を指定したり、変更したりする権利をもつ者を定めておくことができる。本事例では、委託者兼受益者である鶴代に、帰属権利者を指定または変更する権利を与え、事後的に、愛子以外の者に残余財産の給付をしたくなった場合に対応できるようにしたものである。

(5)　信託スキーム立案時の専門職の関与のあり方

　信託スキーム立案時には、前記(2)～(4)で触れた諸点について留意しながら、前記(1)のように、依頼者や関係者と面談をすることが専門職に求められる関与のあり方であろう。

5　信託登記と登記申請手続

(1)　概　要

　不動産管理処分信託契約が締結されて発効した場合、不動産については登記を申請する必要がある。委託者から受託者に対して所有権を移転するとともに、信託の登記をする登記手続である。なお、信託の登記は、所有権移転の登記と同時（一の申請情報）にしなければならない。この登記は、受託者を登記権利者、委託者を登記義務者とする共同申請である。

(2) 必要書類等

委託者から受託者に対する所有権移転登記および信託の登記を同時に申請するにあたっては、次の①～⑦の書類を用意する必要がある。

① 登記申請書（後記(3)および【書式2－2】参照）
② 信託目録に記録すべき情報（後記(4)および【書式2－3】参照）
③ 登記原因証明情報（後記(5)および【書式2－4】参照）
④ 代理権限証明情報（委任状。後記(6)および【書式2－5】参照）
⑤ 印鑑証明書（登記義務者である鶴代の印鑑証明書）
⑥ 登記識別情報（登記義務者である鶴代の登記識別情報）
⑦ 住所証明情報（登記権利者である愛子の住民票の写し）

(3) 登記申請書

委託者から受託者に対する所有権移転登記および信託の登記を同時に申請する際の登記申請書は【書式2－2】のとおりである。また、書類の作成上の留意点については、「※」を付しているので参考にされたい。

【書式2－2】 登記申請書（信託設定時）

登記申請書

登記の目的　　所有権移転及び信託

原　　因　　平成○○年○○月○○日信託

権　利　者　　○○県○○市○○町○○丁目○○番○○号
　　　　　　　　梨　田　愛　子

義　務　者　　○○県○○市○○町○○丁目○○番○○号
　　　　　　　　梨　田　鶴　代

添付書面

　　　　登記原因証明情報（※１）　　登記識別情報　　印鑑証明書
　　　　住所証明情報　　代理権限情報　　信託目録に記録すべき情報（※２）

　　登記識別情報の通知について
　　　　登記所での交付を希望する。

　　平成○○年○○月○○日申請　　○○地方法務局　　御中

　　課税価格　　金○○○,○○○円（※３）

　　登録免許税　　金○○○,○○○円（※４）
　　　　移転分　　登録免許税法７条１項１号により非課税（※５）
　　　　信託分　　金○○○,○○○円

　　不動産の表示（略）

※１　登記原因証明情報としては、信託契約書もしくは報告形式の登記原因証明情報を添付する。内容としては、①信託契約当事者、②対象不動産、③信託契約の年月日、④信託目録に記録すべき情報、⑤信託契約締結の事実、⑥信託契約に基づき所有権が移転したことという内容が記載されていなければならない。
※２　信託目録に記録すべき情報は、オンラインで登記申請をする場合には、法務省オンラインシステム上で作成し、添付することができる。信託目録に記録すべき情報を書面にて添付する場合は、実務上は、信託目録に記録すべき情報を記録した磁気ディスクをあわせて添付する。
※３　課税価格は、不動産の固定資産評価額である。
※４　信託の登記の登録免許税は不動産の固定資産評価額の1000分の４である。ただし、土地については、平成29年３月31日までは1000分の３に軽減されている（租税特別措置法72条１項）。
※５　所有権移転登記の登録免許税は非課税である。

(4) 信託目録に記録すべき情報

信託の登記の登記事項については、信託目録に記録することになる。その内容は、次の①～⑪のとおりである（不動産登記法97条1項）。

① 委託者、受託者および受益者の氏名または名称および住所（同条1項1号）

② 受益者の指定に関する条件または受益者を定める方法の定めがあるときは、その定め（同項2号）

③ 信託管理人があるときは、その氏名または名称および住所（同項3号）

④ 受益者代理人があるときは、その氏名または名称および住所（同項4号）

⑤ 信託法185条3項に規定する受益証券発行信託であるときは、その旨（同項5号）

⑥ 信託法258条1項に規定する受益者の定めのない信託であるときは、その旨（同条6号）

⑦ 公益信託ニ関スル法律1条に規定する公益信託であるときは、その旨（同項7号）

⑧ 信託の目的（同項8号）

⑨ 信託財産の管理方法（同項9号）

⑩ 信託の終了の事由（同項10号）

⑪ その他の信託の条項（同項11号）

また、前記②～⑥に掲げる事項のいずれかを登記したときは、受益者（受益者代理人に掲げる登記をしたときは、当該受益者代理人が代理する受益者に限る）のその氏名または名称および住所を登記することを要しない（不動産登記法97条2項）。もっとも、受益者が現に存在し、その氏名等を特定することができるときは、それらの各号に定められた事項を登記するとともに、受益者の氏名等をあわせて登記して差し支えない（平成19・9・28民二第2048号民事局長通達）。本事例では、卓也が受益者代理人であるため、受益者である

141

鶴代を信託目録に記録する必要はない。しかし、受益者の氏名を記録しない場合、後日、受益者が登記申請人となる登記申請を行う必要性が生じた場合等に、登記上どのように取り扱われるのかは明確になっていないため、受益者代理人の住所氏名と受益者の住所氏名を併記した。

　委託者から受託者に対しする所有権移転登記および信託の登記を同時に申請する際の信託目録に記録すべき情報は【書式2—3】のとおりである。

　なお、以下に示す信託目録に記録すべき情報は、信託契約の内容をできるだけ忠実に記録したものである。ただし、本契約は遺言代用信託であることから、実質的に遺言の内容を公示するに等しいことになる。しかし、それを当事者が望まない場合には、表示をしない配慮が求められよう（本章Ⅰ5⑷および【書式1—5】参照）。

【書式2—3】　信託目録に記録すべき情報

信託目録に記録すべき情報

委　託　者　　〇〇県〇〇市〇〇町〇〇丁目〇〇番〇〇号
　　　　　　　　梨　田　鶴　代

受　託　者　　〇〇県〇〇市〇〇町〇〇丁目〇〇番〇〇号
　　　　　　　　梨　田　愛　子

受　益　者　　〇〇県〇〇市〇〇町〇〇丁目〇〇番〇〇号
　　　　　　　　梨　田　鶴　代

受益者代理人　〇〇県〇〇市〇〇町〇〇丁目〇〇番〇〇号
　　　　　　　　梨　田　卓　也

信託条項
一　信託の目的
　　財産の管理・運用・処分

二　信託財産の管理・運用及び処分の方法
　1　信託不動産の維持・保全・修繕又は改良は、受託者が適当と認める方法、時期及び範囲において、自らの裁量で行う。
　2　受託者は、信託不動産の管理事務の一部については、受託者が相当と認める第三者（以下「管理受託者」という。）に委託することができる。
　3　受託者は、信託不動産の管理事務を遂行するために必要があるときは、信託不動産の一部を無償で使用することができる。また、前号により受託者が選任した管理受託者に、信託不動産の一部を無償にて使用させることができる。
　4　受託者は、受益者代理人の書面による承諾を得たときは、信託不動産を譲渡し、取り壊し、新たな信託不動産を取得又は建築することができる。
　5　受託者は、受益者代理人の書面による承諾を得たときは、信託不動産につき、受益者、又は受託者その他の第三者を債務者とする、抵当権、根抵当権、質権、譲渡担保その他の担保に供することができる。

三　その他の信託の条項
　1　受託者は、本契約の締結と同時に、信託不動産に関する既存賃貸借契約における賃貸人としての地位及びすべての権利義務を、委託者から承継する。
　2　受益者は、受託者の同意なく、その受益権の分割、放棄、譲渡又は質入れその他の担保設定を行うことができない。
　3　本信託の内容を変更するためには、受託者及び受益者代理人の同意を要する。
　4　本信託契約に関し、受益証券は発行しないものとする。
　5　本信託の受託者は、受益者代理人の書面による同意があれば辞任をすることができる。
　6　本信託の受託者に、本契約に反するような行為や、信託の目的に著しく反するような行為があった場合、若しくは心身の故障により受託者の事務を遂行できないと認められる場合には、受益者代理人の意思表示によって、受託者を解任することができる。
　7　梨田愛子の受託者の任務が終了した場合において、新受託者の選任の必要があるときは、梨田一郎（○○県○○市○○町○○丁目○○番○○号）が受託者となる。
　8　受託者の任務が終了した場合における新受託者となるべき者の選任（前

項の規定により新受託者として梨田一郎が就任した場合を除く）については、受益者代理人が単独で行うことができる。
9　梨田卓也の受益者代理人としての任務が終了する場合には、後任の受益者代理人として、梨田愛子の長女である梨田恵（○○県○○市○○町○○丁目○○番○○号）が就任する。
10　梨田鶴代が死亡したときは、梨田愛子が単独で受益権を取得する。仮に梨田愛子が梨田鶴代より先に死亡していた場合には、梨田恵が受益権を取得する。
11　本信託の終了時の残余財産は、信託終了時の受益者に帰属する。
12　委託者は、いつでも、遺言又は公証人の認証を受けた書面による意思表示によって、残余財産の帰属権利者を指定し、又は変更することができる。この場合、前条の規定は、当該指定又は変更に抵触する限度で、その効力を失う。
13　信託の終了にあたり、受託者は、残余財産のすべてを、これに関する一切の債権債務関係とともに、帰属権利者に引き渡すものとする。
四　信託の終了の事由
1　梨田愛子が死亡した後に、受益者が受託者に対して信託終了の意思表示をしたとき（受託者と受益者が同一人物であるときは、信託終了の決定をしたとき）
2　信託財産が消滅したとき
3　受託者及び受益者代理人が合意したとき
4　その他信託法に定める事由が生じたとき

(5)　登記事項証明書

委託者から受託者に対する所有権移転登記および信託の登記を同時に申請した際の登記事項証明書は【書式2−4】のとおりである。

【書式2－4】 登記事項証明書

登記事項証明書

権利部（甲区）（所有権に関する事項）			
順位番号	登記の目的	受付年月日・受付番号	権利者その他の事項
1	所有権移転	平成○○年○○月○○日 第○○○○○号	原因　平成○○年○○月○○日売買 所有者　○○県○○市○○町○○丁目○○番○○号 　　　　梨田鶴代
2	所有権移転	平成○○年○○月○○日 第○○○○○号	原因　平成○○年○○月○○日信託 受託者　○○県○○市○○町○○丁目○○番○○号 　　　　梨田愛子
		信託	信託目録第1号

信託目録		調　製	余　白
番　号	受付年月日・受付番号	予　備	
第1号	平成○○年○○月○○日 第○○○○○号	余　白	
1	委託者に関する事項	○○県○○市○○町○○丁目○○番○○号 梨田鶴代	
2	受託者に関する事項	○○県○○市○○町○○丁目○○番○○号 梨田愛子	
3	受益者に関する事項等	受益者 ○○県○○市○○町○○丁目○○番○○号 梨田鶴代 受益者代理人 ○○県○○市○○町○○丁目○○番○○号 梨田卓也	
4	信託条項	一　信託の目的 　　財産の管理・運用・処分 二　信託財産の管理・運用及び処分の方法 　　1　信託不動産の維持・保全・修繕又は改良は、受託者が適当と認める方法、時期及び範囲において、自らの裁量で行う。 　　2　受託者は、信託不動産の管理事務の一部については、受託者が相当と認める第三者（以下「管理受託者」という。）に委託することができる。 　　3　受託者は、信託不動産の管理事務を遂行するために必要があるときは、信託不動産の一部を無償で使用することができる。また、前号により受託者が選任した管理受託者に、信託不動産の一部を無償にて使用させることができる。 　　4　受託者は、受益者代理人の書面による承諾を得たときは、信託不動産を譲渡し、取り壊し、新たな信託不動産を取得又	

は建築することができる。
　　5　受託者は、受益者代理人の書面による承諾を得たときは、信託不動産につき、受益者、又は受託者その他の第三者を債務者とする、抵当権、根抵当権、質権、譲渡担保その他の担保に供することができる。
　三　その他の信託の条項
　　1　受託者は、本契約の締結と同時に、信託不動産に関する既存賃貸借契約における賃貸人としての地位及びすべての権利義務を、委託者から承継する。
　　2　受益者は、受託者の同意なく、その受益権の分割、放棄、譲渡又は質入れその他の担保設定を行うことができない。
　　3　本信託の内容を変更するためには、受託者及び受益者代理人の同意を要する。
　　4　本信託契約に関し、受益証券は発行しないものとする。
　　5　本信託の受託者は、受益者代理人の書面による同意があれば辞任をすることができる。
　　6　本信託の受託者に、本契約に反するような行為や、信託の目的に著しく反するような行為があった場合、若しくは心身の故障により受託者の事務を遂行できないと認められる場合には、受益者代理人の意思表示によって、受託者を解任することができる。
　　7　梨田愛子の受託者の任務が終了した場合において、新受託者の選任の必要があるときは、梨田一郎（○○県○○市○○町○○丁目○○番○○号）が受託者となる。
　　8　受託者の任務が終了した場合における新受託者となるべき者の選任（前項の規定により新受託者として梨田一郎が就任した場合を除く）については、受益者代理人が単独で行うことができる。
　　9　梨田卓也の受益者代理人としての任務が終了する場合には、後任の受益者代理人として、梨田愛子の長女である梨田恵（○○県○○市○○町○○丁目○○番○○号）が就任する。
　　10　梨田鶴代が死亡したときは、梨田愛子が単独で受益権を取得する。仮に梨田愛子が梨田鶴代より先に死亡していた場合には、梨田恵が受益権を取得する。
　　11　本信託の終了時の残余財産は、信託終了時の受益者に帰属する。
　　12　委託者は、いつでも、遺言又は公証人の認証を受けた書面による意思表示によって、残余財産の帰属権利者を指定し、又は変更することができる。この場合、前条の規定は、当該指定又は変更に抵触する限度で、その効力を失う。
　　13　信託の終了にあたり、受託者は、残余財産のすべてを、これに関する一切の債権債務関係とともに、帰属権利者に引き渡すものとする。
　五　信託の終了の事由
　　1　梨田愛子が死亡した後に、受益者が受託者に対して信託終了の意思表示をしたとき（受託者と受益者が同一人物であるときは、信託終了の決定をしたとき）
　　2　信託財産が消滅したとき
　　3　受託者及び受益者代理人が合意したとき
　　4　その他信託法に定める事由が生じたとき

(6) 代理権限証明情報(委任状)

　委託者から受託者に対する所有権移転登記および信託の登記を同時に申請する際の代理権限証明情報(委任状)は【書式2―5】のとおりである。

【書式2―5】　委任状

委　任　状

〇〇県〇〇市〇〇町〇〇丁目〇〇番〇〇号
司法書士　〇　〇　〇　〇

私は、上記の者を代理人と定め、下記の権限を委任する。

1　下記の登記申請に関する一切の件

登記の目的	所有権移転及び信託
登記の原因	平成〇〇年〇〇月〇〇日信託
権　利　者	〇〇県〇〇市〇〇町〇〇丁目〇〇番〇〇号
	梨　田　愛　子
義　務　者	〇〇県〇〇市〇〇町〇〇丁目〇〇番〇〇号
	梨　田　鶴　代
不動産の表示（略）	

1　登記識別情報受領に関する一切の件
1　復代理人選任に関する一切の件
1　原本還付請求受領に関する一切の件
1　登記申請の取下及び登録免許税の現金還付又は再使用証明申出の請求受領に関する一切の件
1　登記識別情報の暗号化及び復号化に関する件
1　登録免許税の還付金の受領に関する一切の件

平成〇〇年〇〇月〇〇日

委任者	住　所	○○県○○市○○町○○丁目○○番○○号
	氏　名	○　○　○　○　㊞

(7) 税務上の留意点（信託設定時）

　本事例は、委託者と受益者が同一人物のケースである。このような信託を自益信託と呼ぶが、この場合には、信託設定時には所得税と贈与税は課税されない。なぜならば、税務上は受益者が信託財産を保有しているものとみなすので、委託者と受益者が同一人物である場合には、財産の移転がないものとして扱われるからである。一方、委託者と受益者が別の人物である信託を他益信託と呼び、この場合には、受益者が相当な対価を負担しない限り、贈与税が課税されることになる。

　信託を設定すると、不動産の所有権が受託者に移転する。不動産を取得した場合は、原則として不動産取得税が課税されるが、委託者から受託者に信託によって財産を移す場合には非課税とされている（地方税法73条の7第3項）。

　なお、信託行為に関する契約書には、200円の印紙を貼付する義務がある。ただし、自己信託の場合は、この印紙は不要である。

　本事例は自益信託に該当するケースであるため、実行の際に必要な税務コストは、登記の際に納付する登録免許税と、契約書に貼付する印紙代のみである。

6　信託期間中の実務と留意点

(1) 主な実務

㋐ 管　理

　信託の開始に伴い、所有者が受託者に変わる。賃貸人が交代になることから、家賃の振込口座等の変更の通知を各賃借人に行う必要がある。また、不動産管理会社に管理を任せている場合は、不動産管理会社に賃貸人が交代した旨を伝えることとなる。火災保険についても、変更の手続をとることが必

要である。信託継続期間中は、受託者が賃貸人となるため、新規の賃貸借契約の締結および解除、建物の修繕、賃料不払いへの督促、建物明渡請求訴訟の提起等は、すべて受託者が行うこととなる。

また、本事例における不動産管理処分信託契約では、受益者代理人の承諾があれば不動産の売却等の処分行為も行うことができるように定めているため、委託者兼受益者の鶴代が認知症になったとしても、不動産の管理・処分が妨げられることはない。

　(イ)　税　　務

民事信託においては、信託財産の所有権は受託者に属する。しかし、信託財産に関する収益および損失は、受益者に発生したものとして扱われる（所得税法13条1項）。したがって、不動産所得を得た場合の確定申告は受益者が行うこととなる。

注意しなくてはならないことは、不動産所得の損益通算ができないことである。通常、賃貸アパートの大修繕等で損失が生じた場合は、次年度以降の所得と損益通算することができる。また、他に不動産所得がある場合は、その所得とも損益通算することができる。しかし、受益者等課税信託においては、不動産所得で損失が生じた場合、その損失はなかったものとみなす（租税特別措置法41条の4の2第1項）。したがって、当該信託以外の所得と損益通算することはできないし、次年度以降の黒字と損益通算することもできない。

(2)　**信託財産（金銭）を用いた不動産の購入等と登記申請**

　(ア)　概　　要

本事例においては、受託者は受益者代理人の承諾があるときは、信託財産に属する金銭または金融機関から借り入れた金銭を用いて不動産の購入や建物の新築をすることができる。不動産管理処分信託契約を締結して半年ほど後、この規定に従い、受託者である愛子が、受益者代理人である卓也の承諾を得て、売主Aから不動産の購入をしたというケースを考えてみよう。

信託財産に属する金銭を用いて不動産を購入する場合、購入した不動産は

当然に信託財産に属する財産となる（信託法16条1号）。したがって、売買を原因として売主から買主に所有権を移転する登記と、信託財産に属する金銭を処分したことによる信託の登記を申請する。

なお、所有権移転の登記は、売主を登記義務者、買主である受託者を登記権利者とする共同申請である。信託の登記に関しては、売主は当事者とはなり得ず、受託者の単独申請となる。

　　(イ)　必要書類等

売買を原因とする所有権移転登記および信託財産に属する金銭を処分したことによる信託の登記を同時に申請するにあたっては、次の①～⑧の書類を用意する必要がある。

①　登記申請書（後記(ウ)および【書式2―6】参照）
②　信託目録に記録すべき情報
③　登記原因証明情報（後記(エ)および【書式2―7】参照）
④　受益者代理人の承諾書（後記(オ)および【書式2―8】参照）
⑤　登記識別情報
⑥　印鑑証明書（義務者の印鑑証明書）
⑦　住所証明情報（権利者の住民票の写し）
⑧　代理権限証明情報（代理人によって申請する場合には、当事者からの委任状が必要である）

　　(ウ)　登記申請書

売買を原因とする所有権移転登記および信託財産に属する金銭を処分したことによる信託の登記を同時に申請する際の登記申請書は【書式2―6】のとおりである。また、書類の作成上の留意点については、「※」を付しているので参考にされたい。

【書式2−6】 登記申請書（不動産購入時）

登記申請書

登記の目的　　所有権移転及び信託財産の処分による信託（※1）

原　　　因　　平成○○年○○月○○日売買

権　利　者　　○○県○○市○○町○○丁目○○番○○号（※2）
　　　　　　　（信託登記申請人）　梨　田　愛　子

義　務　者　　○○県○○市○○町○○丁目○○番○○号
　　　　　　　売主A

添付書面
　　登記原因証明情報（※3）　登記識別情報　印鑑証明書
　　住所証明情報　代理権限情報　信託目録に記録すべき情報（※4）
　　第三者の同意を証する情報（※5）

登記識別情報の通知について
　　登記所での交付を希望する。

平成○○年○○月○○日申請　○○地方法務局　御中

課税価格　金○○○,○○○円

登録免許税　金○○○,○○○円
　　移転分　金○○○,○○○円（※6）
　　信託分　金○○○,○○○円（※7）

不動産の表示（略）

※1　信託財産に属する金銭を処分したことにより不動産を取得したのであるか

ら、所有権移転の登記と、信託財産の処分による信託の登記を一の申請情報によって行う。原因は売買である。
※2　買主である受託者が権利者、売主が義務者となる。また、信託の登記は受託者による単独申請であるため、(信託登記申請人)とかっこ書で記載する。
※3　報告形式の登記原因証明情報を添付する。
※4　信託目録に記録すべき情報は、オンラインで登記申請をする場合には、法務省オンラインシステム上で作成し、添付することができる。信託目録に記録すべき情報を書面にて添付する場合は、実務上は、信託目録に記録すべき情報を記録した磁気ディスクをあわせて添付する。
※5　不動産の購入には受益者代理人の承諾を要するという旨の特約(【書式2―1】第14条)があるため、第三者の同意を証する情報として、受益者代理人の同意書および印鑑証明書を添付する。
※6　所有権移転の登記の登録免許税は、通常の売買の場合と変わるところはなく、固定資産税評価額の1000分の20の額である。ただし、土地については、平成29年3月31日までは1000分の15の額に軽減されている(租税特別措置法72条1項)。
※7　信託の登記は不動産の価格の1000分の4の額である。ただし、土地については、平成29年3月31日までは1000分の3の額に軽減されている(租税特別措置法72条1項)。

　　(エ)　登記原因証明情報(報告形式の場合)

　売買を原因とする所有権移転登記および信託財産に属する金銭を処分したことによる信託の登記を同時に申請する際の登記原因証明情報は【書式2―7】のとおりである(信託目録に記録すべき情報も合綴するが、ここでは省略する)。

　登記原因証明情報には、①売買契約当事者、②対象不動産、③売買契約の年月日、④信託目録に記録すべき情報、⑤信託契約締結の事実、⑥売買契約締結の事実、⑦売買契約に基づいて所有権が移転したことという事項を記載する必要がある。

　また、本事例では、⑧受益者代理人の同意が必要である旨の特約が存在する事実、⑨受益者代理人の書面による同意を得たことも記載する。

【書式2―7】 登記原因証明情報

登記原因証明情報

1　登記申請情報の要項
　(1)　登記の目的　　所有権移転及び信託財産の処分による信託
　(2)　登記の原因　　平成〇〇年〇〇月〇〇日売買
　(3)　当事者　　　　権利者　　〇〇県〇〇市〇〇町〇〇丁目〇〇番〇〇号
　　　　　　　　　　　　　　　　（信託登記申請人）梨　田　愛　子
　　　　　　　　　　義務者　　〇〇県〇〇市〇〇町〇〇丁目〇〇番〇〇号
　　　　　　　　　　　　　　　A
　(4)　不動産の表示　後記のとおり
　(5)　信託目録に記録すべき情報　　別紙信託目録に記録すべき情報（略）のとおり

2　登記の原因となる事実又は法律行為
　(1)　信託契約の締結
　　　　受託者梨田愛子（以下「甲」という。）と、委託者梨田鶴代（以下「乙」という。）は、平成〇〇年〇〇月〇〇日、受益者を乙とする金銭の管理運用処分を目的とする金銭信託契約を締結した。
　　　　当該信託契約には、受益者代理人である梨田卓也（〇〇県〇〇市〇〇町〇〇丁目〇〇番〇〇号）（以下「丙」という。）の書面による同意を得て、金銭を処分して不動産を購入することができ、これにより取得した当該不動産は信託財産に属する財産とする旨の条項がある。
　(2)　売買契約
　　　　甲は、上記信託契約に基づき、平成〇〇年〇〇月〇〇日、A（以下「丁」という。）と本件不動産の売買契約（以下、「本件売買契約」という。）を締結した。なお、本件売買契約には、売買代金の完済時に所有権が移転する旨の特約があった。
　(3)　受益者代理人の承諾
　　　　丙は、平成〇〇年〇〇月〇〇日、甲に対し、本件売買契約について、書面により承諾の意思表示をした。
　(4)　代金の支払

　　　　　甲は、丁に対し、平成〇〇年〇〇月〇〇日、本件売買契約の売買代金の全額を信託財産に属する金銭で支払い、丁はこれを受領した。
　(5) 所有権の移転
　　　　　よって、本件不動産の所有権は、同日、丁から甲に移転し、同時に本件不動産は信託財産に属する財産となった。

平成〇〇年〇〇月〇〇日　〇〇地方法務局　御中

　上記の登記原因のとおり相違ありません。

(権利者・信託登記申請人)
　　〇〇県〇〇市〇〇町〇〇丁目〇〇番〇〇号
　　　梨　田　愛　子　㊞

(義務者)
　　〇〇県〇〇市〇〇町〇〇丁目〇〇番〇〇号
　　　A　　　　　　㊞

不動産の表示（略）

　　㈹　受益者代理人の承諾書
　売買を原因とする所有権移転登記および信託財産に属する金銭を処分したことによる信託の登記を同時に申請する際の受益者代理人の承諾書は【書式2―8】のとおりである。

【書式2―8】　受益者代理人の承諾書

　　　　　　　　　承　諾　書

　　委託者　　〇〇県〇〇市〇〇町〇〇丁目〇〇番〇〇号　　梨　田　鶴　代

```
受託者　　〇〇県〇〇市〇〇町〇〇丁目〇〇番〇〇号　　梨　田　愛　子
受益者　　〇〇県〇〇市〇〇町〇〇丁目〇〇番〇〇号　　梨　田　鶴　代


　私は、上記当事者による平成〇〇年〇〇月〇〇日付信託契約に関し、受益者
梨田鶴代の受益者代理人として、下記の事項について承諾いたします。

記
　末尾記載の不動産について、信託財産に属する金銭を用いてＡ（〇〇県〇
〇市〇〇町〇〇丁目〇〇番〇〇号）より購入し、信託財産に属する財産とする
こと。

平成〇〇年〇〇月〇〇日

受益者梨田鶴代　受益者代理人

　　〇〇県〇〇市〇〇町〇〇丁目〇〇番〇〇号
　　　梨　田　卓　也　㊞

不動産の表示（略）
```

(3) 信託財産（不動産）の売却と登記申請

(ア) 概　要

　本事例においては、受託者は受益者代理人の承諾があるときは、信託財産に属する不動産を売却することができる。契約締結後、この特約条項に基づき、信託財産である不動産をＢに売却するという事例を考えてみる。信託財産に属する不動産を売却すると、不動産が信託財産から離脱すると同時に、売却代金が信託財産に属する財産となる。したがって、売買による所有権移転の登記と、信託財産の処分による信託の抹消の登記が必要である。所有権

の移転の登記と信託の抹消の登記は、同時に（一の申請情報で）申請をする。

　また、受益者代理人の承諾書は、第三者の同意を証する情報となる。したがって、受益者代理人の承諾書とともに、受益者代理人の印鑑証明書を添付する。

　　(イ)　必要書類等

　売買を原因とする所有権移転登記および信託財産の処分による信託登記の抹消を同時に申請するにあたっては、次の①～⑦の書類を用意する必要がある。

①　登記申請書（後記(ウ)および【書式2―9】参照）
②　登記原因証明情報（後記(エ)および【書式2―10】参照）
③　受益者代理人の承諾書（後記(オ)および【書式2―11】参照）
④　住所証明情報（買主の住民票の写し）
⑤　登記識別情報
⑥　印鑑証明書（登記義務者の印鑑証明書）
⑦　代理権限情報（代理人によって申請する場合は、当事者からの委任状が必要である）

　　(ウ)　登記申請書

　売買を原因とする所有権移転登記および信託財産に属する不動産を処分したことによる信託登記の抹消を同時に申請する際の登記申請書は【書式2―9】のとおりである。また、書類の作成上の留意点については、「※」を付しているので参考にされたい。

【書式2―9】　登記申請書（不動産売却時）

登記申請書	
登記の目的	所有権移転及び信託登記の抹消
原　　因	所有権移転　平成〇〇年〇〇月〇〇日売買（※1）

```
            信託登記の抹消  信託財産の処分

  権 利 者    ○○県○○市○○町○○丁目○○番○○号（※2）
              B
  義 務 者    ○○県○○市○○町○○丁目○○番○○号（※2）
              梨 田 愛 子

添付書面
   登記原因証明情報  登記識別情報  印鑑証明書
   住所証明書  代理権限証明情報  第三者の承諾を証する情報

登記識別情報の通知について
   登記所での交付を希望する。

平成○○年○○月○○日申請   ○○地方法務局  御中

代理人      ○○市○○町○○丁目○○番○○号
              司法書士  G              ㊞
              電話先  00-0000-0000

課税価格  金○○○,○○○（※3）

登録免許税  金○○○,○○○円
   移転分  金○○○,○○○円
   抹消分  金○○○,○○○円

不動産及び信託目録の表示（略）
```

※1　所有権移転登記の原因は売買であり、信託登記抹消の原因については、信託財産に属する不動産を処分したことが原因であることから、「信託財産の処分」となる。

※2　登記権利者は買主であり、登記義務者は、売主である受託者である。

※3 課税価格としては、固定資産評価額を記載する。登録免許税は、所有権移転分については1000分の20である。ただし、土地については、平成29年3月31日までは1000分の15である。信託の登記の抹消の登録免許税は、不動産1個につき1000円である。

(エ) 登記原因証明情報

売買を原因とする所有権移転登記および信託財産に属する不動産を処分したことによる信託登記の抹消を同時に申請する際の登記原因証明情報は【書式2―10】のとおりである。

登記原因証明情報には、①売買契約当事者、②対象不動産、③売買契約の年月日、④信託契約締結の事実、⑤売買契約締結の事実、⑥売買契約に基づき所有権が移転し、信託が終了したことを記載する。

また、本事例では、⑦受益者代理人の書面による承諾が必要である特約、⑧受益者代理人の書面による承諾を得たことも記載する。

【書式2―10】 登記原因証明情報

登記原因証明情報

1 登記申請情報の要項
 (1) 登記の目的　　所有権移転及び信託登記の抹消
 (2) 登記の原因　　所有権移転　平成○○年○○月○○日売買
 　　　　　　　　　信託登記の抹消　信託財産の処分
 (3) 当事者　　　　権利者　○○県○○市○○町○○丁目○○番○○号
 　　　　　　　　　　　　　　　　B
 　　　　　　　　　義務者　○○県○○市○○町○○丁目○○番○○号
 　　　　　　　　　　　　　　　梨　田　愛　子
 (4) 不動産及び信託目録の表示　　後記のとおり

2 登記の原因となる事実又は法律行為
 (1) 信託契約の締結

受託者梨田愛子（以下「甲」という。）と、委託者梨田鶴代（以下「乙」という。）は、平成〇〇年〇〇月〇〇日、受益者を乙とする金銭及び不動産の管理運用処分を目的とする信託契約を締結し、本件不動産を信託した。
　　　当該信託契約には、受益者代理人である梨田卓也（〇〇県〇〇市〇〇町〇〇丁目〇〇番〇〇号、以下「丙」という。）の書面による同意を得て、不動産を売却することができ、これにより取得した金銭は信託財産に属する財産とする旨の条項がある。
(2)　売買契約
　　　甲は、上記信託契約に基づき、平成〇〇年〇〇月〇〇日、B（以下「丁」という。）と本件不動産の売買契約を締結した（以下「本件売買契約」という。）。なお、本件売買契約には、売買代金の完済の時に所有権が移転する旨の特約があった。
(3)　受益者代理人の同意
　　　丙は、平成〇〇年〇〇月〇〇日、甲に対し、本件売買契約について、書面により同意の意思表示をした。
(4)　代金の支払
　　　丁は、甲に対し、平成〇〇年〇〇月〇〇日、本件売買契約の売買代金の全額を支払い、甲はこれを受領した。
(5)　所有権の移転
　　　よって、本件不動産の所有権は、同日、甲から丁に移転し、同時に本件不動産の信託は終了した。

平成〇〇年〇〇月〇〇日　〇〇地方法務局　御中

　上記の登記原因のとおり相違ありません。

（権利者）
　〇〇県〇〇市〇〇町〇〇丁目〇〇番〇〇号
　　B　　　　　　㊞

（義務者）
　〇〇県〇〇市〇〇町〇〇丁目〇〇番〇〇号
　　梨　田　愛　子　㊞

```
不動産の表示（略）

（平成○○年信託目録第○○号）
```

(オ) 受益者代理人の承諾書

　売買を原因とする所有権移転登記および信託財産に属する不動産を処分したことによる信託登記の抹消を同時に申請する際の受益者代理人の承諾書は【書式2―11】のとおりである。

【書式2―11】　受益者代理人の承諾書

```
　　　　　　　　　　　　　承　諾　書

　　委託者　○○県○○市○○町○○丁目○○番○○号　　梨　田　鶴　代
　　受託者　○○県○○市○○町○○丁目○○番○○号　　梨　田　愛　子
　　受益者　○○県○○市○○町○○丁目○○番○○号　　梨　田　鶴　代


　私は、上記当事者による平成○○年○○月○○日付信託契約に関し、受益者梨田鶴代の受益者代理人として、下記の事項について承諾いたします。

　　　　　　　　　　　　　　記
　信託財産に属する末尾記載の不動産について、下記の者に売却すること。


買主　○○県○○市○○町○○丁目○○番○○号
　　　　B


平成○○年○○月○○日
```

```
受益者梨田鶴代　受益者代理人

　　○○県○○市○○町○○丁目○○番○○号
　　　梨　田　卓　也　㊞

不動産の表示（略）
```

　(カ)　税務上の留意点（不動産売却時）

　通常、不動産の売却時には、売主に譲渡所得税が課税される。信託財産に属する財産を売却した場合は、受益者が譲渡益を得たものとして、譲渡所得税の申告を行う。売却した不動産が受益者の居住用財産であった場合は、マイホームの売却に関する3000万円の控除を利用することが可能である。

(4)　信託期間中の専門職の関与のあり方

　専門職が信託監督人または受益者代理人に就任しているようなケースでは、信託期間中、専門職が善管注意義務を負っていることから、数カ月に1回以上は、受託者と面談し、預貯金通帳を見るなどの方法によって、受託者が適正な信託事務を行っているのかどうかを監督する必要がある。

　専門職が信託監督人や受益者代理人に就任しない場合であっても、不動産の維持・管理に関すること、売却に関することなど、信託事務の遂行上のさまざまな相談に応じることとなる。

7　信託終了後の実務と留意点

(1)　主な実務

　信託の終了事由が発生すると、信託の清算手続に入る。清算手続中は、受託者は清算受託者と呼ばれ、清算事務を行うことになる。具体的な清算事務の内容は、現務の結了、信託財産に属する債権の取立ておよび信託債権に係る債務の弁済、受益債権に係る債務の弁済および残余財産の給付である（信

託法177条)。

　清算受託者は、信託債権に係る債務の弁済や、受益債権に係る債務の弁済を終えた後でなければ、帰属権利者または残余財産受益者に残余財産を給付することができない（信託法181条)。しかし、この規定は任意規定であることから、関係者全員の合意があれば、これ以外の清算の手順もありうる。特に、信託財産中に賃貸不動産がある場合には、当該不動産に関する債権債務関係を含めて、すべて帰属権利者または残余財産受益者に給付する旨の定めをおくのが一般的である。

　また、清算受託者は、その職務を終了した時は、信託事務に関する最終の計算を行い、受益者および帰属権利者のすべての承認を求めなければならない。受益者および帰属権利者の承認があったときには、受託者の責任を免除したものとみなされる（信託法184条)。

(2)　税務上の留意点（信託終了後）

⑺　贈与税

　信託終了時に、受益者に残余財産が帰属する場合には、贈与税は非課税である。それに対し、残余財産が受益者以外の者に帰属し、それに対して相当な対価が支払われない場合には、贈与税が課税される。

⑷　相続税

　受益者の死亡を契機に信託が終了した場合、残余財産の帰属権利者には相続税が課税される。

⑸　不動産取得税

　信託の継続期間中、委託者兼受益者の自益信託の形が継続し、信託が終了したときに、残余財産が委託者兼受益者に帰属した場合には、実質的には不動産の移転がないものとして不動産取得税は課税されない。

　また、委託者兼受益者の自益信託の形で信託が開始し、受益者の死亡を契機として、その法定相続人が受益権を取得したうえで、その受益者に残余財産が帰属した場合には、実質的には不動産は相続によって承継されたものと同視できるため、不動産取得税は課されない。

そのほかの場合には、信託の終了時に不動産取得税が課税される。たとえば、他益信託の場合や、自益信託であっても委託者兼受益者（またはその相続人）以外の者に残余財産が帰属する場合、信託期間中に委託者兼受益者（またはその相続人）以外の者が受益者となった場合などである。

　(エ)　登録免許税

　信託の継続期間中、委託者兼受益者の自益信託の形が継続し、信託が終了したときに、残余財産が委託者兼受益者に帰属した場合には、実質的には不動産の移転がないものとして登録免許税は課税されない。

　また、委託者兼受益者の自益信託の形で信託が開始し、受益者の死亡を契機として、その法定相続人が受益権を取得したうえで、その受益者に残余財産が帰属した場合には、実質的には不動産は相続によって承継されたものと同視できるため、登録免許税は固定資産評価額の1000分の4となる。

　そのほかの場合には、信託の終了に伴う所有権の移転の登録免許税は1000分の20である。たとえば、他益信託の場合や、自益信託であっても委託者兼受益者（またはその相続人）以外の者に残余財産が帰属する場合、信託期間中に委託者兼受益者（またはその相続人）以外の者が受益者となった場合などである。

　上記のほか、信託登記の抹消の登録免許税として、不動産1個につき1000円が課税される。

▷谷口　毅

Ⅲ 事業承継における民事信託の活用

1 事業承継と自社株信託

(1) 事業承継の問題

「事業承継の問題は難しい。一人の司法書士や若手の弁護士がすべてを担える事柄ではない」という声を聞くことがある。しかし、そこはさまざまな資産承継にかかわる業務に携わっている専門職である。当然守備範囲をわきまえている。他の専門職とのネットワークを駆使して最良の解決方法を考え、クライアントに提供することに努めていることはいうまでもない。

(2) 事業承継のための信託

「事業承継のために信託を活用する」。このことは、最近、各種のセミナーや書籍等で広く取り上げられている。この信託のしくみを活用するのは、企業の経営者や経営の実権を掌握しているオーナー経営者、あるいは個人事業主およびその親族などの場合などかなり広範囲にわたっている。

この種の信託の目的は、まずは会社の株式の相続等による分散を防止して長期にわたる会社経営の安定を図ることが第一だが、これに限らない。最近では、後継者問題の解決にも信託が使われている。

これは、個人事業主の場合も同じで、事業の基盤になっている個人所有の不動産や重要な動産等が、確実に後継者に引き継がれ、継続して事業が安定して行われることを実現させるために信託が利用される。

しかし、企業における事業承継の要になるのは、やはり「株式」である。

ここでは、この株式を中心とする信託を活用した事業承継のしくみをわかりやすく、しかも筆者が特に耳にする事業承継の究極的な分野ともいえる、兄弟姉妹の力による多くの優良会社にも触れることとする。

2 事 例

(1) 事例の内容

地方で食品の製造販売を業とする会社を、兄 S_1（68歳）の社長、弟 S_2（66歳）の副社長のコンビで40年近く経営してきた。堅実経営で財務内容は非常によく、今後も自社株の相続税評価額は落ちそうにない。

会社の後継者として、S_1 の長男 B（35歳）が就くことに、S_2 に異存はない。なぜなら、S_2 には子がなく、5年前に再婚した後妻 X がいるだけだからである。

株式は、S_1 が60％、S_2 が40％を保有するが、① S_1 だけでなく、S_2 も、X には会社の株式は承継させたくない、② B は、まだ一人で経営を仕切るだけの力はもっておらず、S_1 か S_2 が、今しばらく経営権を維持しながら、将来的に B にバトンタッチしていきたいと考えている。

〔図12〕 当事者等の関係図

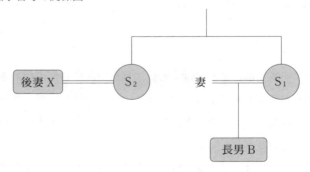

(2) 本事例における自社株信託の活用の考え方

(ア) 意 義

日本の中小企業の中で、長く生き抜き発展してきたという会社では、本事例のように兄弟姉妹がオーナーとして力を合わせて経営し、立派な会社をつくり上げてきたという例が、かなり多く存在するという。兄弟姉妹それぞれに子がいる場合が一般的であり、通常は最初にその中の誰を後継者にするか

という選定問題が起こるのである。

　この会社の後継者の決定後に、オーナーである兄弟姉妹が揃って共同遺言をしても、相互にその内容を拘束するということはできないが、ここに紹介する自社株信託を活用すると、契約として拘束し、オーナーである兄弟姉妹の思いを信託内容に盛り込むことができることが、その意義であると考えられる。

　　　(イ)　想定される主なケース
　そもそも事業承継において自社株信託を活用する主なケースとしては、
① 　今後、高収益が続く見込みから、後継者に自社株を今期中に生前贈与したいが、後継者相続人へ経営権が移るのは、まだ不安があるケース
② 　オーナー社長の資産のうち自社株が占める割合は相当高く、このほかに価値の高い資産がない場合で、後継者相続人と非後継者相続人との相続争いを避けたいと思っているケース
③ 　オーナー社長に子がおらず、オーナー社長自身の死後は妻に、その妻の死後は妻側の兄弟姉妹に自社株が行ってしまうことは避けたいと思っているケース

があげられるだろう。
　前記①のケースでは、議決権行使の指図権を留保する形の信託を活用することが考えられる。具体的には、委託者（オーナー社長）が、受託者に自社株の議決権を行使させず、委託者自らがそれを行使できるように指図権を留保しておくのである。
　前記②のケースでは、信託受益権という経済的価値を上手に分ける形の信託を活用することが考えられる。具体的には、委託者（オーナー社長）が後継者相続人と考えている者以外に、たとえば、すでに嫁いだ者（非後継者相続人）がいるような場合、指図権は後継者相続人に全部与え、受益権は非後継者相続人の遺留分を考慮した割合で分け与えるのである。
　前記③のケースでは、受益者を連続して定める形の信託を活用することが考えられる。具体的には、委託者（オーナー社長）の死後は妻を受益者とし、

その妻の死後の次順位の受益者をオーナー社長の甥や姪とするのである。

　　㈦　本事例における課題の解決

　以上の観点から、本事例においては、①事業承継がなされるまでの経営権の維持、②承継しない子や残された配偶者への配慮、③特定の者への事業承継が課題として考えられるところ、自社株信託を活用することで、現時点でBに経営を任せることに対するS_1、S_2の不安を払拭し、Xとの間の相続争いを回避するとともに、Bへの確実な事業承継を図ることができるのである。

　(3)　**本事例において活用する自社株信託のしくみ**

　本事例において活用する自社株信託のしくみの概要は、〔図13〕のとおりである。委託者はS_1、S_2、受託者は一般社団法人T、第1受益者はS_1、S_2、第2受益者はBとし、信託監督人は公認会計士Y、残余財産帰属権利者はBである。

〔図13〕　自社株信託のしくみ

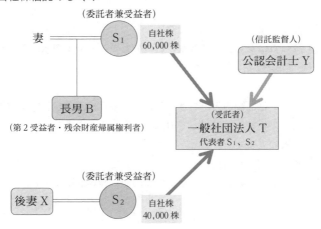

3　事前準備

　(1)　**委託者・受益者への信託提案書の作成**

　本事例では、前記1を踏まえて、たとえば、公認会計士等からS_1、S_2に

対して、事業承継対策（株式分散防止対策を兼ねる）として、信託の活用を提案することが考えられる。委託者・受益者となる S_1、S_2 への信託提案書（【書式３－１】参照）を紹介するので、参考にされたい。

【書式３－１】 委託者・受益者への信託提案書

平成〇〇年〇〇月〇〇日

株式会社〇〇〇〇
　S_1　社　長
　S_2　副社長　殿

Y 公認会計士事務所
公認会計士　Y

お二人の事業承継対策（＝株式分散防止策）

　相続税対策と同様に重要なテーマが、事業承継対策（＝株式分散防止対策）です。

　一人ひとりが公正証書遺言などで対応することも可能と考えますが、相互に確認し合わなければならないことや、いつでも単独で訂正や撤回ができてしまうことから、課題も多くあります。

　一方、信託は、信託契約書でお互いの気持を相互確認の意味で文書化することができ、将来の相続人等に対してお二人で意思表明できる意思伝達方法として優れた方法といえます。
　また、一般の信託会社に信託をお願いするのではなく、お二人で設立する一般社団法人に信託をお願いすることになるので、管理費用なども節約することができます。

　上記対策に関して、Y 公認会計士事務所と私人間の信託契約に精通した司法書士 Z にて対応してまいりたいと考えております。
　正式にご依頼いただければ、リーガルチェックをしながら、今後の手続を進めていきたいと存じます。

> ご検討のほどよろしくお願いいたします。
>
> 　　　　　　　　　　　　　　　　　　　　　　　　　　　　以上

(2) 資料・情報の収集

自社株信託契約書を起案するために必要な資料は、次の①〜⑤である。

① S_1、S_2 が経営する会社の商業・法人登記簿謄本
② S_1、S_2 が経営する会社の定款
③ S_1、S_2 が経営する会社の株主名簿
④ S_1、S_2 が経営する会社の最終の貸借対照表
⑤ S_1、S_2 の家族の戸籍謄本・住民票

また、自社株信託契約書を起案するために必要な情報は、次の①〜④である。

① S_1、S_2 の親族関係
② 信託の目的と信託を選んだ動機
③ 信託当事者（特に受託者）などの骨子が決まっていればその案
④ その他の要望事項や注意してほしい事項があればそれらの事項

顧問税理士などの専門職が加わっている場合は、前記の資料・情報は収集しやすいし、事前に、信託の目的や信託当事者などの骨子が、ある程度でき上がっているケースも多い。

しかし、その他の要望事項や注意してほしい事項を信託契約上どのように規定して反映していくかが、実務上は重要である点に留意しなければならない。

(3) 信託当事者への確認

前記(2)の資料・情報を収集・検討した後に、当事者に確認しておくべき注意点は、次の①〜③である。

① 財産（株式）の名義移転に対する委託者 S_1、S_2 の抵抗感の払拭に注意すること
② 高齢の信託当事者（特に委託者）の意思能力の有無の確認をとること

③　公平で合理的な受託者の選定に注意を払うこと

　前記①については、信託財産が不動産の場合には、登記名義の移転に対する抵抗感は特に強いケースが多いようだが、信託財産が自社株の場合でも、株券発行をしている本事例のような会社において、その株券が手元になくなることには、やはり抵抗を感じるオーナーが多い。したがって、株式名義はなくなっても実質的な所有である受益権に変わったにすぎないということを株主名簿の記載内容を見せながら丁寧に説明する必要がある。

　前記②については、契約能力の一般的な問題だが、信託の設定において委託者となる者が高齢である場合には、特に慎重な対応を要する。なぜなら、信託財産の処分時には委託者に意思能力がなくなっている状況も考えられるので、信託がはたして有効になされたのかが問われるケースも出てくるからである。そのための方策として、たとえば、公正証書で信託をすること、信託設定当時の委託者の診断書や直筆署名のある信託を誰に依頼したのかについての簡単な文書を別途作成しておくことも有用である。

　前記③については、民事信託では、誰を受託者にするかで、信託契約の内容、また実際の信託事務の良し悪しも大きく変わってしまうので、非常に重要な点である。そのため受託者を誰にするかという点で信託当事者がもめてしまい、契約に至らないケースも多いので注意を要する。

4　信託スキームの立案

(1)　信託スキーム立案時の留意点

(ア)　概　要

　信託契約書を起案する場合に、一般的に注意すべきポイントとしては、①信託の目的の明確化（管理・処分・承継のいずれを主とするか）、②信託の内容のシンプル化（特に受益権、指図権の内容）、③信託の終了事由と変更事由の区分け、④遺留分の考慮、⑤受託者となる者への何らかの利益の付与をあげることができる。

(A)　信託の目的の明確化

そもそも信託の目的は、契約の趣旨にあたるものであり、信託契約書はその信託の目的を基に起案されるし、後日、契約外の事項について協議する場合にも、その解釈の基準となるものである。また、信託の目的は、受託者が信託事務を行う場合の行為規範でもあるので、明確に規定しなければならない。

民事信託では、主たる信託の目的を財産の管理とし、それに加えて財産の処分まで任せる場合と、財産の処分を予定していない場合がある。実務では、特に財産の処分まで認める必要のないケースもあるので、信託の目的について管理・処分・承継のいずれを主とするかを明確にすることが肝要である。

本事例のような自社株信託においては、後継者への承継と、それまでの管理が主たる信託の目的になるといえよう。

(B) 信託の内容のシンプル化

民事信託では、信託当事者となる委託者・受託者が一般の者であったり、まして高齢者であったりする場合もあるので、信託の内容は、複雑なものにならないよう努めなければならない。

本事例のような自社株信託では、特に受益権と指図権の内容が複雑になりがちなので、注意しなければならない。

(C) 遺留分の考慮

信託といえども、民法の遺留分制度の適用を免れるわけではない。S_2の死亡時の遺留分権利者たる後妻Xの遺留分に留意することは、後日の争いを回避するためには当然である。

(D) 受託者への何らかの利益の付与

信託の設定によって受託者となる者には、たとえ親子や兄弟姉妹どうしであっても、適当な信託報酬か、その信託報酬が出せないならば、何らかの利益を付与しないと長続きしないおそれがある。

つまり、受託者となる者本人は、親や兄弟姉妹の財産を管理・処分・承継するのだからという理由で、無償で受託してもよいと考えていても、受託者となる者の配偶者や子どもたちはそう思わないかもしれない。それが遠因と

なって、後に受託者の辞任問題になるケースもみられる。

したがって、受託者となる者の信託報酬を有償としないのであれば、たとえば、帰属権利者の中に受託者となる者の配偶者を加えたり、受託者となる者の帰属割合を他の者より少し余分に与えたりして、何らかのインセンティブを与えることが、民事信託を継続するうえで重要なポイントといえる。

(イ)　公正証書の検討

自社株信託契約は、必ず公正証書とすべきということではないが、本事例は、S_1、S_2の共同遺言に代わるものとして信託を考えていた経緯、S_2の後妻Xがこの信託行為に対して遺留分を主張することが確実と思われたことから、公正証書として自社株信託契約を締結することにした。

一般的に公正証書とするほうがよいと考えられるケースは、財産の承継をさせたくない推定相続人が遺留分を主張すること、委託者となる者が高齢である場合などに信託契約自体の有効性が争われることが予想されるなど、法的な争いを起こすと思われる関係者が存在する場合といえよう。

また、信託口の口座を銀行等の金融機関で開設する場合や、上場株式が信託財産であり、証券会社で名義変更手続をする場合などは、公正証書とするほうが手続を進めやすいといえる。

(ウ)　受託者の選定——法人・個人どちらにすべきか

受託者が法人の場合、一般社団法人であっても、既存の管理会社たる株式会社であっても、指図権を委託者に留保して信託をしている限り、受託者たる法人は、単なる［導管＝ビークル］にすぎないので、新しく法人をつくらず既存の資産管理会社を受託者にしてもよいと考えられる。ただし、今までに相続対策を行ってきた既存の資産管理会社に民事信託の受託者たる地位を加えるのではなく、その固有財産の分別管理上の問題から、新たに法人を設立して受託者とする場合もある。

なお、株式会社ではなく一般社団法人にするのは、一般社団法人の事業目的は、営利・非営利を問わず民事信託に適していること、社員権が観念されず、相続による承継入社もない点で煩雑でないことが理由としてあげられる。

したがって、本事例では、S_1、S_2 を代表とする一般社団法人 T を受託者とする。

一般論として、受託者を法人・個人のどちらにすべきかという問題については、本事例のような自社株の承継や、不動産管理処分信託などの長期に及ぶことが予想される信託では、受託者が法人のほうが個人よりは法的安定性があってよいといえる。しかし、個人でも、第 2 受託者の個人まで確保できる場合（たとえば、親の老後の生活の扶養を目的にした信託で、長男に次いで次男が受託者になれるような場合）には、あえて費用をかけてまで受託者を法人にする必要もないので、事案に即して判断していくべき問題と考える。

(エ) 信託財産に事業用資産を加えるべきか否か

自社株信託による事業承継について、信託財産を自社株式のみとすることで足りるのかを検討すべきである。経営に不可欠である事業用資産（工場やその敷地、特許権・実用新案権など）をオーナー個人が所有する場合には、それらも自社株といっしょに信託財産とすべきと考える。

もちろん、遺留分の問題がより発生すること、信託の内容が複雑になることは避けなければならない。このことは、信託財産の管理上の採算面やマンパワーからみて、既存の信託銀行等が行う商事信託では対処できない範疇の信託として、また、実際、自社株と事業用資産をともに信託財産とすることが必要な事例が、現実に存在するというニーズ面から考えても、民事信託の存在意義を高めるものになると考える。

(オ) 民事信託での限定責任信託の採用の要否

自社株信託の場合には、信託財産を自社株のみとし、信託の目的が管理に限定されるものが多いので、その自社株の管理自体から、大きな信託債務を受託者が負うことはないといえる。しかし、信託財産に工場や敷地の不動産などの事業用資産も含む場合ならば（前記(エ)参照）、受託者が予想外の債務を負う可能性が出てくるので、限定責任信託制度（信託法216条〜221条）の採用を検討する余地が出てくる。

限定責任信託制度とは、受託者に就任してもらいやすくするために新設さ

れた制度ではあるが、契約締結直後から貸借対照表を作成し、限定責任信託の登記をしなくてはならず、その後も取引相手には個別に限定責任信託たる旨を明示して取引をしなければ免責されないなど受託者負担が大きい。信託法では、責任財産限定特約（同法21条2項4号）の定めがあるが、特約をしてほしい者ほど特約をせずに免責されないというケースが少なくなく、この課題を解消するために、平成18年法律第108号による同法の改正により、限定責任信託制度が設けられたが、もしこのような特約をしてほしい者に限定責任信託である旨を各別に明示したなら早晩取引を拒否されるであろうから、限定責任信託にする意味がないともいえる。

したがって、限定責任信託の採用は、専門職が信託監督人等に就くなど、受託者負担を軽減できる場合に限定的にとらえるべきであって、現状は信託債権者との個別の責任財産限定特約の合意を検討すべきと考える。

　　㈹　受託者と任意後見人の兼任

信託監督人の欠格事由の一つに、当該信託の受託者（信託法137条による124条の準用）とある。信託を監督する者とされる者とが、同一人では監督の実をなさないからである。

それと同様に、受益者の任意後見人が信託の受託者になるのは、もし判断能力が不十分になって受益者の任意後見人となれば、その代理権の範囲にもよるが、通常は本人たる受益者に代わって受託者を監督することになり、自分が自分を監督するという意味では同じことといえる。

本人たる受益者の判断能力が落ちない保証がないために任意後見契約の締結をしているのだから、望ましいものでないことは確かであり、避けるべきものといえよう。ただし、民事信託においては、どうしても他に信頼できる者が見出せない場合もあり得よう。そういった場合は、専門職の第三者などを停止条件付き（受益者に任意後見が発効すること）で信託監督人か受益者代理人に選任しておき、信託を監督する者を他に一人多くして、信託を監督する者と監督される者とが全く同一人にならないようにしておくという方法も考えられる。

(2) 信託契約書の作成

本事例において活用する自社株信託契約書(信託財産の目的および種類から株式管理承継信託契約書)は【書式3—2】のとおりである。また、書類の作成上の留意点については、「※」を付しているので参考にされたい。

【書式3—2】 株式管理承継信託契約書

株式管理承継信託契約書(※1)

　委託者○○○○(以下「S_1」という。)と委託者○○○○(以下「S_2」という。)と受託者一般社団法人○○○○(以下「T」という。)は、下記のとおり信託契約(以下「本信託」という。)を締結した。(※2)

第1条(信託の目的)
　　S_1、S_2は、別紙株式目録記載の株式(以下「本件株式」という。)を相続等による株式の分散を防止し経営の安定のため管理し円滑に後継者に承継させることを目的として信託し、Tはこれを引き受けるものとする。(※3)
(※4)

第2条(当初受益者)
　　当初受益者は、S_1、S_2とする。(※5)

第3条(信託財産)
1　本信託における信託財産は、本件株式とする。(※6)
2　S_1及びS_2はTの承諾を得て株式会社○○○○の株式を追加して信託とすることができる。
3　本信託締結時より、本件株式は受託者に移転する。
4　S_1、S_2及びTは、共同して本件株式の株主名簿の書換え手続を行う。

第4条(受益権)
1　本信託に係る受益権は、信託した株式数により、S_1が10分の6、S_2が10分の4の割合で有するものとする。(※7)

2　S_1が死亡した場合には、S_1の長男B（○○県○○市○○町○○丁目○○番○○号、昭和○○年○○月○○日生）が、S_1が有する受益権を取得する。（※8）（※9）

3　S_2が死亡した場合には、S_2がその時有する受益権の2分の1に相当する株式を分割して、これにつき第12条第3項の手続を行い、残りの株式に係る受益権をBに取得させるものとする。（※10）（※11）

4　本信託に基づく受益権について、受益権証書は発行しないものとする。

5　受益者は他の受益者及び受託者の承諾なく受益権の売買、贈与等による譲渡、質権等の担保権設定等の処分行為をすることはできない。

第5条（議決権行使の指図権者）

1　本件株式の議決権の行使は、S_1が指図権者としてS_2と協議のうえTに指図する。ただし、協議が調わない場合は、S_1において指図する。（※12）

2　本件株式の売買、贈与、質権等の担保権設定等の処分行為についてはS_1及びS_2の共同の指図を要する。

3　S_1が、①死亡した場合、②後見、保佐、補助の審判又は任意後見監督人選任の審判がなされた場合、③行方不明により指図権を行使できない事由が60日以上生じた場合、S_2が指図権者となる。（※13）

4　S_2に前項①ないし③の事由が生じた場合はS_1が引き続き指図権者であるが、S_2との協議は以後要せず第2項の共同とすることも要しない。

5　S_1及びS_2が本条3項の①ないし③に該当するに至った場合は、指図権者はBとする。

第6条（信託監督人）

1　本件信託には受託者の信託事務を監督する者として、下記の者を信託監督人とする。（※14）

　　　公認会計士　　　○○県○○市○○町○○丁目○○番○○号
　　　氏　　　名　　　○　○　○　○　㊞

2　信託監督人の報酬は月額2万円（消費税別途）とし、信託財産の負担とする。

第7条（信託財産の管理）

1　Tは、信託設定日以降本件株式の株券の交付を受け管理するものとする。

2　Tは、株式配当金を受託者名義の信託口口座に入出金して管理する。
3　Tは、信託設定日以降、本件株式を自己の固有財産と分別して管理するものとする。従ってTの財務状態を示す貸借対照表、損益計算書に表示することはない。（※15）

第8条（受託者の任務）
1　Tは、本信託に従い、善良なる管理者の注意をもって、受益者に対して、忠実に信託事務を遂行するものとし、善管注意義務を履行する限り、責任は負わないものとする。
2　Tは、議決権を行使するにあたりS_1、S_2の協議がない場合、もしくは指図が法令に抵触する場合、指図権者の指図に従わなくても責任は負わないものとする。

第9条（信託事務処理に必要な費用と受託者報酬）
1　信託事務処理に必要な費用〈株券の保管のための費用、議決権行使に係る書類の作成・保存・管理の費用、受益者への株式配当金の分配手続に係る費用等〉は、信託財産の負担とし、Tは信託財産に属する金銭からの支弁で不足を生じるときは、支払いの都度又はあらかじめ委託者に請求することができる。
2　Tが信託事務を処理するにあたり過失なくして受けた損害の賠償についても同様とする。
3　受託者の報酬は無報酬とする。（※16）

第10条（信託期間）
　本信託の期間は、①S_1及びS_2が死亡したとき、②信託財産が消滅したときのいずれか早いときまでとする。（※17）

第11条（信託財産の計算期日及び計算期間）
1　計算期日は12月31日とし計算期間は毎年1月1日から12月31日までとする。ただし、本信託締結日から12月31日までを第1期とし、期間中の終了では1月1日から終了日までを期間とする。（※18）
2　Tは、本信託開始と同時に、①信託財産目録、②会計帳簿を作成し、受益者及び信託監督人に対して毎年12月末日及び信託終了日の信託財産状況報

告及び信託計算書を2カ月以内に書面にて報告する。
3 Tは、受益者から報告を求められたときは速やかに求められた事項を報告するものとする。

第12条（残余財産の帰属権利者）（※19）
1 第14条の解約の場合はS_1、S_2とする。（※20）
2 前項以外はBとする。
3 第4条第3項により分割された株式については、信託を終了させ、Tにおいて、これを換価処分し換価金をS_2の妻X（○○県○○市○○町○○丁目○○番○○号、昭和○○年○○月○○日生）に給付する。（※21）

第13条（清算受託者）
1 本信託終了時の清算受託者はBとする。
2 清算受託者の報酬は無報酬とする。

第14条（信託契約の解約）
　本件信託は、S_1、S_2及び長男Bが書面をもって合意する場合以外は解約することができない。（※22）

第15条（信託契約の変更）
　本件信託は、S_1、S_2及長男Bが書面をもって合意する場合以外は変更することができない。

第16条（契約に定めない事項）
　本件信託に定めのない事項については、S_1、S_2、長男B及信託監督人が本件信託の目的及び信託法の規定に従い誠実に協議する。

　本件信託を証するため、契約書3通作成して、S_1、S_2、Tが各1通を保有し、写しを信託監督人が保有する。

平成○○年○○月○○日

　　　　　　　　委託者S_1　　　○○県○○市○○町○○丁目○○番○○号

4　信託スキームの立案

```
                          ○  ○  ○  ○  ㊞
        委託者 S₂         ○○県○○市○○町○○丁目○○番○○号
                          ○  ○  ○  ○  ㊞

        受託者 T          ○○県○○市○○町○○丁目○○番○○号
                          一般社団法人○○○○
                     代表理事  ○  ○  ○  ○  ㊞
                                                        以上
```

(別紙)

```
                    株式目録（信託財産）

        本        店     ○○県○○市
        商        号     株式会社○○○○
        発行済み株式総数   ○○○○○○株（株券発行）
                    S₁   ○○○○○○株
                    S₂   ○○○○○○株
                                                        以上
```

※1　表題は、信託財産の種類と信託の目的で表し、「株式管理承継信託契約書」とする（以下、「本契約」という）。信託財産が上場株式の場合は「上場株式管理承継信託契約書」、信託目的が管理・処分の場合は「株式管理処分信託契約書」、公正証書で締結の場合は公正証書となり「上場株式管理処分信託公正証書」となる。

※2　信託行為が契約の場合には、委託者と受託者との間で信託契約は締結される。

※3　信託の目的としては、管理・処分・承継のいずれを主とするかを明確にして規定する。自社株信託では、管理と後継者への承継が主たる目的になると考えられる。

※4　信託契約は、信託法3条3項の自己信託でない限り委託者・受託者間の諾

※5 当初受益者を委託者 S_1、S_2 とする自益信託であることから、信託設定時においては委託者、受託者、受益者には、何らの課税は生じない。

※6 信託財産は、別紙株式目録記載の株式として特定する。非上場株では本店・商号・株式の種類と数、上場株式では銘柄・コード番号・数量で特定することとなる。増資等で新たに株式等を取得するときのために、追加信託の条項も規定しておくとよい。

※7 信託の転換機能により、株式所有権が受益権という債権に転換され、その受益権を6対4の割合で受益者2名が準共有している。

※8 当初受益者は委託者であり、その死亡により受益権を長男Bが取得することから、信託法90条の遺言代用信託となっている。法的には、第2次受益者Bは、受益権を当初受益者 S_1 から承継取得したのではなく、委託者から直接取得したとみる。

※9 これに対して、税務上は、第2受益者Bは、受益権を第1受益者から承継取得したとみなされて、長男Bに相続税が課税される(相続税法9条の2)。

※10 S_2 の死亡後、S_2 の後妻Xには売却代金を給付して受益権は取得させないとしている。事前準備における情報収集の過程で、委託者が要望した事項の一つである。本信託を組む動機の一つに、S_2 の後妻Xの遺留分は確保するが、会社経営にはいっさい関与させたくないという思いがあった。そのため、経営にかかわる議決権行使の指図権を長男Bに承継させているので、後妻Xに受益権は与えても会社経営に口出しされる心配はないともいえる。

しかし、後妻Xが受益者である限り配当等が薄く、かつ換金性に乏しい非上場の自社株の受益権ではそれを買い取ってほしい、あるいはもっと配当がほしいという圧力をかけることが明白なので、先に会社に買い取ってもらい、その金銭で清算して遺留分を確保し、受益権はもたせないというスキームにした。

※11 後妻Xは、株式を遺贈により取得したうえで株式を売却したものとされる。すなわち、取得した株式に対しては相続税が課され、さらにその株式の売却について所得税および住民税が課される(相続税法9条の2、租税特別措置法37条の10)。Bには、取得した受益権につき、相続税(みなし遺贈)が課税される。

※12 議決権行使の指図権については信託法には定めがないが、信託業法65条では、「信託財産の管理又は処分の方法について指図を行う業を営む者」を「指

図権者」と規定し、「管理型信託業」(同法2条3項)とは、委託者または委託者から指図の権限の委託を受けた者のみの指図により、信託財産の管理、または処分が行われる信託を行うことを業とするものとの定義規定の中に指図という用語が用いられている。

さらに、中小企業庁(信託を活用した中小企業の事業承継円滑化に関する研究会)「中間整理――信託を活用した中小企業の事業承継の円滑化に向けて」(平成20年9月)の具体例の中でも、「議決権行使の指図権」という用語が用いられており、信託を利用したスキームにおける会社法等に関する論点整理の中で、議決権行使の指図権を複数受益者のうち特定の者に集中させても会社法上非公開会社においては問題ないと言及していることから、受益権割合に準じない指図権を規定している。

指図権の共同行使も許されるところではあるが、いわゆるデッドロックにならないよう規定している。

※13 指図権は独立してその経済的価値を計れないものとして、その移転取得が生じても課税は生じない。

※14 信託監督人には、受託者のような信託業法上の規制はない。未成年者、成年被後見人等でなければ個人・法人を問わない。信託監督人の設置は原則自由であるが、民事信託では、信託の内容の実現、信託の目的の達成において、信託監督人の果たす役割は大きいことから、積極的に設置すべきものとして規定した。

※15 民事信託(特に、家族が受託者になる場合)は、家族だからという甘えや慣れもあるので、受託者の義務のうちの分別管理義務について注意的に規定した。

※16 民事信託(特に、家族が受託者となる場合)は、扶養義務や将来的な相続を考慮して、報酬は無報酬とするものが多い。本事例は、受託者が委託者両名を社員とする非営利の一般社団法人であること、日常の信託事務も株式の保有のみであることから無報酬と定めている。

※17 自社株信託の信託期間には、事業承継の時期を明確にする意味で、有期として10年などとすることもあるが、多額の贈与税が発生する場合には避けるべきである。

※18 個人の決算期日が12月31日なので、信託の期日も同日として、二度手間を省いている。

※19 自社株信託の主たる目的の後継者への承継を残余財産の帰属権利者等とし

て規定する。「帰属権利者等」の「等」とは、残余財産受益者を意味する。帰属権利者と残余財産受益者の違いは、信託終了前でも受益者としての権利を有するか否かであり、前者は有しない。

※21　合意解約の場合は、元に戻す意味で委託者が帰属権利者になる。信託財産は、信託契約が解約されて元の所有者に戻るだけなので課税は生じない。

※21　S_2の株式について信託を終了させる前提として信託の分割（本事例では新規信託分割）の手続をとったうえで、終了し清算しなければならない。これを避けるには、当初より当該株式は信託財産としないか、個別に信託するかであるが、その分にはS_1の思いはいっさい及ばないということになる。

※22　信託契約の解約や信託契約の変更は、委託者、受託者、受益者の三者合意が原則である。本事例の受託者は、委託者、受益者と実質的に同一とみられ、合意権者から省いている。本事例の第2受益者Bは後継者に決まっていたので合意権者に入れて、このBの承認なくして勝手に解約できないようにして、Bへの承継を確実なものとしている。もし、Bへの承継についてS_1、S_2に迷いがあるような場合であれば、解約・変更の合意権者に受益者Bを入れず、委託者と受託者の合意でできるように規定する。これにより「戻れるあるいは後継者を変えられる事業承継」といえる。

(3)　その他必要な書類の作成

㋐　要点説明書

　高齢者が委託者になるケースや、家族である一般の者が受託者になるケースでは、信託契約書を読み上げて説明したとしても、理解できる範囲は限られる場合が多い。

　そこで、関係者に契約内容をより簡単に理解してもらうために、たとえば、要点説明書（「信託を活用した事業承継」などのタイトルを付したもの。【書式3—3】参照）を別途作成し、これを説明したうえで、信託契約書の内容説明に移るのが、非常に効果的であり役に立つ。実務上重要な書類である。

【書式3—3】 要点説明書

> 取扱厳重注意

S₁　様
S₂　様

信託を活用した事業承継
―― 要点説明書 ――

平成〇〇年〇〇月〇〇日
司法書士　〇　〇　〇　〇

1　家族関係と信託契約関係者

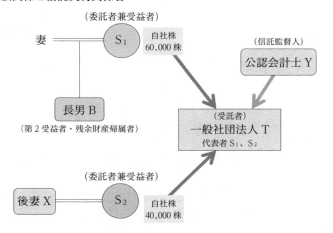

委託者	S₁、S₂
受託者	一般社団法人 T
受益者 第2受益者	S₁、S₂ 長男 B
信託監督人	公認会計士の Y
残余財産帰属者	長男 B

2　信託財産
(1)　信託財産と配当金の流れ

第 3 章 Ⅲ 事業承継における民事信託の活用

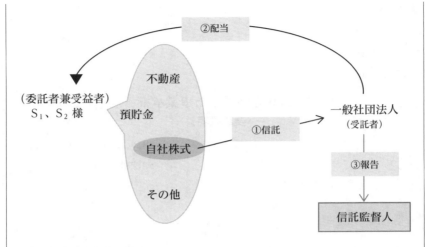

① S₁様、S₂様の所有財産のうち、今回自社株式のみを信託します。
② 自社株式の配当金のうち、信託監督人の報酬を差し引き、受益者へ支払います。
③ 信託監督人等への報告をします。

(2) 信託の計算期間、報告、報告時期、報告内容

計算期間	暦年（1月1日～12月31日）
報　　告	受託者から受益者及び信託監督人へ
報告時期	計算期間の終了から2か月以内
報告内容	期間内配当金額・株式残高数

(3) 信託の報告内容のイメージ

信託計算書

（平成〇〇年12月31日現在）

【計算期間】　平成〇〇年1月1日～同年12月31日

184

【分配額】

明細	株数	配当金	手取額
○○株式会社	100,000株	1株50円＝500万円	3,984,250円
信託監督人への報酬			▲240,000円
受益者への分配額			3,744,250円

【株残高数】 100,000株（平成○○年12月31日現在）
【添付書類】 株券保管証明書（平成○○年12月31日現在）
　　　　　　Tの信託口銀行口座の通帳の写し

3　残余財産の帰属

　信託終了時には、信託した株式は、信託契約の定めに従って長男B様へ引き継がれます。

4　一連の流れ

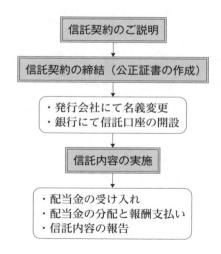

5　必要書類とお手続

(1)　公正証書の作成
　　・委託者＝印鑑証明書と運転免許証等の本人確認のできるもの

- 受託者＝印鑑証明書と法人代表者の運転免許証等の本人確認のできるもの
- 信託監督人＝住民票のコピー
- 残余財産帰属権利者＝住民票のコピー
 ※なお、委託者、受託者の方は公証役場へ出向かなければなりません。

(2) 自社株会社にて名義変更
- 信託譲渡承認の取締役会決議
- 信託譲渡の旨の株主名簿への記載請求

(3) 銀行にて信託口座の開設
- 信託契約書の写し
- 受託者の印鑑証明書・登記事項証明書と法人代表者の運転免許証等の本人確認のできるもの
- 新銀行届出印
 ※なお、金融機関によっては他の書類が必要になることがございますので、銀行担当者に事前に再確認ください。

(イ) 受託者（一般社団法人）の定款

本事例では、受託者に一般社団法人が就任するので、その一般社団法人の定款（【書式3―4】）も、自社株信託契約に沿った内容のものとする必要がある。

【書式3―4】 受託者（一般社団法人）の定款

定 款

第1章 総 則

第1条（名 称）
　当法人は、一般社団法人○○○○と称する。

第2条（目　的）
　　当法人は、株式会社○○○○の相続等による株式の分散を防止し、もって会社経営の安定を図ることを目的として次の事業を行う。
(1)　株式会社○○○○の創業者一族から株式会社○○○○の株式の信託を受けること
(2)　株式会社○○○○の創業者一族から信託を受けた株式会社○○○○の株式にかかる各種株主権の行使
(3)　前号に付帯する一切の業務

第3条（主たる事務所の所在地）
　　当法人は、主たる事務所を○○県○○市におく。

第4条（公告の方法）
　　当法人の公告は、官報に掲載してこれを行う。

第5条（基金の募集）
　　当法人は、基金を引き受ける者の募集を行うことができるものとする。

第2章　基金の拠出及び返還

第6条（基金の拠出者の権利に関する規定）
1　基金の返還に係る債権には、利息を付さない。
2　基金は、当法人が解散するときまで返還しない。
3　基金の返還に係る債権は、譲渡又は質入れすることはできない。
4　当法人の基金の拠出者は、残余財産の分配その他名目のいかんを問わず、基金の拠出額を上回る額の分配を受けることができない。
5　当法人の基金の拠出者は、当法人に対する破産、再生手続、その他そのいずれかに類する手続の開始の申立てをすることができない。基金の返還に係る債権を全部又は一部を問わず譲り受けた者、承継した者も同様とする。

第7条（基金の返還の手続）
　　基金の返還に係る債務の弁済は、社員総会で承認された財産目録及び貸借

対照表に従って、当法人のその余の債務を弁済した後に、清算人がこれを行う。

第3章　社　　員

第8条（社員たる資格の得喪に関する規定）
　　社員たる資格の得喪については、以下のとおりとする。
(1)　当法人の成立後に入社しようとする者は、総社員の同意がなければ社員たる資格を得ることができない。
(2)　社員は、当法人に対しその1年前までに書面にて予告していた場合に限り、別に定める退社届を理事に提出して、任意に退社することができる。ただし、やむを得ない事由があるときは、社員はいつでも退社することができる。
(3)　前号のほか、社員は、次に掲げる事由の発生によって当然に退社する。
　①　破産手続、再生手続その他の法的倒産手続の開始の申立てをなしたこと
　②　総社員の同意
　③　死亡又は解散
　④　除名
　⑤　後見開始、保佐開始又は補助開始の審判又は任意後見監督人選任の審判があったこと

第8条の2（除　名）
1　社員が次の各号のいずれかに該当する場合は、社員総会において、総社員の半数以上であって、総社員の議決権の3分の2以上の議決権を有する者の賛成をもって、その社員を除名することができる。この場合、直ちに、除名した旨をその社員に通知する。
　(1)　当法人の定款に違反したとき
　(2)　その他正当な事由があるとき
2　社員を除名しようとするときは、社員総会の日から1週間前までに、その社員に対してその旨を通知し、かつ社員総会において弁明の機会を与えなければならない。

第9条（経費の負担）
　この法人の事業活動に経常的に生じる費用に充てるため、社員になったとき及び毎月、社員は、社員総会において別段に定める額の経費を支払う義務を負う。

第10条（社員総会）
　当法人の定時社員総会は、各事業年度の終了の日の翌日より3カ月以内に開催し、臨時社員総会は、必要に応じて開催するものとする。

第11条（総会の招集）
1　社員総会は、法令に別段の定めがある場合を除き、理事がこれを招集するものとする。
2　社員総会を招集するには、会日より5日前までに、各社員に対して、その通知を発することを要する。ただし、社員全員の同意があるときは、招集の手続を省略して総会を開くことができる。

第12条（議　長）
　社員総会の議長は、理事がこれにあたる。

第13条（決議の方法）
　社員総会の決議は、法令又は定款に別段の定めがある場合を除き、総社員の議決権の過半数以上を有する社員が出席し、出席した社員の議決権の過半数をもって決定する。

第13条の2（総社員の決議事項）
　当法人は、以下の行為を行うためには、社員総会における総社員の同意による決議を要するものとする。
(1)　借入れその他の債務を負担する場合
(2)　保有する株式、出資持分等について譲渡、質入れその他の処分を行う場合
(3)　他の自然人又は法人に対して融資を行い、又は保証債務を負担する場合
(4)　当法人の資産に担保権を設定する場合
(5)　子会社を保有する場合

(6) 従業員を雇用する場合

第14条（議決権）
　社員は、各1個の議決権を有する。

第15条（決議事項の通知）
　社員総会において決議した事項は、各社員に通知するものとする。

第16条（議事録）
　社員総会の議事については、法務省令で定めるところにより、議事録を作成しなければならない。

第4章　役　　員

第17条（員　数）
　当法人には、理事1名以上3名以内をおく。

第18条（選　任）
　当法人の理事は、社員総会において選任するものとする。

第19条（業務の執行）
　当法人の業務執行は、理事が数人あるときはその過半数をもって決定する。

第20条（任　期）
1　理事の任期は、選任後2年以内に終了する事業年度のうち最終のものに関する定時社員総会の終結の時までとする。
2　任期満了前に退任した理事の補欠として選任された理事又は増員により選任された理事の任期は、前任者又は他の在任理事の任期の残存期間と同一とする。

第21条（報酬及び退職慰労金等）
　当法人は理事に報酬、賞与、退職慰労金その他職務執行の対価として財産上の利益を授与するには社員総会の決議によって定める。

第22条（株券の管理）
　　株式会社○○○○の株券の保有並びに信託の受託による管理は理事が行う。

第 5 章　計　　算

第23条（事業年度）
　　当法人の事業年度は、年1期とし、毎年1月1日から12月31日までとする。

第 6 章　解　　散

第24条（解　散）
1　当法人は、次に掲げる事由によって、解散する。
　(1)　社員総会の決議
　(2)　社員が欠けたこと
　(3)　合併（当法人が消滅する場合の合併に限る）
　(4)　破産手続開始の決定
　(5)　解散を命ずる裁判
2　前項第1号に掲げる事由によって解散するときは、総社員の半数以上であって、総社員の議決権の3分の2以上の議決権を有する者の賛成がなければならない。

第25条（残余財産の帰属）
　　解散に伴い債務（基金の返還に係る債務を含む。）を完済した後に、当法人に残余財産があるときには、社員総会の決議により、残余財産を分配する（ただし、その存否又は額について争いのある債権に係る債務についてその弁済をするために必要と認められる財産を留保した場合を除く。）。この場合、社員総会は、社員及び解散の時において基金の返還に係る債権の債権者であった者に対して残余財産を分配する旨を決議してはならないものとする。

第 7 章　附　　則

第26条（最初の事業年度）

当法人の最初の事業年度は、当法人成立の日から平成○○年12月31日までとする。

第27条（設立時の社員の氏名及び住所）
　当法人の設立時の社員の氏名及び住所は、次のとおりである。
　　○○県○○市○○町○○丁目○○番○○号　　S_1
　　○○県○○市○○町○○丁目○○番○○号　　S_2

第28条（設立時の理事の氏名及び住所）
　当法人の設立時の理事の氏名及び住所は、次のとおりである。
　　○○県○○市○○町○○丁目○○番○○号　　S_1
　　○○県○○市○○町○○丁目○○番○○号　　S_2
　　○○県○○市○○町○○丁目○○番○○号　　Y公認会計士

第29条（法令の準拠）
　この定款に定めのない事項は、すべて一般社団法人及び一般財団法人に関する法律その他の法令によるものとする。

　以上、一般社団法人○○○○設立に際し、設立時社員S_1ほか1名の定款作成代理人である司法書士法人○○○○（代表社員○○○○）は、電磁的記録である本定款を作成し、電子署名をする。

平成○○年○○月○○日

　設立時社員　　　S_1
　設立時社員　　　S_2

　　　上記設立時社員2名の定款作成代理人
　　　　○○市○○町○○丁目○○番○○号
　　　　　司法書士法人○○○○代表社員　○　○　○　○

(4) 信託スキーム立案時の専門職の関与のあり方

　以上の自社株信託の設定時における主な実務、たとえば、事前準備における資料・情報の収集、一般的な法務・税務の注意点を考慮しながら、信託契約書の起案、それに付随する説明書や法人の定款等の作成が必要となることを考えれば、法務に関しては司法書士、弁護士等、税務に関しては税理士、公認会計士等の専門職の関与が必要と考えられる。ほかに、具体的事例によっては、専門職が信託監督人、受益者代理人等に就任することによる関与の方法が考えられるが、信託法上の関係当事者としてではなく、一般社団法人の理事や信託当事者との契約で信託コンサルタントとして関与していくという方法も考えられる。

5　信託期間中の実務と留意点

(1)　信託財産の公示、対抗要件の取得

　まず、会社および第三者に対して、信託財産であることの公示と、対抗要件を取得する（信託法14条）必要がある。

　信託財産である株式が非上場株式の場合には、①株券発行会社は、受託者Tが委託者 S_1、S_2 から株券の交付を受けて占有を継続し、発行会社に対し、株式の信託譲渡の承認と株主名簿へ信託財産に属したる旨の登録を申請する。②株券不発行会社は、受託者Tと S_1、S_2 と協力して、株式の信託譲渡の承認と株主名簿へ信託財産に属したる旨の登録を申請する。

　信託財産である株式が上場株式の場合には、証券会社に対し受託者Tと S_1、S_2 と協力して、受託者が新設した信託口の株式口座へ移転して信託財産に属したる旨の登録をなす必要がある。

(2)　信託期間中の管理

　次に、受託者の固有財産と分別管理するため、受託者の既存の預金口座はできるだけ避けて、新たな信託口の預金口座を開設し、そこに株式配当金、株式売却金を受け入れ、その口座から源泉徴収分の租税等の費用と、受託者や信託監督人への報酬を支払った後、受益者に信託配当を行う。

(3) 受益者への報告――貸借対照表・損益計算書の作成・保存・報告

受託者は、信託帳簿に基づき、毎年1回、一定の時期に貸借対照表（【書式3―5】参照）、損益計算書（【書式3―6】参照）等の財産状況開示資料等を作成し、受益者に報告する。

貸借対照表・損益計算書の作成義務や作成後の保存義務に関しては、受益者の受託者に対する監督の実効性を図るため、信託行為において受益者にとって不利な定め、たとえば、作成免除や保存免除等をすることはできないとされている。

一方、貸借対照表・損益計算書の報告義務に関しては、受益者のみならず信託債権者など利害関係人が閲覧または謄写請求することができ、これを拒否する事由の規定もないことから、任意規定にとどまり信託行為において報告義務を軽減または免除することもできる（信託法37条3項）。

【書式3―5】　貸借対照表

貸 借 対 照 表

前提条件：信託された株式の発行価額は50円／株であるものとする。
期中取引：配当金500万円を受け取り、源泉徴収後の手取額を受益者へ支払った。

(単位：円)

貸借対照表			
資産の部		金　　額	負債の部	金　　額
資産	預金（信託）	0	負債	
	株式（信託）	5,000,000		
合　　計		5,000,000	合　　計	0

5　信託期間中の実務と留意点

【書式3―6】　損益計算書

損 益 計 算 書

期中取引：配当金500万円を受け取り、源泉徴収後の手取額を受益者へ支払った。

（単位：円）

損益計算書				
収益の内訳		金　　額	費用の内訳	金　　額
収益	受取配当	5,000,000	租税公課	1,015,750
			信託監督人報酬	240,000
合　　計		5,000,000	合　　計	1,255,750

(4)　**税務上の留意点（信託期間中）**

　信託財産は、受託者Tに移転しているが、Tは形式的な所有者であって実質的所有者ではないことから、信託期間中、委託者および受託者に課税はない。信託財産から生じる収益・費用は、受益者S_1、S_2に帰属するものとみなして、配当所得に所得税・住民税が課税される。

　また、受益者が有する持ち株シェアが発行済み株式の3％未満である場合、上場株式であれば、配当の20.315％の源泉徴収だけで課税関係を完結させることも可能である。これに対して、非上場株式の場合には、配当の20.42％の源泉徴収後、確定申告により他の所得と総合され、超過累進税率により課税される（所得税法181条・182条、租税特別措置法8条の4・8条の5・9条の3）。

(5)　**信託期間中の専門職の関与のあり方**

　以上の自社株信託の期間中における主な信託事務の処理において、発行会社への承認請求、株主名簿への信託による名義移転の登録に関する手続は司法書士、弁護士等が、また、配当の実施における源泉徴収税の支払いや貸借

対照表等の作成報告に関する手続は税理士、公認会計士等が、そのほかにも信託監督人や受益者代理人等として、また信託法上に定めはないが、信託コンサルタントとして関与していくこともあり得よう。

ちなみに、信託契約に信託事務の処理を第三者へ委託する旨または委託することができる旨を定めている場合は、その委託先（信託法28条）として各専門職が関与するケースも生じてくる。

6　信託終了後の実務と留意点

(1)　信託の終了

信託の終了には、①終了事由の発生による終了（信託法163条各号）、②委託者および受益者の合意による終了（同法164条）、③終了を命じる裁判による終了（同法165条・166条）がある。前記②について、「合意による終了」との文言が使われ、「合意による解除」という文言が使われていないのは、民法上の解除とは異なり、信託の解除には遡及効がないと解されていることからである。また、前記①について、信託期間を「10年」などとする有期の場合と、「委託者の死亡時まで」とする不定期の場合が多くみられる。

(2)　清算手続

信託が終了した場合には、原則として清算手続に入り、会社における解散時の清算手続と同じように、信託終了時の受託者が清算受託者となって、現務の結了、債権取立て、債務の弁済、受益債権の弁済、残余財産の給付の順に手続を進めていくこととなる。

(ア)　終了事由の発生による終了の場合

前記(1)①の終了事由の典型は、信託期間を設けた場合であり、自社株は、信託期間の満了によって委託者が企図した後継者に承継される。信託行為において残余財産受益者と指定された者であろうと、帰属権利者となるべき者と指定された者であろうと、自社株を何らの行為なく当然取得するから（信託法88条1項・183条1項）、経営の空白を生じることはない。この点、遺言による遺言執行、特に検認や遺言執行者の選任、その就任後の引渡しといっ

た手続を経る自社株の承継のケースでは経営の空白は避けられないので、このようなデメリットを回避することができる。

なお、残余財産受益者と帰属権利者との違いは、信託の終了前から受益者としての権利を有しているか否かである。前者はその名のとおり受益者としての権利を有しているが、後者は信託終了後、清算段階になって初めて受益者とみなされ、受益者としての権利を有することになる。

　㈡　委託者・受益者の合意による終了の場合

前記(1)②の委託者および受益者の合意によって信託を終了させる場合は、当該信託が自益信託なら委託者に信託財産が復帰するよう帰属権利者を委託者にする。これは「戻れる事業承継」を意味し、信託設定時と同様、信託当事者に課税関係は生じない。

　㈢　終了を命じる裁判による終了の場合

前記(1)③の終了を命じる裁判には、㋐特別の事情による信託の終了を命ずる裁判（信託法165条）、㋑公益の確保のための信託の終了を命ずる裁判（同法166条）がある。前記㋐は事情変更の原則に基づく信託の終了を規定したものであり、㋑は濫用を目的とする信託の設定と、信託の設定後の濫用的運用に対処したものである。

(3)　清算受託者の職務の終了等——最終計算書の作成

清算受託者は、その職務を終了したときは遅滞なく、信託事務に関する最終の計算（【書式3—7】参照）を行い、信託終了時の受益者および帰属権利者のすべての者に対し、その承認を求めなければならない（信託法184条）。承認を求めなければならないが、承認を得ることまでは義務化していない。信託終了時の受益者だけでなく、帰属権利者や信託管理人が現にいる場合は、それらの者にも承認を求めるよう、対象者を拡大している。

【書式3—7】 最終計算書

最 終 計 算 書

(単位:円)

貸借対照表			
資産の部	金　額	負債の部	金　額
資産 預金（信託）	0	負債	
株式（信託）	5,000,000		
合　計	5,000,000	合　計	0

(4) 税務上の留意点（信託終了後）

　清算受託者の職務終了時の信託事務に関する最終の計算は、信託計算規則25条～29条の定めに従ってする必要がある。

　たとえば、信託期間を10年とした場合に、10年以内に当初受益者 S_1、S_2 が死亡し、受益権が100％長男Bに帰属した後、10年の信託期間が満了となった場合、S_1、S_2 のそれぞれの死亡時に相続税は課税済みであるので、委託者、受託者、受益者に課税はない。なお、帰属権利者をB以外の者にした場合は、その者に贈与税が課税される。

　また、事例とは異なるが、当初受益者を後継者Bに設定している場合（他益信託）でも、その終了時には、同じく設定時に贈与税は課税済みであるとして、委託者、受託者、受益者ともに課税はない。なお、相続時精算課税を選択して贈与されていた場合は、贈与株式が相続税の対象とされ、贈与時に支払った税金（非課税額2500万円を超える部分につき一律20％）は、相続税の計算上精算される。

(5) 信託終了後の専門職の関与のあり方

　以上の自社株信託終了時における主な清算事務の処理においても、会社に

おける解散時の清算手続と基本を同じくすることから、清算受託者の清算事務、特に残余財産の引継ぎと最終計算の承認請求までの監督・指導を税理士、司法書士等が、信託監督人等または信託コンサルタントとして関与していく分野といえよう。

　また、信託契約に信託事務の処理を第三者へ委託する旨または委託することができる旨を定めている場合は、その委託先（信託法28条）として各専門職が関与するケースが生じてくることは、信託期間中の場合と同様である。

▷宮本敏行

Ⅳ　死後事務における民事信託の活用

1　死後事務と成年後見

(1)　死後事務の問題

　人が死亡すれば、葬儀、埋葬、供養を始め、身辺整理などさまざまな事務が生じ、しかも多額の費用がかかる。これらの事務は、誰かが行わなければならないのである。
　ところで、死後事務は、成年後見人にとっては何とも悩ましい事務である。成年後見人は、本人の死亡により成年後見人の地位を失うので、成年後見人であった者が本人の死後事務を担うべきかどうか迷うことが多かった。

(2)　平成28年民法等改正法の問題点

　この問題を解決するために、平成28年4月6日、成年後見の事務の円滑化を図るための民法及び家事事件手続法の一部を改正する法律（平成28年法律第27号。以下、「平成28年民法等改正法」という）により民法が改正され、裁判所の許可を得て、死者の火葬、埋葬等の契約が締結できるという規定（民法873条の2第3号）が設けられた（後記7もあわせて参照）。多くの成年後見人は、これで助かったと思っているであろうが、筆者（編者を含め）は、この規定は諸刃の剣であるという印象をもっている。それは、今後は、火葬、埋葬等の事務処理は家庭裁判所の許可を得ない限りできないと、解釈せざるを得ないからである。死者の火葬、埋葬は、裁判所への申立て、裁判官の審理、審判書の作成交付など、何日もかけて手続する事柄ではないと考えられる。すべて、瞬時に判断し、行動に移さざるを得ない事柄と思うのである。
　このためにも、ここで紹介する死後事務委任契約は、相続人のいない高齢者にとっては必要な契約であることを認識すべきである。もちろん、その祭祀のための金銭の預かり（信託）も不可欠である。

この死後事務委任契約を成年後見人が法定代理人として第三者との間で締結できるかという問題がある。これまでには積極説もあったが、新たな規定をどのように読むかによって違ってくるかもしれない。

2 事 例

(1) 事例の内容——健常者が自身の死後事務について、憂いなく後のことを託す場合

委託者は、昭和12年生まれの女性Aで、生涯独身である。元公務員であったため、退職金等を含め3000万円近い預貯金および厚生年金で生計を維持しているAは、現在近くの介護付き有料老人ホームに居住しており、Aの妹Dの子（甥）Bとの間で任意後見契約を締結している。

今般、A自身の死亡後の葬式、行政官庁への届出、墓地の管理、永代供養等の財産管理（以下、「死後事務」という）についても、Bに依頼したいと思っている。また、後継受託者として、Bの弟Cを指定したいと考えている。

〔図14〕 当事者等の関係図

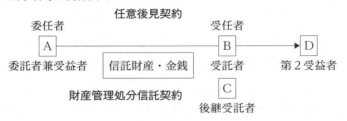

(2) 本事例における死後事務委任および財産管理処分信託活用の考え方

⑺ 信託活用のメリット

Aは、昭和12年生まれの高齢者である。現在、A（委任者）とB（受任者＝任意後見人）との間で締結している任意後見契約は、Aが死亡したときに終了するため（民法653条）、任意後見契約のみでは、Bは死後事務を行うこ

とができない。したがって、Bに死後事務をしてもらいたいというAの希望を実現するためには、別途、死後事務委任契約を締結する必要がある（もっとも、任意後見契約の特約条項として死後事務契約を締結する事例もある）。

しかし、死後事務委任契約を締結し、その委任事務の費用として、受任者が委任者の財産を預かるとしても、委任者の相続人から受任者に対して訴訟を提起されるリスクが高い（最判平4・9・22金法1358号55頁、東京高判平21・12・21判時2073号32頁など）。

そこで、死後事務用財産に関しては、信託を利用することにより、相続財産を構成しない信託財産として、その信託財産より死後事務費用を支出する明確な根拠を示すことができ、安心して死後事務を執り行うことができることになる。

通常、死後事務においては、死後事務に関する委任契約（以下、「死後事務委任契約」という）を単独で締結している場合が多いと思うが、財産の倒産隔離機能をもった信託制度である遺言代用信託契約を締結し、または遺言信託を利用して、死後事務委任契約および財産管理処分信託契約を締結するほうが、Aからみればより安心できるスキームであると思われる。本事例は、任意後見契約をしているAとBとの間で、死後事務委任契約および財産管理処分信託契約を締結したものである（【書式4―1】参照）。

　　(ｲ)　任意後見契約の受任者が信託の受託者になれるか（利益相反）

任意後見契約の受任者が信託における受託者となることが、利益相反行為にあたるのではないかという疑問が生じよう。

現に、公証実務では、「任意後見人は受益者の身上監護や財産管理の代理人であり、……受託者と利益相反関係に立つことが想定されるので原則として受託者になれない」とされる（徳島公証役場ウェブサイト「信託のことをもっと知りたい（Q&Aのコーナー）」〈http://www.tokushima-notary.com/trust.html〉参照）。その考え方として、①任意後見契約の効力を発生させるための任意後見監督人の選任審判の申立て（家事事件手続法別表1・111項、任意後見契約に関する法律4条1項柱書）に対して、家庭裁判所が、任意

後見契約の受任者を「任意後見人の任務に適しない事由がある者」（同項3号ハ）であるとして、任意後見監督人を選任しない可能性があること（遠藤英嗣『新版　新しい家族信託』181頁参照）、②任意代理人は受益者代理人に準ずる権利・義務を有することと解されることから、受託者が任意後見人を兼務することにより実質的な利益相反の関係が生じる（星田寛「家族信託の受託者規制の検討」新井誠ほか編『信託法制の展望』383頁）などと論じられている。しかし、いずれの論文でも、合理的な場合は、さらなる規制を加え信託の本旨から許される場合がある（星田・前掲書383頁）、任意後見人の代理権の範囲が信託財産を除く身上監護等を主に分掌するものであれば、任意後見契約の受任者が信託における受託者に就任することは可能と考える（遠藤・前掲書181頁）とも述べられている。特に、死後事務契約の受任者と信託の受託者の兼務について、真に本人に必要なものであり、善管注意義務違反にならない契約内容であれば、死後事務に関し限定的ではあるが、よいと考える（遠藤・前掲書508頁）と論述されている。

　そこで、任意後見契約の受任者と信託における受託者との利益相反行為をなくすための工夫として、受託者の任務終了事由（信託法56条）の一つに「任意後見契約に関する法律4条1項3号により家庭裁判所が任意後見監督人を選任しないとき」を条項に加え、その際は、後継受託者が就任する旨の条項を入れておくのはいかがであろうか。また、任意後見の効力発生後は、任意後見監督人は本人を代理することになるので、受益者たる本人と受託者たる任意後見人との利益相反に関しては、任意後見監督人は、それを抑制することができると考える（任意後見契約に関する法律7条1項4号）。

　ところで、本事例の死後事務委任契約は、委任者の生前には受任者の受任事務は限定されており、また、信託契約における委託者の生前には、その信託事務も本人に代わり祭祀行為を執り行うための財産管理行為と限定されている。委託者の死後の財産管理事務が主なものになっているので、委託者との生前における利益相反行為が起こる余地がないと考える。よって、本事例における任意後見契約の受任者と信託における受託者の兼務は認められるも

のである。

　　　㈂　受益者のいない信託とならないか
　遺言代用型信託契約の条項の中で、死後事務の代替と考えてなのか、信託終了事由の一つとして、「委託者兼受益者が死亡し、その埋葬、葬儀、百か日供養が終了したとき」と規定する案文がある。この場合には、委託者の死亡により、受益者が存在しない信託になってしまいかねない。もっとも、死者について、法人格を認めて受益者にすべきであるとの考え方（遠藤・前掲書143頁で紹介する中野正俊『信託法講義』48頁）があるが、受益者は「自然人」と「法人」に限るとされている（遠藤・前掲書142頁）。そこで、死者が受益者になれないとすると受益者がいない信託となってしまい、税務上、受託者に贈与税やみなし法人税が課されてしまうのではないかという危惧がある（相続税法9条の4第2項）。もっとも、委託者死亡後、最大100日経過程度では、実務的に受益者がいない信託として扱わないのかもしれないが税務の取扱いは不明である。
　そこで、死後事務についても長期にわたる場合には、死後事務委任契約を別途締結し、受益者なき信託とならないよう受益者も登場するような方法をとることにしたい。
　なお、本事例について、参考までに、死後事務委任契約は締結せずに、遺言および遺言による信託を行う方法も考えられる。後記4⑶では、遺言公正証書の書式を提供するので参考にされたい（【書式4－2】参照）。

　⑶　本事例における死後事務委任および財産管理処分信託のしくみ
　本事例において活用する死後事務委任および財産管理処分信託のしくみの概要は、〔図15〕のとおりである。死後事務に関しては、委任者をAとし、受任者をBとする。また、財産管理処分信託に関しては、Aを委託者兼当初受益者とし、Bを受託者とする。また、Aが亡くなったときは、死後事務信託が本格化する際の第2受益者としてDを指名することとした。

〔図15〕 死後事務委任および財産管理処分信託のしくみ

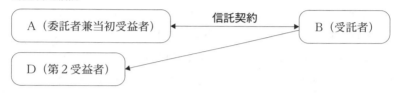

3　事前準備

　死後事務委任および財産管理処分信託契約書（【書式4―1】参照）を起案するための資料および情報として、次の(1)(2)にあげるものが必要になる。

　(1)　**資料の収集**

　死後事務委任および財産管理信託契約書を起案するために必要な資料は、次の①～⑤である。

　①　委任者について、本人確認のための住民票、運転免許証、信託財産に入れる資産としての預貯金通帳（写し）、親族関係を証する書面としての戸籍、除籍、原戸籍等

　②　受託者および後継受託者について、委託者と受託者の関係を証する戸籍、受託者本人の特定かつ確認のための住民票、運転免許証

　③　受益者について、住民票

　④　受益者と委託者との関係を証する戸籍

　⑤　公正証書による場合は、委託者、受託者の印鑑登録証明書または運転免許証

　(2)　**情報の収集**

　死後事務委任および財産管理信託契約書を起案するために必要な情報は、

次の①~⑥である。
　①　委託者、受託者、後継受託者および受益者の住所、氏名、生年月日、委託者との関係
　②　菩提寺の名称、住所、住職名、電話番号、ファクシミリ番号、電子メールアドレスなど菩提寺を特定できる情報
　③　菩提寺がないときは、墓地の所在の情報
　④　葬儀の際に来てもらいたい会葬者リスト
　⑤　処分すべき家財リスト、遺すべき家財リスト
　⑥　生命保険会社、損害保険会社、医療機関、利用施設等の手続を要する連絡先のリスト

4　信託スキームの立案

(1)　スキーム立案時の留意点

　死後事務に関する費用を目的とする信託を考えるときに、受益者をどのようにするかが問題となる。

　委託者の死後事務であれば、本来的には、受益者が存在しなくても成り立つものであるが、受益者がいない信託ということになると、目的信託となりかねない。目的信託とは、受益権を有する受益者の存在を予定しない信託契約締結または遺言による信託をいい（信託法258条1項）、信託財産は、受益者の利益のためではなく、信託行為で定められている信託の目的の達成のために管理・処分等がされることになる（同法261条・30条）。また、目的信託が遺言による信託の場合には、信託管理人の選任を要し（同法258条4項）、信託の存続期間は20年を超えることができない（同法259条）。さらに、目的信託は、政令で定める法人以外の者を受託者とすることができないこと（附則3項、信託法施行令3条）、税制の面においても受託者が個人の場合でも法人とみなされ、委託者から受託者への信託財産の移転は、贈与により信託財産が移転したものとみなされ、委託者に対してはみなし譲渡課税または寄付金課税（委託者が法人の場合）、受託者には、受託者が法人か個人かを問わず、

原則として法人税の課税（受贈益課税）を受けること（相続税法9条の4）などのデメリットがある。

そこで、委託者は当初受益者として構成し、信託の目的についても単に死後事務費用のための信託とはせず、現在の祭祀行為のための信託財産の管理・処分も加え、委託者死亡後は第2受益者および後継受益者を指定することにする。受益者は相続人等の自然人であるため、受益者の死亡に備え最後の受益者を菩提寺とするスキームを考えた。また、受託者についても後継受託者を指定した。後継受託者がいなくなったときは、信託終了事由とし、信託終了時の受益者が清算受託者を選任する旨を規定し、清算受託者が終了時の受益者である菩提寺に残余財産を帰属させるスキームとした。

信託契約における受託者は、信託財産に関する管理をするものであり、死後事務における諸事務を執り行うことができないため、死後事務委任契約と信託契約の二つの契約は必ず必要になるものである。

また、信託終了時に残余財産が見込まれる程度の信託財産を見積もっておかなければならない。なぜならば、信託財産がなくなったときは信託の終了事由になるが、最悪の場合、後継受託者が亡くなり、清算受託者が就任しないケースも考えられるからである。

(2) 信託契約書の作成

本事例において活用する死後事務委任および財産管理処分信託契約書は【書式4―1】のとおりである。また、書類の作成上の留意点については、「※」を付しているので参考にされたい。

【書式4―1】 死後事務委任・財産管理処分信託契約書

死後事務委任及び財産管理処分信託契約書（※1）

A（以下「委任者」又は「委託者」という。）とB（以下「受任者」又は「受託者」という。）との間において、下記のとおり、当事者相互の合意のもとにおいて死後事務委任契約及び財産管理処分信託契約を締結した。

第3章 Ⅳ 死後事務における民事信託の活用

第1　死後事務委任契約

第1条（契約の趣旨）
1　委任者は、受任者に対し、委任者の死亡後における次条に定める事務を委任し、受任者はこれを受任する。
2　本契約は、委任者の死亡により終了せず、委任者の相続人は本契約を解除することができない。

第2条（委任事務の範囲）（※2）
1　委任者は、受任者に対し、委任者の死亡後における下記の事務（以下「本件死後事務」という。）を委任する。
　(1)　菩提寺、親族等関係者への連絡事務
　(2)　通夜、告別式、火葬、納骨、埋葬、永代供養に関する事務
　(3)　医療費、介護施設等の施設利用料その他一切の債務弁済事務
　(4)　家財道具、生活用品の処分に関する事務
　(5)　行政官庁等への諸届出事務
　(6)　各種事務の未処理事務の処理
　(7)　墓地及び墓地の改葬、その他の祭祀財産の管理
　(8)　上記各事務に関する費用の支払い
2　委任者は、受任者に対し、前項の事務処理をするにあたり、受任者が復代理人を選任することをあらかじめ承諾する。

第3条（通夜・告別式）
1　前条第1項第2号の通夜及び告別式は、委任者に応分の会場で行う。
2　委任者の通夜及び告別式での読経は、次の寺に依頼する。ただし、事情に応じて、受任者の裁量により変更することがあることを委任者は了承する。
　（※3）
　　　宗教法人○○寺
　　　　所　在　　○○県○○市○○町○○丁目○○番○○号
　　　　電　話　　00-0000-0000
　　　　ＦＡＸ　　00-0000-0000
　　　　E-mail　　****@***.***.***.com
3　前2項に要する費用は、金○○万円を上限とする。（※4）

第4条（納骨・埋葬・永代供養）
1　第2条第1項の納骨・埋葬は、次の場所にて行う。
　　　宗教法人○○寺
　　　　　所　在　　○○県○○市○○町○○丁目○○番○○号
　　　　　電　話　　00-0000-0000
　　　　　ＦＡＸ　　00-0000-0000
　　　　　E-mail　　****@***.***.***.com
2　第2条第1項の永代供養は、前項の場所にて行う。ただし、永代供養に関する事務は第1項の寺に依頼することをもって終了する。事情に応じて、受任者の裁量により変更することがあることを委任者は了承する。（※5）
3　前2項に要する費用は、金○○万円を上限とする。（※6）

第5条（連絡）
　　委任者が死亡したときは、受任者は、速やかに、委任者があらかじめ提出した会葬予定者リストを基に連絡するものとする。（※7）

第6条（費用の負担）
1　受任者が本件死後事務を処理するために必要な費用は、委任者の負担とする。
2　受任者は、前項の費用につき、後記第2で締結する財産管理処分信託契約で定める信託財産より、支弁を受ける。（※8）

第7条（報酬）
　　委任者は、受任者に対し、本件死後事務の報酬として委任者死亡時より年○○万円とし、毎年○○月末に後記第2で締結する財産管理処分信託契約で定める信託財産より支払う。ただし、委任者が生存中は無報酬とする。委任者の葬儀、納骨、年忌法要及び永代供養の手続並びに墓地の返還、合祀墓への改葬に関する事務処理を行った場合は、日当（1日につき金○○万円）及び旅費交通費を支給する。（※9）

第8条（契約の変更）
　　委任者又は受任者は、委任者の生存中、何時にても本契約の変更を求める

ことができる。ただし、後記第2で締結する財産管理処分信託契約の条項に影響を与える変更であるときは、信託条項についても同時に変更しなければならない。（※10）

第9条（契約の解除）
1　委任者は、受任者の後記第2で締結する財産管理処分信託契約第23条第1項各号の一に該当する事由が発生したときでなければ、本契約を解除することはできない。
2　受任者は、経済情勢の変化、その他相当の理由により本契約の達成が不可能又は著しく困難となったときでなければ、本契約を解除することができない。（※11）

第10条（委任者の地位の譲渡）
1　委任者が死亡したときは、委託者の契約上の地位を後記第2の財産管理処分信託契約第17条第3項記載の受益者であるDが承継するものとする。なお、Dからその承継する旨の承諾を得ていることを委任者及び受任者は確認する。
2　Dが死亡したとき又は委任者の死亡前に死亡していたときは、前項の地位を、後記第2の財産管理処分信託契約第17条第3項2号記載の受益者であるBが承継したものとする。
3　受任者が死亡したとき又は前項の地位を承継したときは、受任者の契約上の地位を次の者が承継するものとする。
　　　　住　　所　　○○県○○市○○町○○丁目○○番○○号
　　　　氏　　名　　C
　　　　生年月日　　昭和○○年○○月○○日
　　　　委任者との関係　　妹の子・甥（※12）

第11条（契約の終了）
　　本契約は、後記第2において締結する財産管理処分信託契約の終了事由が発生するまで継続するものとする。（※13）

第12条（報告義務）
　　受任者は、第10条記載の承継者に対して、本件死後事務終了後速やかに、

本件死後事務に関する下記の事項について書面又は電磁的方法で報告する。（※14）
(1) 本件死後事務につき、行った措置
(2) 費用の支出及び使用状況
(3) 報酬の収受

第13条（守秘義務）
　受任者は、本件死後事務に関して知り得た秘密を、正当な理由なく第三者に漏らしてはならない。

第2　財産管理処分信託契約（※15）

第14条（信託の目的）
　本信託は、次条記載の信託財産を管理処分し、その他本信託目的達成のための必要な行為を行い、委託者が行うべき祭祀行為及び委託者死亡後その祭祀主宰者が執り行う各種の祭祀行為の費用及び報酬等に信託財産をあてることにより、本件死後事務を含め祭祀行為が適時に、かつ的確に執行されることを目的とする。（※16）

第15条（信託契約及び信託財産）
　委託者は、受託者に対し、前条記載の信託の目的を達成するため、下記の金銭を信託財産として信託し、受託者はこれを引き受けた。（※17）
　　金銭　金〇〇〇万円

第16条（追加信託）
1　委託者は、受託者と協議のうえ、本信託の目的の達成のために、生前又は遺言により金銭を追加信託することができるものとする。
2　前項の場合、受託者は、追加信託された金銭を信託事務処理に必要な費用の支払いに充当することができる。（※18）

第17条（受益者及び受益権）（※19）
1　当初受益者はＡとする。
2　当初受益者は、生活の維持のための給付を受けることができる。ただし、

受託者の裁量で、厚生年金等受給金額だけでは生活維持ができないと判断したときに信託財産からの生活費、医療費等に必要な支給を受けることができる。
3　委託者が死亡したときは、後継受益者として順次下記の者を指名する。
  (1)　住　　　所　　○○県○○市○○町○○丁目○○番○○号
　　　　氏　　　名　　D
　　　　生年月日　　　昭和○○年○○月○○日
　　　　委託者との関係　　妹
  (2)　住　　　所　　○○県○○市○○町○○丁目○○番○○号
　　　　氏　　　名　　B
　　　　生年月日　　　昭和○○年○○月○○日
　　　　委託者との関係　　妹の子・甥
  (3)　住　　　所　　○○県○○市○○町○○丁目○○番○○号
　　　　宗教法人○○寺
4　第2受益者Dが、委託者の死亡前に亡くなっているときは、第3受益者としてBを指定する。
5　後継の受益者は、信託財産から祭祀主宰のための費用として必要額の給付を受けるものとする。
6　受益者は、受託者の同意がない限り、受益権を譲渡又は質入れその他の担保設定の処分をすることができない。

第18条（信託の期間）
　　本信託の期間は、次の各号のいずれかに該当した時までとする。（※20）
  (1)　委託者の死亡の日から12年
  (2)　信託財産が消滅した時
  (3)　第24条に記載する後継受託者が死亡した時

第19条（信託給付の内容）
1　受託者は、受託者自身が相当と認める方法により、信託財産を管理し、次項の支払いを含む処分を行う。
2　受託者は、受益者の要求により又は意見を聞き、祭祀等に係る事務処理の中で、受託者が相当と認める金額、時期及び方法により、本件死後事務の費用及び祭祀費用等を支払う。（※21）

第20条（信託事務の内容）
　　信託財産の管理処分等に関する事務は次のとおりとする。
(1)　信託財産については、信託に必要な名義変更（新たな信託口口座の開設と金銭の移動）等を行うものとする。
(2)　保存、管理運用に必要な措置は、受託者がその判断でこれを行う。その場合受益者の指図は受けないものとする。
(3)　受託者は、本信託事務の処理につき特に必要な場合は専門的知識を有する第三者に委託することができる。
(4)　受託者は、本信託の開始後速やかに、信託財産に係る帳簿を作成し、受託者に対して毎年○○月末までに適宜の方法にて報告しなければならない。
(5)　受託者は、受益者から報告を求められたときは、速やかに求められた事項について報告をしなければならない。
(6)　受託者は、信託事務を処理するに必要と認められる費用を受益者に対して前払いを受ける額及びその算定根拠を通知することなく信託財産に属する金銭より支弁又は収受することができる。（※22）

第21条（受託者の信託事務の処理等）
1　受託者は、自らのこととして善良な管理者の注意義務をもって事務処理を行うものとする
2　受託者に、信託法56条1項各号に規定する任務終了事由が発生したときは、その受託者が任務終了時に存した信託事務の権利義務は、後継受託者が引き継ぐものとする。（※23）

第22条（受託者の辞任）（※24）
1　受託者は、受益者となったときは辞任する。
2　受託者は、前記第1の死後事務委任契約第9条第2項記載の受任者の契約解除事由が生じたときは辞任することができる。
3　辞任した受託者は、その信託事務を他の受託者に引き継ぎに必要な行為をしなければならない。

第23条（受託者の解任）（※25）
1　受益者は、次の各号に定める場合に解任事由ある受託者を解任することができる。

(1) 受託者が本契約に定める義務に違反し、受益者の是正勧告から1カ月を経過しても是正されないとき
(2) 受託者に再生手続その他これと同種の手続申立てがあったとき
(3) 受託者が仮差押え、仮処分又は強制執行、競売又は滞納処分を受けたとき
(4) その他受託者に受託者として信託事務を遂行しがたい重大な事由が発生したとき
2 解任された受託者は、後継受託者が就任するまでの間、引き続き信託財産に属する財産の保管をし、かつ、信託事務の引き継ぎに必要な行為をしなければならない。

第24条（後継受託者等）
1 受託者が辞任により任務が終了したときは、受託者は、受益者に対し、任務終了の通知を行わなければならない。
2 委託者は、前項の場合に備えて、あらかじめ、後継受託者として下記の者を指定する。
　　　住　　所　　〇〇県〇〇市〇〇町〇〇丁目〇〇番〇〇号
　　　氏　　名　　Ｃ
　　　生年月日　　昭和〇〇年〇〇月〇〇日
　　　委託者との関係　　妹の子・甥
3 後継受託者として指定されたＣは、別途、受託者に就任する旨の承諾書をあらかじめ委託者に提出した。
4 受託者は、第1項による任務終了の場合は、後継受託者が信託事務を処理することができるまでは、信託法第59条（前受託者の通知及び保管の義務等）及び本契約の本旨に従い、引き続き信託財産を保管し、かつ信託事務の引き継ぎに必要な行為をしなければならない。（※26）

第25条（信託の変更、解約）
　　委託者は、受託者の書面による同意により、本信託の内容を変更し、又は本契約を将来に向かって終了させることができる。ただし、前記第1で締結している死後事務委任契約の条項の変更と同時に齟齬しないように変更しなければならない。（※27）

第26条（報酬）（※28）
　本契約の受託者の報酬は、無報酬とする。

第27条（清算受託者及び帰属権利者）（※29）
1　信託終了時の受託者は、清算受託者を指名する。この場合、自らが清算受託者に就任することができる。
2　清算受託者は現務を終了し、最終計算を行ったうえで、信託財産を残余財産帰属権利者に引き渡す等の手続を行うものとする。
3　信託終了時の残余財産は、信託終了時の受益者及び受託者に均等に帰属する。
4　信託終了事由が第18条3号によるときは、受益者が、清算受託者を指名する。この場合の残余財産の帰属権利者は受益者とする。

第28条（契約に定めのない事項の処理）
　本信託契約の条項に定めのない事項は、受益者と受託者との合意で解決するものとし、その際、信託法その他の法令並びに慣行に従うものとする。（※30）

　以上のとおり、死後事務委任契約並びに財産管理処分信託契約が成立したので、これを証するため、当事者各自は、本書面に署名捺印をする。

平成○○年○○月○○日

当事者の表示（※31）

　　　○○県○○市○○町○○丁目○○番○○号
　　　　委任者・委託者　　　A　　　　㊞

　　　○○県○○市○○町○○丁目○○番○○号
　　　　受任者・受託者　　　B　　　　㊞

※1　死後事務委任契約と財産管理処分信託契約（以下、二つを合わせて「本契

約」という）を別々の契約書で作成してもよいし、同一の契約書で作成してもかまわない。ただし、財産管理処分信託契約書に印紙税200円が必要になる。死後事務委任契約に関しては、業務委託契約ではないので、印紙税の範囲ではない。

※2　死後事務の範囲について、本事例は福祉型の死後事務委任契約の典型的パターンであるが、施設に入居していない者が委任者である場合には、より細かく死後事務の範囲を想定しておかないと思わぬ事務を抱え込んでしまうことになり、費用倒れとなってしまうおそれがある。

　　　たとえば、本事例は、自宅不動産を所有せず、施設等に入居する場合を想定したものであるが、家財道具や生活用品の処分に関する事務（本契約2条1項(4)）としては、委任者が健常者の場合、賃借している住居があれば、その賃貸人または媒介不動産会社に対する連絡業務、住まいの片づけ、住居内の遺品整理についての清掃業者への依頼、遺品の完全撤去、貴重品の選別並びに形見分け先への連絡業務に加え、公共サービスである電気、ガス、水道、プロパン等の解約、使用料の清算事務が考えられる。さらに、現代的特徴として、クレジット会社との解約事務、パソコン、携帯電話、デジタルカメラ等のハードディスク、記録メディア等の破砕処分、インターネット・プロバイダとの解約事務、TwitterやFacebook等の愛用者であれば電子メールアカウントの削除事務も考慮に入れておかなければならない。

　　　また、行政官庁等への諸届出事務（本契約2条1項(5)）としては、より具体的に、健康保険、介護保険、公的年金等の資格抹消手続、住民税、固定資産税の納税代理人に就任したうえ、死亡年度の住民税、固定資産税の納税手続事務を行う必要があることも考慮に入れておくべきである。勤め人であったのであれば、勤務先企業や機関への退職手続事務も考えられる。

※3　事前に菩提寺の住職との間で話し合っておく必要があるが、事情によっては変更すべき事由が発生した時のリスク回避条項を入れておくことも肝要と思われる。

※4　事前に菩提寺住職との間で金額の目安について話し合いをして、あらかじめ上限を決めておくことがよいと思われる。

※5　※3参照。

※6　※4参照。

※7　契約締結前に、または、契約締結後速やかに、親族リスト・友人リストを作成してもらっておくことが必要である。

※8　費用負担については、その費用は信託財産から支出するものとし、その費

用については受託者の分別管理を明確にするため、かつ、倒産隔離機能を確保するため、受任者たる受託者が、銀行預金として「委託者〇〇〇〇受託者〇〇〇〇信託口」または「受託者〇〇〇〇信託口」の名義で預金口座を設けるようにして分別管理していくことが望ましい。

※9 本契約は、すでに施設等に入居している委任者の死後事務であり、かつ、受任者も親族であることを想定しているため、死後事務の範囲は多くない。そこで、最終的に預かった金銭から、諸費用を支弁した残りの残元本を報酬にあてる規定をする方法もあるが、これを信託財産から支払うことになると、残余財産帰属権利者類似の地位となってしまう結果となるし、残余財産を残したいがために、信託終了時までの費用について残余財産を多く残そうとするモラルハザードが起きかねないことも考慮すると、信託報酬とは別に、事務手続報酬として預かり金銭より一定額または事務量に応じた額を受任報酬として規定するほうが、報酬についても明確になるものと思われる。

　また、施設等に入居していない健常者との死後事務契約においては、その範囲も広範囲になるため、事務1件あたりの報酬規定を設けることも可能であると思われる。

※10 委任者の生存中であれば、いつでも契約変更ができる規定を設けておくことにより、委任者の不利な条項を是正する機会を与えておくことになる。また、ただし書は、委任の変更が信託条項に影響を与えるときは、同時に信託条項の見直しをしなければならない旨の注意規定である。

※11 死後事務委任契約の解除事由を財産管理処分信託契約の解除事由と同一にすることにより、両者の解除事由に齟齬がないようにした（本契約22条2項参照）。

※12 死後事務委任契約の性質上、契約は、例外を除いて、委任者の死亡によって終了しない条項が、一般的な死後事務委任契約書のひな型として利用されている。そして、委任者の死亡により相続人が承継したうえで、その相続人については、解除事由を制限する規定が多くみられるが、本契約は財産管理処分信託契約とのセットでの契約であるため、委任者の契約上の地位を受益者に承継させたほうが、財産管理処分信託との一体性が、より保たれるものと思われる。また、受任者の死亡についても、後継受任者をあらかじめ指名しておき、死後事務委任契約が信託契約終了とともに終結するようにしておかなければならない。

※13 死後事務委任契約と財産管理処分信託契約の終了事由を一致させている。

※14　報告事務の相手方としては、通常は、遺言執行者、相続人、相続財産管理人等が考えられるが、本事例の場合には、報告事務の相手方が特定されているため、委任者の地位承継者（本契約10条）とした。

　　また、本契約では、「死後事務終了後速やかに……報告する」としているが、期限を切って、報告の時期を明確にすることも可能である。

※15　本事例では、死後事務委任契約に対応する遺言代用型信託を採用した。ほかの方法としては、遺言信託（信託法3条3項）の方法もある（【書式4―2】参照）。遺言代用型信託では、受益者を委託者としても、その信託財産が生前受益者のために使われず、もっぱら委託者の死後の受益者のために使われるとすれば、契約時に受益者の不存在とみなされ、受託者にみなし法人税を課税されるおそれがある。それを避けるためには、遺言信託の方法がよいと考えられるが、委任者の行為能力の衰えとともに、遺言をしたことの記憶が定かでなくなり、あらためて遺言書を作成するというケースが往々にあると仄聞しているので、せっかく作成した遺言信託が無意味になってしまうというリスクがある。

　　一般的に、遺言代用型信託の方法をとる場合には、死後事務のみではなく、ほかの死後の財産の管理・処分に関する規定を盛り込むものと思われるが、本契約では、主に死後事務委任契約に対応する財産管理処分信託契約に焦点を合わせた内容とした。

※16　信託の目的について、仮に、もっぱら死後事務だけのための費用にあてるためと定めると、仮に、生前の受益者を定めたとしても、実態は受益者が存しない信託とみなされる可能性がある（相続税法9条の2第1項、相続税基本通達9の2-1）。そこで、信託の目的については、通常の管理・処分をすることも、その目的の一つに掲げ、当初受益者が生前の墓地の管理等を含む祭祀行為の内容等を指示することを受益権の内容にすることにしてある（本契約17条2項）。

※17　信託財産の額については、委託者の社会的地位や経済的裏づけによってさまざまであろうと思われる。

※18　仮に、死後事務に関する金銭を信託財産とし、受益者が存しない信託であれば、贈与税やみなし法人税が課せられる場合であるときは、少なくとも贈与税基礎控除額内で、信託財産の額を設定しておいて、遺言によって追加信託をすることも一つの方法と考えられる。この場合、受益者が相続人である場合または受遺者である場合に応じて、相続税法においては、それぞれの立

※19　当初受益者を委託者とすることによって贈与税を回避するようにした。第1受益者たる委託者の死亡により、信託財産すべてが相続税の対象になることに注意すべきである。

　　また、第2受益者として、委託者の妹である法定相続人Ｄを指名し、信託財産全部について相続税法が適用になる。また、第2受益者が亡くなったときは、受託者Ｂが第3受益者になる。この場合、信託法上は第3受益者は、委託者からあらためて受益権を取得したと構成するが、税務的には、第2受益者から第3受益者に対して受益権の移転があったものとして、その原因が相続であれば相続税の対象となるので注意を要する。第3受益者になったＢは、その時点で受託者を辞任し、後継受託者としてＢの弟Ｃが就任することになる。

　　さらに、信託期間内にＢも死亡する場合があるため、第4受益者として宗教法人○○寺を受益者とした。税務的には、この場合も同様で相続税の対象となり、宗教法人○○寺は相続人ではないため、遺贈により取得することになる。遺贈の場合には、相続税に関して2割増しとなる。本事例の場合は、いずれにしても対象額が3000万円以下であり、相続税における基礎控除の範囲内であるため、相続税の対象とならないものと思われる。

※20　信託期間の設定であるが、法要は1周忌、3回忌、7回忌、13回忌、23回忌、27回忌、33回忌、37回忌、43回忌、47回忌、50回忌とあるようである。信託財産との兼ね合いもあるが、通常13回忌までの13年とすることが多いのではないかと思われる。ただし、大都市部では永代供養の期間を7回忌とする寺院も少なくないので、確認する必要がある。

※21　信託の管理方法を記載する。

※22　信託事務の内容を詳細に規定する。

※23　受託者の信託処理方法について、善管注意義務の範囲で処理することとした。

※24　受託者が本契約17条で第3受益者またはＤの委託者前死亡による第2受益者になったときには、受託者兼受益者となるため、信託法163条2号（受託者が受益権の全部を固有財産で有する状態が1年間継続したとき）に該当して信託の終了事由とならないように受託者を辞任し、後継受託者に引き継ぎをさせるためにこの規定を設けた。

※25　一般的な解任事由規定を設けた。

※26　後継受託者の規定を設けた。後継受託者の指名について、あらかじめ就任承諾がない場合には、就任するか否かの催告をしなければならないし（信託法62条2項）、就任しなかった場合のリスクを回避するため、あらかじめ就任の意思を表明してもらう規定とした。

※27　委託者にとって不都合となった信託条項を変更できるように規定を設けた。ただし、変更する場合には、死後事務委任契約の条項と齟齬が生じないように、死後事務委任契約も同時に変更する旨を念のため規定した。

※28　報酬については、無報酬とした。本契約7条において、受任者の報酬を定めているので、受託者の報酬は無報酬でもよいように思う。

※29　信託終了時の清算受託者の規定であり、終了時の受託者が清算受託者に就任してもよいし、一般的には信託財産が不動産や有価証券等に跨るときは、その清算手続について法的知識が必要になる場合があるため、法律専門家を清算受託者として指定しておく方法もある。

　　　3項について、帰属権利者に関しては、信託終了時の受益者および受託者に帰属させることになるが、税務的には、受益者には課税されず、終了時の受託者には、受益者から贈与を受けたとして贈与税が課されることになる（相続税法9条の2第4項）。

　　　4項について、信託期間は12年であるが、万一、その期間内にCまでもが死亡したときは信託終了となり、清算受託者がいなくなるため、受益者が清算受託者を指名できることとし、帰属権利者は受益者であった宗教法人○○寺に帰属させることにした。

※30　一般的な条項である。

※31　当事者は委託者と受託者であるが、後継受託者があらかじめ就任を承諾している場合に、別途の就任承諾書を徴求せずに、契約書上に署名させることによって、就任を承諾させることも考えられる。

《キーワード》　民事信託と司法書士法施行規則31条

　司法書士の財産管理業務についての根拠は、司法書士法29条（業務の範囲）を受けて司法書士法施行規則31条（司法書士法人の業務の範囲）を根拠とする。司法書士法人に関する規定は、当然司法書士個人ができる業務である。司法書士法施行規則31条1項1号において、「当事者その

他関係人の依頼又は官公署の委嘱により、管財人、管理人その他これらに類する地位に就き、他人の事業の経営、他人の財産の管理若しくは処分を行う業務又はこれらの業務を行う者を代理し、若しくは補助する業務」と規定し、弁護士法人及び外国法事務弁護士法人の業務及び会計帳簿等に関する規則1条1号にも同様の規定をおいている。

したがって、財産管理業務は弁護士および司法書士のみが業として行える業務である。ただし、司法書士の財産管理業務は弁護士法72条の争訟性のあるいわゆる法律事件に該当することはできない。民事信託は、財産管理業務に包摂されるものである。

(3) 公正証書の利用

本事例においては、前記(2)の遺言代用型信託(死後事務委任および財産管理処分信託)とは異なり、死後事務委任契約は締結せずに、遺言および遺言による信託を行う方法も考えられる。なお、自筆遺言証書とするには文章が長く、遺言者が手書きで作成するには時間がかかりすぎるので、遺言者の実際の便宜のために、費用はかかるが遺言公正証書の形式にした。

本事例において活用する遺言公正証書は【書式4―2】のとおりである。また、書類の作成上の留意点については、「※」を付しているので参考にされたい。

【書式4―2】 遺言公正証書

平成○○年第○○号

遺言公正証書

本公証人は、平成○○年○○月○○日、遺言者Aの嘱託により、証人○○○○、同○○○○の立会いのもとに、遺言者の遺言の趣旨の口述を筆記し、この証書を作成する。

遺言者は、この証書により次のとおり遺言する。

第1条
　遺言者は、遺言者の所有する別紙1遺言信託第2条記載の金銭を、別紙1遺言信託記載のとおり信託する。

第2条
　遺言者は、遺言者の有する別紙1遺言信託第2条記載の銀行預金以外の全財産を遺言者の妹D（昭和〇〇年〇〇月〇〇日生。以下「D」という。）に相続させる。（※1）

第3条
　遺言者は、Dが遺言者より先に亡くなったときは、遺言者の有する別紙1遺言信託第2条記載の銀行預金以外の全財産は、Dの長男B（昭和〇〇年〇〇月〇〇日生）及び次男C（平成〇〇年〇〇月〇〇日生）に均等に相続させる。（※2）

第4条
　遺言者は、祖先の祭祀を主宰すべき者として、Dを指定し、遺言者の有する次の祭祀用財産を承継させる。ただし、遺言者は、Dが遺言者より先に亡くなったときは、祖先の祭祀を主宰すべき者として、Dの長男Bを指定する。（※3）
　　　祭祀用財産
　　　所　　在　　〇〇県〇〇市〇〇町〇〇丁目〇〇番〇〇号
　　　　　　　　　財団法人〇〇会　〇〇霊園
　　　　　　　　　〇〇区〇〇側〇〇号　〇〇.〇〇m^2

第5条
1　遺言者は、この遺言の遺言執行者として、次の者を指定する。（※4）
　　　住　　所　　〇〇県〇〇市〇〇町〇〇丁目〇〇番〇〇号
　　　職　　業　　〇〇〇〇
　　　氏　　名　　B
　　　生年月日　　昭和〇〇年〇〇月〇〇日

　　　　遺言者との関係　　甥
2　前項の遺言執行者は、第1条記載の信託の設定手続をはじめ、相続人の同意を要せず、各自単独で、不動産の登記手続、遺言者が借用中の貸金庫の開庫、貸金庫契約の解約、預貯金債権その他の金融資産の名義変更、払戻し、解約等のほか、医療費、公租公課その他の債務の支払いなど、この遺言の執行に必要な一切の行為をする権限を有する。（※5）
3　第1項の遺言執行者は、必要と認めるときは、両名協議のうえ、第三者にその事務の一部又は全部を委任することができる。

　　　　　　　　　　　　　　　　　　　　　　　　　　　　　　以上

本 旨 外 要 件

　　　○○県○○市○○町○○丁目○○番○○号
　　　無　　　　　　職
　　　遺　言　者　　A
　　　　　　　　　　昭和○○年○○月○○日生

上記は、印鑑登録証明書の提出により、人違いでないことを証明させた。

　　　○○県○○市○○町○○丁目○○番○○号
　　　司法書士・行政書士
　　　証　　　　　　人　　○　○　○　○
　　　　　　　　　　昭和○○年○○月○○日生

　　　○○県○○市○○町○○丁目○○番○○号
　　　司　法　書　士
　　　証　　　　　　人　　○　○　○　○
　　　　　　　　　　昭和○○年○月○○日生

以上（別紙1から別紙2（略）までの添付文書を含む。）を遺言者及び各証人に読み聞かせたところ、各自筆記の正確なことを承認し、次に署名押印する。


```
　　　遺　言　者　　A　　　　　㊞
　　　証　　　　人　　○○○○　㊞
　　　証　　　　人　　○○○○　㊞
```

　この証書は、民法第969条第1号から第4号までの方式に従って作成し、同条第5号に基づき本職次に署名押印する。

　平成○○年○○月○日、本職役場において。
　　○○県○○市○○町○○丁目○○番○○号
　　○○法務局所属
　　公　　証　　人　　○○○○　㊞

　前同日、Aのため、正本1通を交付した。
　　○○県○○市○○町○○丁目○○番○○号
　　○○法務局所属
　　公　　証　　人　　○○○○　㊞

（別紙1）

遺言信託

　遺言公正証書第1条に定める信託（以下「本遺言信託」という。）の内容は、次のとおりである。なお、以下の各条項（以下「本遺言信託条項」という。）中に表記する条数は、特に断らない限り、本遺言信託条項の各本条の条数を示すものとする。

第1条（信託の目的）
　　本遺言信託は、遺言公正証書第1条記載の財産について管理運用及び処分その他この信託の目的の達成のために必要な行為を行い、遺言者が有する金銭を死後事務並びに祭祀行為及び祭祀財産に関する信託財産として管理し、もって遺言者の死後の事務に係る費用、祭祀行為に係る費用の支払いが、適宜適切に行われることを目的とする。

第2条（信託財産）
　　遺言者が保有する○○銀行○○支店に定期預金として預けている金○○万円を信託財産とする。（※6）

第3条（受託者）
　　受託者として下記の者を指定する。（※7）
(1) 当初受託者は下記の者を指定する。
　　　　住　　　所　　○○県○○市○○町○○丁目○○番○○号
　　　　氏　　　名　　B
　　　　生年月日　　　昭和○○年○○月○○日
　　　　遺言者との関係　　遺言者の甥
(2) 当初受託者Bが死亡又は第5条2項により受益者となったとき、その他の事由で本信託を行えないときは、次の者を後継受託者として指定する。
　　　　住　　　所　　○○県○○市○○町○○丁目○○番○○号
　　　　氏　　　名　　C
　　　　生年月日　　　昭和○○年○○月○○日
　　　　遺言者との関係　　遺言者の甥

第4条（信託の期間）
　　本信託の期間は、次の各号いずれかに該当した時までとする。
(1) 遺言者の死亡後12年間（※8）
(2) 信託財産が消滅した時
(3) 後継受託者が死亡した時

第5条（受益者）
1　受益者として下記の者を順次指定する。（※9）
　　　　住　　　所　　○○県○○市○○町○○丁目○○番○○号
　　　　氏　　　名　　D
　　　　生年月日　　　昭和○○年○○月○○日
　　　　遺言者との関係　　遺言者の妹
2　Dが受託者より先に死亡しているときは、第1受益者として、又は、委託者より後に受益者Dが死亡したときは、第2受益者として下記の者を指定する。

　　　　　住　　所　　　〇〇県〇〇市〇〇町〇〇丁目〇〇番〇〇号
　　　　　氏　　名　　　B
　　　　　生年月日　　　昭和〇〇年〇〇月〇〇日
　　　　　遺言者との関係　　遺言者の甥
　3　前2項の受益者がいないときは、次の者が受益者となる。
　　　　　住　　所　　　〇〇県〇〇市〇〇町〇〇丁目〇〇番〇〇号
　　　　　宗教法人〇〇寺

第6条（受益権の内容）
　　受益者は、委託者の遺志に沿う死後事務並びに祭祀主宰者として活動をなすについて、信託財産より支給を受ける。（※10）

第7条（受託者の信託事務）
1　受託者は、前条に基づき、信託財産より下記の費用を支払う。この場合において、受益者（受益者が死亡したときは、第2受益者）と協議のうえ、死後事務の範囲等を確認し、その費用等の支払いを行う。
　(1)　菩提寺、親族等関係者への連絡事務費用
　(2)　通夜、告別式、火葬、納骨、埋葬、永代供養に関する事務費用
　(3)　医療費、介護施設等の施設利用料その他一切の債務弁済事務費用
　(4)　家財道具、生活用品の処分に関する事務費用
　(5)　行政官庁等への諸届出事務費用
　(6)　各種事務の未処理事務の処理費用
　(7)　墓地及び墓地の改葬、その他の祭祀財産の管理費用
　(8)　上記各事務に関する費用の支払い
2　前項に基づき協議した事務処理の経費を除くその他の費用及び信託報酬については、受益者への通知を要せず、受託者はその管理する信託財産から償還を受け、又は前払いを受けることができる。

第8条（受託者の管理事項）
　　信託財産の管理処分等に関する事務は次のとおりとする。
　(1)　信託財産については、信託財産たる第2条記載の金銭及びその他信託に必要な名義変更（記載又は記録）等を行うものとする。
　(2)　受託者は、本信託事務の処理につき特に必要な場合は専門的知識を有す

る第三者に委託することができる。
　(3)　受託者は、本信託の開始後速やかに、信託財産にかかる帳簿を作成し、受益者に対して毎年〇〇月末までに適宜の方法にて報告しなければならない。
　(4)　受託者は、受益者から報告を求められたときは、速やかに求められた事項について報告をしなければならない。
　(5)　受託者は、自らのこととして善良な管理者の注意義務をもって事務処理を行うものとする。
　(6)　受託者に、信託法第56条第1項各号に規定する任務終了事由が発生したときは、その受託者が任務終了時に存した信託事務の権利義務は、他の後継受託者が引き継ぐものとする。

第9条（受託者の辞任）
1　受託者は、受益者となったときは辞任し、その他の事由によるときは、受益者の書面による同意がある場合に限り辞任することができる。（※11）
2　辞任した受託者は、その信託事務を後継受託者に引き継ぐに必要な行為をしなければならない。
3　受託者が辞任により任務が終了したときは、受任者は、受益者に対し、任務終了の通知を行わなければならない。

第10条（受託者の解任）
1　受益者は、次の各号に定める場合に解任事由ある受託者を解任することができる。
　(1)　受託者が本契約に定める義務に違反し、受益者の是正勧告から1カ月を経過しても是正されないとき
　(2)　受託者に再生手続その他これと同種の手続申立てがあったとき
　(3)　受託者が仮差押え、仮処分又は強制執行、競売又は滞納処分を受けたとき
　(4)　その他受託者に受託者として信託事務を遂行しがたい重大な事由が発生したとき
2　解任された受託者は、後継受託者が信託事務を処理することができるまで引き続き受託者として任務を遂行しなければならない。

第11条（後継受託者の就任承諾）
　　第3条第2号において指定されたＣは、別途、受託者に就任する旨の承諾書をあらかじめ委託者に提出した。（※12）

第12条（報酬）
　　本契約の受託者の報酬は、年○○万円とし、毎年○○月末に信託財産から支払う。ただし、委託者の葬儀、納骨、年忌法要及び永代供養の手続並びに墓地の返還、合祀墓への改葬に関する事務処理を行った場合は、日当（1日につき金○○万円）及び旅費交通費を支給する。（※13）

第13条（清算受託者及び帰属権利者）
1　信託終了時の受託者は、清算受託者を指名する。この場合、自らが清算受託者に就任することもできる。
2　清算受託者は現務を終了し、最終計算を行ったうえで、信託財産を残余財産帰属権利者に引き渡す等の手続を行うものとする。
3　信託終了時の残余財産は、信託終了時の受益者及び受託者に均等に帰属する。
4　信託終了事由が第4条3号によるときは、受益者が、清算受託者を指名する。この場合の残余財産の帰属権利者は受益者とする。（※14）

以上

（別紙2）（略）

※1　一般的に、信託財産以外の財産について遺言をしておかないと、法定相続となり、法定相続分に従ってまたは法定相続人間において遺産分割協議に従って分割される可能性がある。本事例における遺言信託公正証書（以下、「本公正証書」という）では、遺言によって特定の相続人に「相続させる」としたほうがトラブルの予防になる。
※2　特定された当初の相続人が遺言者より先に亡くなった場合を想定して、次順位の相続人を指定しておくことにより、遺言者の意思を明確にすることができる。
※3　祭祀主宰者についても、本公正証書第3条と同様の規定を設け、祭祀主宰者がいなくなるのを防ぐ趣旨である。また、前掲【書式4―1】第4条のよ

うに、特定の菩提寺ではなく、特定の寺に所属しない霊園に所在している墓地がある場合の事例として記載した。

※4　遺言執行者として、遺言信託上の受託者就任予定者を指名しておく。または、遺言執行者としての事務手続は専門的であるので、司法書士、弁護士等の専門職を任命し、受託者には親族を選任する方法もある。もっとも、遺言書作成の際、就任予定者には、あらかじめその就任承諾を取り付けていないと、遺言の効力発生後に相続人からの就任承諾の催告等を受けることになり（民法1008条）、遺言執行がスムーズに進行しなくなるおそれがある。

※5　遺言執行者の権限を明確にしておくことによって、相続人、預金先銀行との無用なトラブルを避けるための念のための条項である。

※6　信託財産として、どの程度の金額を計上するかによるが、委託者の社会的地位、経済力にもよる。注意しなければならないのは、あまり多額の信託財産とすると、受益者に相続税がかかってしまうおそれがある。死後事務および祭祀行為にかかる費用としていても、税務上は、信託財産は遺産とされて相続税の対象になってしまうからである。しかし、遺産から「葬儀費用」は控除できるので、それ以外の遺産が相続税の対象となる。遺産総額から差し引くことができる葬儀費用としては、①死体の捜索または死体や遺骨の運搬にかかった費用、②遺体や遺骨の回送にかかった費用、③葬式や葬送などを行うときやそれ以前に火葬や埋葬、納骨をするためにかかった費用（仮葬儀と本葬儀を行ったときはその両方にかかった費用）、④葬儀などの前後に生じた出費で通常葬式などに欠かせない費用（たとえば、通夜などの費用）、⑤葬式にあたり寺などに対して読経料などの御礼をした費用があげられる。ただし、香典返しの費用、墓石や墓地の買入れのための費用や借りるための費用、初七日や法事などのためにかかった費用は、葬儀費用として認められていない（国税庁ウェブサイト「相続財産から控除できる葬式費用」〈https://www.nta.go.jp/taxanswer/sozoku/4129.htm〉参照）。

※7　受託者には、遺言執行者をあてることによって、遺言の効力が生じたときに、直ちに遺言信託の効力を生じさせ、遺言に基づき遺言執行者が受託者に就任できるようにしておく。また、第1受託者も自然人であるので、万一を考慮して第2受託者の候補者を指定していたほうが、委託者の遺志を貫徹することができる。

※8　前掲【書式4—1】※20参照。

※9　受益者は、祭祀主宰者であるDとした。ただし、葬儀費用は経費として金

銭信託より控除できるが、それ以外の金銭については、相続税の対象となるため、基礎控除額を超える部分については相続税を支払わざるを得ない。

また、第2受益者Bについても、税法上は第1受益者より相続を受けたものとして相続税を課税される可能性がある。

さらに、信託期間内にBも死亡する場合があるため、第3受益者として宗教法人○○寺を受益者とした。

※10 受益権（信託法2条7項）は、信託行為について受託者が受益者に対して負う債務であって信託財産に属する財産の引渡しその他の信託財産にかかわる給付をすべきものに係る債権およびこれを確保するために受託者その他の者の一定の行為を求めることができる権利であるため、その前段の受託者に給付を求めることができる死後事務信託における受益権の内容を記載した。

※11 Bは、第1受託者であるが、本事例における遺言信託では、5条2項で、第1受益者または第2受益者として指定されており、その事由が発生したときは、受託者兼受益者となるので、これを避けるために受託者の辞任事由とした。また、そのほかの事由があるときは、受益者の同意のうえ辞任することができる旨を規定した。

※12 あらかじめ就任承諾書を徴求しておくことにより、後継受託者への催告手続の手間を省くことができ、間隙なく受託者の事務を遂行することができるので、この条項を挿入する。

※13 受託者の報酬として、一定額を付与する形態とした。

※14 前掲【書式4－1】※29参照。

5　信託期間中の実務と留意点

(1)　主な実務

委任者兼委託者の生存中は、受任者においては、任意後見契約を締結しているので、委任者兼委託者の健康状態に留意し、任意後見を開始するか否かを見定めることになる。受託者としての業務は、祭祀行為に関しての費用が発生する場合に、金銭の出費等の管理を行う程度であろう。

委任者兼委託者が亡くなったときは、受任者の死後事務が開始される。死後事務委任契約（【書式4－1】第1）に基づき、委任事務の範囲内での事務

を執行し（同契約2条）、通夜・告別式を執り行い（同契約3条）、納骨・埋葬を執り行い、永代供養については13回忌まで執行することになる（同契約4条）。受託者は、財産管理処分信託契約（【書式4－1】第2）に基づき、前記の事務についての費用の支払いを行い、信託計算書を作成し、毎年〇〇月末までに適宜の方法によって受益者に報告しなければならない（同契約20条）。

(2) 税務上の留意点（信託期間中）

信託財産から預金利息（すでに利子課税として、一律20％を源泉徴収されている）以外の収益が生じることはないので、受益者へ所得税は発生しない。

(3) 信託期間中の専門職の関与のあり方

行政官庁等への届出事務について、専門的見地よりアドバイスを行う程度と思われる。なお、本事例は、兄弟姉妹の相続であるので、委託者が亡くなった際の遺留分については考慮する必要はない。

6 信託終了後の実務と留意点

(1) 主な実務

財産管理処分信託契約（【書式4－1】第2）で定めた信託期間（同契約18条1号～3号）によって、対応が異なる。

　　㋐ 委託者の死亡の日から12年経過

委託者の死亡の日から12年が経過した場合（財産管理処分信託契約18条1号）、信託終了時の受託者は、清算受託者を別に指名するか、または、自らが清算受託者として清算事務を執り行うことになる（同契約27条1項）。

主な実務としては、指名された清算受託者は、信託終了時の受託者から事務を引き継ぎ、信託目録を点検する必要がある。また、そのうえで、引継清算受託者または自ら清算受託者となった者は、最終計算を行い、受益者へその旨を報告し、管理している受託者信託口名義の銀行口座を解約し、帰属権利者へ残余の預金および会計帳簿等を引き渡すことになる（財産管理処分信託契約27条2項）。墓所の管理契約が終了していないときは、帰属権利者への名義変更手続を行う。

(イ)　信託財産の消滅

　信託財産がなくなった場合（財産管理処分信託契約18条2号）、信託終了時の受託者は、最終計算を行い、受益者へ報告し、会計帳簿等を引き渡すことになる（同契約27条2項）。墓所の管理料の支払いができない状態であるので、墓地の返還、合祀墓への改葬手続が必要となる。

　　　(ウ)　後継受託者の死亡

　後継受託者（財産管理処分信託契約24条）が死亡した場合（同契約18条3号）、受益者たる宗教法人〇〇寺が清算受託者を指名して、その清算受託者が清算手続を行い、預り残余預金を帰属権利者へ引き渡すことになる（同契約27条2項）。

　(2)　税務上の留意点（信託終了後）

　残余財産帰属権利者が受益者である場合には、受益者は、受益権取得の際に課税されているので、信託終了時には課税されない。一方、受益者以外の帰属権利者に残余財産が帰属する場合には、信託終了時の受益者から贈与があったものとして贈与課税がなされる。

　(3)　信託終了後の専門職の関与のあり方

　信託終了時の清算手続は、専門的な手続が必要になるので、清算受託者として就任することは可能であり、信託業法上の規制を受けないと思われる（遠藤・前掲書305頁）。あるいは、信託事務の処理の第三者への委託の規定（信託法28条）を利用することも可能である。

7　成年後見人による死後事務

　死後事務における信託の活用の考え方と実務上の留意点をみてきたが、ここでは、意外と見落とされている論点として、本人に成年後見が開始されており、その本人（成年被後見人）が死亡した場合、推定相続人との間に死後事務委任契約などの契約関係がないにもかかわらず、実際上、成年後見人が死後事務を遂行せざるを得ない立場にあるといった問題について考えてみたい。なお、この問題に関しては、前述のとおり（前記1参照）、平成28年民法

等改正法が成立し、民法873条の2として、成年被後見人の死亡後の成年後見人の権限について、「必要があるときは、成年被後見人の相続人の意思に反することが明らかなときを除き、相続人が相続財産を管理することができるに至るまで」、①相続財産に属する特定の財産の保存に必要な行為（同条1号）、②相続財産に属する債務（弁済期が到来しているものに限る）の弁済（同条2号）、③その死体の火葬または埋葬に関する契約の締結その他相続財産の保存に必要な行為（上記①②の行為を除く）をすることができる（ただし、③の行為をするには、家庭裁判所の許可を得なければならない）ものとする（同条3号）とされた。

専門職成年後見人は、このようなケースについて、成年後見制度の改正による解決がなされていないため、成年後見制度と相続法の狭間で悩んでいるのであるが、少なくとも推定相続人との間で事前に成年被後見人の死亡を効力発生時とする死後事務委任契約を締結しておくべきではないかと提案するものである。この場合、推定相続人が祭祀主宰者となるものと思われる。専門職成年後見人の死後事務業務としては、長期にわたる業務は考えられないから、信託契約まで締結する必要性はないものと思われる。本書の趣旨にそぐわないが、成年後見制度と相続法の狭間で悩んでいる法定後見人の業務の一助になればとの思いで、参考までに、想定される事例の紹介、実務の考え方および書式の提供を試みる（【書式4―3】参照）。

(1) 事例の内容――成年後見人が死後事務を遂行せざるを得ない場合

Fは、Eの後見開始の審判の申立て時の成年後見人候補者であり、家庭裁判所の後見人選任審判の結果、成年後見人に選任された者である。成年被後見人Eには、後妻に迎えた外国人妻がいるが、夫の預金を自分の本国へ持ち出したまま行方不明の状態であるため、後見開始の審判の申立て前に遺言書を作成し、財産はすべてアメリカに居住する唯一の血族である妹Gに相続させる旨の遺言を残している。しかし、Gがアメリカに居住しているため、Eが亡くなったときの死後事務についても、Fが処理をせざるを得ない状況にある。そこで、相続人であるGは、Fとの間において、死後事務委

任契約を締結したいと考えている。

〔図16〕 当事者等の関係図

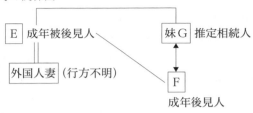

(2) **本事例における死後事務委任契約の考え方**

　前述のとおり、成年被後見人が死亡した場合、推定相続人との間に死後事務委任契約などの契約関係がないにもかかわらず、実際上、成年後見人が死後事務を遂行せざるを得ない立場にある。ここでいう死後事務とは、遺体の引き取り、葬儀社との打合せ、葬儀の執り行い、推定相続人との連絡、死亡届、火葬許可、埋葬許可等の行政庁との打合せ（これらは葬儀社が代行する場合が多いが、その指示は成年後見人が行わざるを得ない）、埋葬、管理財産の引き継ぎ等をいう。法定後見では、成年被後見人の死亡が後見業務の絶対的終了事由であるにもかかわらず、本事例のようなケースでは、これらの業務を行わざるを得ない。その法的根拠としては、応急処分義務（民法874条・654条）または事務管理（同法697条以下）に依拠しているものである。ここでは、報酬請求権はなく、有益費用の償還請求のみにとどまると考えられる（同法702条）。

　親族後見の例として、成年後見人（子）が成年被後見人（母親）の法定代理人として、成年後見人の知人を受任者として成年被後見人の死後事務（葬儀、埋葬、永代供養等の事務）を委任し、これら費用にあてる現金を成年被後見人の預金（遺産）から出捐することを受任者に預託し、祭祀行為を確実に実現する信託を検討するケースが紹介されている（遠藤・前掲書471頁）。専門職成年後見人（司法書士、弁護士等）がこれらの業務をすでに行っている

7　成年後見人による死後事務

ときは、なかなかその知人を見つけ出すことは困難であり、また、これらの知人を見つけたとしても、その知人がその死後事務を引き受けてくれるか否かは事案によるし、実際は困難なケースが多いと推測される。現実的には、成年後見人が事実上死後事務業務を遂行せざるを得ないのであろう。

(3)　**死後事務委任契約書の作成**

本事例の専門職成年後見人Fが、成年被後見人Eの死亡を効力要件として、推定相続人で包括受遺者である遺言者の妹Gとの間において締結する死後事務委任契約書は【書式4—3】のとおりである。また、書類の作成上の留意点については、「※」を付しているので参考にされたい。

【書式4—3】　死後事務委任契約書

死後事務委任契約書

G（以下「委任者」という。）とF（以下「受任者」という。）との間において、下記のとおり、当事者相互の合意のもとにおいて死後事務委任契約を締結した。

第1条（契約の趣旨）
　成年被後見人E（以下「E」という。）の相続人かつ包括受遺者である妹Gを委任者とし、Eの成年後見人であるFを受任者として、委任者は、受任者に対し、Eの死亡を発生効力要件とするEの死亡後における事務を委任し、受任者はこれを受任する。

第2条（委任事務の範囲）
1　委任者は、受任者に対し、Eの死亡後における下記の事務（以下「本件死後事務」という。）を委任する。（※1）
　(1)　菩提寺、親族等関係者への連絡事務
　(2)　通夜、告別式、火葬、納骨、埋葬に関する事務
　(3)　医療費、介護施設等の施設利用料その他一切の債務弁済事務
　(4)　家財道具、生活用品の処分に関する事務

(5)　行政官庁等への諸届出事務
  (6)　各種事務の未処理事務の処理
  (7)　上記各事務に関する費用の支払い
2　委任者は、受任者に対し、前項の事務処理をするにあたり、受任者が復代理人を選任することをあらかじめ承諾する。

第3条（通夜・告別式）
1　前条第1項のEの通夜及び告別式は、Eに応分の会場で行う。
2　Eの通夜及び告別式での読経は、次の寺に依頼する。ただし、事情に応じて、受任者の裁量により変更することがあることを委任者は了承する。
　　　○○寺
　　　所　在　　○○県○○市○○町○○丁目○○番○○号
　　　電　話　　00-0000-0000
　　　ＦＡＸ　　00-0000-0000
　　　E-mail　　****@***.***.***.com
3　前2項に要する費用は、金○○万円を上限とする。

第4条（納骨・埋葬）
1　第2条第1項の納骨・埋葬は、次の場所にて行う。（※2）
　　　○○寺
　　　所　在　　○○県○○市○○町○○丁目○○番○○号
　　　電　話　　00-0000-0000
　　　ＦＡＸ　　00-0000-0000
　　　E-mail　　****@***.***.***.com
2　前項に要する費用は、金○○万円を上限とする。

第5条（連絡）
　　Eが死亡したときは、受任者は、速やかに、委任者があらかじめ提出した会葬予定者リストを基に連絡するものとする。

第6条（費用の負担）
1　受任者が本件死後事務を処理するために必要な費用は、委任者の負担とする。（※3）

2　受任者は、前項の費用につき、Ｇの遺産である○○銀行○○支店に預け入れている普通預金の中より支弁を受ける。
3　委任者は、Ｅの遺言執行者として、受任者に対し、前項の銀行預金の解約手続を遺言の効力発生を条件にあらかじめ委任するとともに遺言書謄本の預け並びに口座解約に関する委任状を発行する。
4　受任者は、前項の口座解約したときは、その解約金を委任者の指定する委任者名義の銀行口座へ預入れ又は振込みの手続をしなければならない。

第7条（報酬）
　委任者は、受任者に対し、Ｅの死後事務の報酬として金○○万円を、第2条第1項各号の受任事務終了後支払う。ただし、Ｅの葬儀、納骨に関する事務処理を行った場合は、日当（1日につき金○○万円）及び旅費交通費を支給する。（※4）

第8条（契約の変更）
　委任者又は受任者は、Ｅの生存中、何時にても本契約の変更を求めることができる。

第9条（契約の解除）
1　委任者は、受任者の第2条第1項各号の事務終了までは本契約を解除できない。ただし、受任者に著しい不履行があるときはこの限りではない。
2　受任者は、経済情勢の変化、その他相当の理由により本契約の達成が不可能又は著しく困難となったときでなければ、本契約を解除することができない。

第10条（契約の終了）
　本契約は、第2条第1項各号の事務終了時まで継続するものとする。

第11条（報告義務）
　受任者は、委任者に対して、Ｅの死後事務終了後速やかに、本件死後事務に関する下記の事項について書面又は電磁的方法で報告する。
(1)　本件死後事務につき行った措置
(2)　費用の支出及び使用状況

第12条（守秘義務）
　受任者は、本件死後事務に関して知り得た秘密を、正当な理由なく第三者に漏らしてはならない。

　上記のとおり、当事者間において合意が成立したので、本契約書2通を作成し、当事者各自が署名押印し、各自が保持するものとする。

平成〇〇年〇〇月〇〇日

　　　　　　　〇〇県〇〇市〇〇町〇〇丁目〇〇番〇〇号
　　　　　　　委任者　　　G　　　　㊞

　　　　　　　〇〇県〇〇市〇〇町〇〇丁目〇〇番〇〇号
　　　　　　　受任者　　　F　　　　㊞

※1　この死後事務委任契約は、第三者である専門職成年後見人が行う死後事務であり、長期間の継続委任はあり得ないものと思われるので、委任内容は限定的なものに絞ってある。

※2　通常は納骨までの事務委任はなく、それまでには相続人が引き継ぐものと思われるが、本事例では、相続人が海外居住者ということもあり、納骨準備は受任者で行うというケースもありうるので、このような規定を設けた。

※3　費用について、被相続人の費用をあてにすることになれば、銀行口座は凍結されてしまう可能性が大きいので、あらかじめ、遺言執行者である委任者より遺言書謄本を預かり、口座解約の委任状をあらかじめ発行することにより、相続による財産移転手続を迅速にし、死後事務が遅滞しないようにしなければならない。本事例とは異なり、遺言がないときは、推定相続人全員より死後事務委任契約の中に遺産整理に関する委任条項を規定し、委任状を発行してもらうことにより、死後事務手続をスムーズに執行できるようにしておくことが肝要である。

※4　本事例では、1年を超えての事務となることは考えられないので定額制とした。

▷山北英仁

第4章 専門職が学ぶべきその他の信託

Ⅰ 本章の位置づけ
Ⅱ 高齢者の財産管理における商事信託の活用
Ⅲ アメリカの Living Trust の検討

I　本章の位置づけ

　本章では、「専門職が学ぶべきその他の信託」という視点から、まずⅡにおいて、高齢者の財産管理を目的とし、信託会社を受託者とする、いわゆる「商事信託」の事例を取り上げる。民事信託の活用を検討する信託創造者にとっては、実務が先行する商事信託から学ぶべきことは多いと思われるし、本事例のように、よりきめ細かいニーズの汲み取りや関係者間の利益調整が必要なケースでは、商事信託においても、弁護士や司法書士などの専門職による支援が求められている。

　次に、Ⅲにおいては、アメリカ合衆国におけるLiving Trust（生存中信託）に関する文献や、ニューヨーク州司法試験問題を素材として、同国で利用されている生存中信託の利用状況と議論を紹介する。同国の生存中信託の運用および課題は、日本における信託の理論や実務に大変有意義な示唆を与えるものと考える。

II 高齢者の財産管理における商事信託の活用

1 事例

(1) 事例の内容

A（当時85歳）の相続により、その妻 S_1（81歳）、長男 S_2（56歳）、二男 S_3（54歳）、三男 S_4（50歳）および四男 S_5（48歳）は、都内近郊の賃貸マンションとその敷地（以下、「甲マンション」という）を共有している。その持分割合は、法定相続分と同一である（S_1 が2分の1、S_2 ないし S_5 がそれぞれ8分の1）。甲マンションの1室には、S_1 が居住しており、入居者の募集業務は地元の不動産業者 H に依頼し、その他の建物の管理は入居者からの要望を直接受け付けるなどして S_1 が対応してきた。しかし、S_1 は加齢により自ら管理することが辛くなってきた。子どもの S_2 らは、それぞれ所帯を構え、

〔図17〕 当事者等の関係図

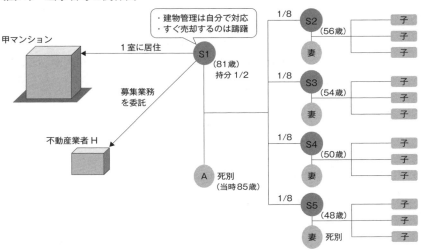

仕事もあるため管理を引き継ぐことは困難である。S_1 らは、S_1 自身が住んでいることや、A が遺してくれた愛着のある物件であることから、甲マンションを売却することには躊躇を感じている。

(2) 本事例における不動産管理処分信託の活用の考え方

超高齢社会の進展は、賃貸不動産のオーナーの高齢化という新たな問題を引き起こしており、その対応策が求められているところ、信託の機能の一つである「権利主体の転換」が対応策の一つになりうる。

つまり、信託の利用により、次の①～③を実現することができる。

① 長期継続の財産管理
② 財産管理の判断主体と財産権の帰属主体との分離
③ 財産管理の判断主体と利益の帰属主体との分離

この 3 点により、高齢者の判断力の低下・喪失に対応できる財産管理や資産承継対策が可能になる。

(ア) 長期継続の財産管理

前記①は、賃貸不動産の所有権を、現オーナーから受託者へ移転し、以後、法人受託者に管理させることで、いわば「生身の人間」がもつ諸々の限界（死亡や認知症等による判断力の低下）を取り払い、世代をまたぐことも可能な程度に長期間の管理を実現するものである。

本事例では、S_1 は体力の低下により、従前の管理が困難である一方で、これを代わって行う者もいないため、親族外の第三者による管理が必要になる。信託を利用せず、単に不動産業者 H 社との間の不動産管理委託契約の内容を追加することも考えられるが、判断権を S_1 に留保しておくと、管理が止まる危険性が残るため、法人を受託者とする信託は有用である（後記(イ)参照）。

(イ) 財産管理の判断主体と財産権の帰属主体との分離

前記②は、信託行為を根拠とする指図権の委託により、財産権の帰属主体（受託者）とは別に、判断者の役割のみを担う者をスキームに位置づけるものである。これにより、具体的な財産の管理・処分の方法に関する判断権を

従前のオーナーやその親族に留保し、信託設定後も財産の管理について関与し続けることや、オーナー自身の各ステージ（自立期、判断力低下・喪失期、相続期）に即した管理が可能になる。

本事例では、甲マンションの共有者には高齢の S_1 がおり、かつ、その持分は 2 分の 1 であることから、万が一 S_1 に認知症が発症した場合には、共有者による多数決が成立せず、管理について意思決定ができなくなるおそれがあるため、単独で、場合によっては共同で判断するしくみが組める信託を活用することは有用である。

　㈡　財産管理の判断主体と利益の帰属主体との分離

前記③は、財産管理の判断をする者（指図権者）と、利益を受ける者（受益者）とを分けることにより、所有権等の共有を原因とする紛争や管理上の不都合を回避するものである。

本事例では、今のところ、共有者は母（S_1）とその子ども（S_2 ないし S_5）であるが、いずれかに相続が起きれば、S_2 ないし S_5 の配偶者や子どもといった、より関係の希薄な者どうしの共有になるため、その管理や利益の分配について意見がまとまらず、甲マンションの運営に支障を来すだけでなく、親族内の紛争の火種にもなりかねない。また、特定の者への遺贈では、他の者の遺留分を侵害しその減殺請求を受けることもありうる。そのため、管理について判断する主体と賃料を受け取る主体とを区別できる信託を活用することは有用である。

(3) 本事例において活用する不動産管理処分信託のしくみ

本事例において活用する不動産管理処分信託のしくみの概要は、[図18] のとおりである。委託者は S_1、S_2、S_3、S_4、S_5、受託者は株式会社 T 信託、当初受益者は S_1、S_2、S_3、S_4、S_5、第 2 次受益者は S_2、S_3、S_4、S_5 および各法定相続人、帰属権利者は信託終了時の受益者と同じ、指図権者は管理については S_2、S_3、S_4、S_5 が順次、売却についてはその当時の委託者全員となる。

〔図18〕 不動産管理処分信託のしくみ

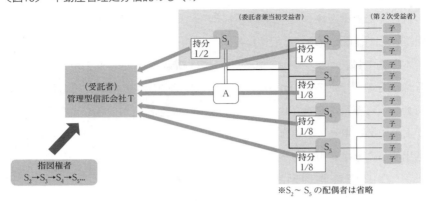

2　事前準備

不動産管理処分信託契約書（【書式5―1】参照）を起案するための資料および情報として、次の(1)(2)にあげるものが必要になる。このほか、受託者が信託会社であるため、犯罪による収益の移転防止に関する法律等による取引時確認のための書類等も必要だが、説明は割愛する。

(1)　資料の収集

不動産管理処分信託契約書を起案するために必要な資料は、次の①～⑥である。

①　不動産全部事項証明書（土地・建物）
②　固定資産評価証明書または同通知書
③　入居者との賃貸借契約書
④　火災保険証券の写し
⑤　建物や建築設備の定期検査の報告書の写し等
⑥　現在管理を委託しているときは管理委託契約書

前記①は、信託をする対象の特定や所有者（共有者）の確認をするために必要になる。

前記②は、信託財産に不動産が含まれるときは、信託財産状況報告書（信託業法27条1項）にその価額を記載すべきとされているため（信託業法施行規則37条1項5号ロ）、これを算出する根拠として必要になる。また、コストの一部である、登記の登録免許税の算出のためにも必要である。
　前記③は、賃貸目的物の所有権の移転により受託者が新賃貸人になるため、引き継がれる賃貸借契約の内容を確認する必要がある。
　前記④は、信託による所有権の移転により建物の所有権者が変更され、火災保険における被保険者（建物所有者）の変更手続を要するため必要になる。
　前記⑤は、信託検査マニュアル（「金融検査マニュアル別編〔信託業務編〕」の信託引受審査態勢の確認検査用チェックリストⅡ2(2)）により、不動産を引き受けるにあたり確認すべきとされている事項に関する書面であるため必要になる。
　前記⑥は、不動産管理業務を委託するにあたり、信託会社からの監督に堪え、委託先としての責任を全うできる能力や体制が整っているかが重要であるため、確認する必要がある。また、委託先を他の業者へ変更する必要があるときは、既存の管理業者との契約を解約する必要があるため、解約等の終了に関する事項について確認する必要がある。

(2) 情報の収集

　不動産管理処分信託契約書を起案するために必要な情報は、次の①～⑥である。
　① 親族関係
　② 信託する不動産の用途等や収益状況
　③ 信託をする動機
　④ 受益者や指図権者について決まっていればその案
　⑤ 収益の振込先口座
　⑥ その他要望事項や注意点があるときはその事項
　前記①は、委託者や受益者などの信託関係者の特定のためや、遺留分侵害対策の必要性等について判断するために必要である。

前記②は、自宅であるか収益物件であるかにより管理方法は変わること、また、賃料収入の状況が信託の利用コストに見合うかどうかを判断するために必要である。

　前記③は、信託会社において、受託者としてなすべき管理の方針（運用や保全）や適法性について判断するために必要である。

　前記④は、受益権の内容やその取得者は、遺留分侵害の問題と関係する。また、指図権者は、その時々の状況に応じた運営をするために欠かせない。各候補者の有無を確認することは必須である。

　前記⑤は、入居者から収受した賃料から、管理会社への手数料や信託報酬を差し引いた残額を受益者に給付するために、各受益者の指定する振込先口座が必要になる。

　前記⑥は、特に何を重視したいかという希望や、委託者自身やその家族が抱える特有の事情により、信託期間や信託終了事由、管理方法が変わってくるため、確認する必要がある。

3　信託スキームの立案

(1)　信託スキーム立案時の留意点

㈦　受託者の選定

　信託を利用するためには、財産を管理する受託者が不可欠であることはいうまでもないが、特に本事例のような不動産の管理のための信託の場合は、世代をまたいで存続し、かつ一定の専門的知識・能力が要求されるため、それに堪えうる受託者である必要がある。したがって、このような受託者に求められるものは、①その受託者において信託の運営に支障を来す事情が極力少ないこと、②信託法が受託者に対して求める程度の財産の管理を遂行するに足る能力をもっていることである。前記①については、信託を長期間継続させる支障になるものとして、受託者自身が存在しなくなったり、十分な判断ができなくなったりすることや、親族内の一定の者のみが名義人になることに対する他の親族の者の不信感から信託の円滑な運営が妨げられることな

どが考えられる。特に、信託に関係する親族が多数に及ぶケースや、親族間で日常的に交流がないケースでは、その不信感が紛争の火種になることが予想される。そのため、自然人のもつ死亡および認知症の発症や、親族内紛争によるいわゆるデッドロックといった信託運営の阻害リスクを極小化するために、法人かつ第三者である信託会社を利用することは検討に値する。

また、日常生活を送るには支障のない程度の判断力は備え、体力的にも特に問題がなくとも、日頃は他の仕事をしているため信託事務に時間を割けない者や、知識や経験がなく不動産の管理の判断に自信がない人ばかりで、信託事務を遂行する者（受託者）が親族内で確保できないケースでも、多少のフィーはかかるが、賃料というその支払原資がある収益物件を信託するときは、信託会社を利用するメリットはあると思われる。

　(イ)　信託会社の選定

現在、信託の引受けを業とすることができるのは、一定の例外を除いて、信託業の免許または管理型信託業の登録を受けた株式会社のみである（信託業法3条・7条1項）。信託会社は、金融庁ウェブサイト「運用型信託会社免許・管理型信託会社登録一覧」、一般社団法人信託協会ウェブサイト「加盟会社一覧」などで確認できる（ただし、同協会は任意団体であるため、すべての信託会社が確認できるわけではない）。

どの信託会社を受託者にするかを検討するにあたっては、次の①～⑤について、早い段階で各社に確認すべきである。

①　引受け可能財産として、不動産が含まれていること
②　不動産管理処分信託の受託を取り扱っていること
③　対象物件の所在地を取扱いエリアとしていること
④　受託基準（規模。特に収益性）の有無（受託基準がある場合に、対象物件がそれに達していること）
⑤　オーダーメイドの信託の設定およびその運営が可能であること

前記①は、信託業法4条3項1号・8条3項1号が、引受けを行う信託財産の種類を業務方法書へ記載することを要求していることから、信託会社は、

そこに記載のない財産を信託財産とする信託の引受けはできないため、そのことを確認することが、まず必要である。

　前記②は、不動産を引受け可能財産としている場合であっても、必ずしも賃貸マンション等の収益物件の管理および売却を行う信託の取扱いをしているとは限らない。たとえば、管理型信託会社は、宅地建物取引業免許取得免除規定の適用がないため（宅地建物取引業法77条1項）、宅地建物取引業の免許がない限り、売却処分を含む信託の引受けを業として行うことはできない。そのため、特に本事例のように、将来、共有関係の解消の方法として不動産を換価して代金を分配することまでを含めることを希望するときは、この点も対応可能かどうかを確認すべきである。

　前記③は、管理の委託先業者においてエリアの限定があることなどにより、信託会社によっては受託するエリアを限定していることがあるため、確認する必要がある。

　前記④は、不動産は他の財産と比較して管理コストや所有者責任等のリスクが大きいことから収益が見込めないと判断され、謝絶されることもありうるため確認すべきである。

　前記⑤は、家族の財産管理・承継の方法としての信託の受託者を信託会社とする場合に重要な点である。利用者の個別の要望に応え、その要望を信託契約書に反映させ、それに従った管理ができるかどうかは信託会社ごとに異なるため、パターン商品しか取り扱わないのか、それともオーダーメイドが可能であるか、可能である場合にどの程度まで対応できるかを早い段階で確認しておくべきである。

(2)　信託契約書の作成

　本事例において活用する不動産管理処分信託契約書は【書式5―1】のとおりである（別紙として添付すべき書類のうち、信託財産目録（【書式5―2】）、指図権一覧表（【書式5―3】）、受益者一覧表（【書式5―4】）もあわせて参照されたい）。また、それぞれの書類の作成上の留意点については、「※」を付しているので参考にされたい。

3　信託スキームの立案

【書式5―1】　不動産管理処分信託契約書（抜粋）

不動産管理処分信託契約書

　S_1、S_2、S_3、S_4及びS_5を委託者とし、株式会社T信託を受託者として、以下のとおり信託契約（以下「本信託契約」といい、これにより設定される信託を「本信託」という。）を締結した。（※1）

第1条（信託目的）
　　金銭及び不動産を信託財産として管理し、その賃料収入を受益者に分配するとともに、信託不動産を売却処分することを目的とする。（※2）

第2条（信託財産）
　　信託財産は、別紙信託財産目録記載の財産及びこれから生じる果実とする。（※3）

第3条（信託の設定・信託期間）
1　委託者は、信託開始日において、信託財産の権利を受託者に信託し、受託者は、信託業法第7条第1項に基づく登録を受けた管理型信託会社としてこれを引き受けるものとする。
2　本信託の信託開始日は、委託者から受託者へ信託財産の全部の所有権が移転した日とし、信託終了日は、信託終了事由が生じた日とする。（※4）（※5）

第4条（権利移転時期）
1　信託される不動産は、本信託契約に基づいて信託される金銭の全額及び当初信託設定報酬全額の振込みが完了した時をもって、その所有権が受託者へ移転するものとする。
2　信託される建物を目的とした賃貸借契約に基づいて委託者が有する賃貸人たる地位は、本信託の信託開始日に受託者へ移転する。（※6）

第5条（契約の変更）
　　本信託契約の条項は、委託者及び受託者の書面による合意により変更する

ことができる。委託者が複数のときは、その全員と受託者の書面による合意によらなければならない。(※7)

第6条(分別管理、対抗要件)
1　受託者は、信託金については、預金口座(無利息口座)を開設する手続をし、その口座に預け入れ管理する方法とともに、受託者が作成する帳簿においてその計算を明らかにする方法による分別管理を行う。(※8)
2　受託者は、信託不動産については、信託による所有権移転登記及び信託の登記をする方法により分別管理及び信託財産に属する財産の対抗要件具備を行う。(※9)

第7条(金銭の管理)
　受託者は、信託金については、預金口座に預け入れ、信託期間中、計算し、信託財産状況報告書を作成し、信託財産のための費用として支出する方法により管理し、本信託契約の定めに従い、受益者に対して交付する。(※10)

第8条(不動産の管理)
1　受託者は、信託不動産の賃貸、管理、火災保険等の保険契約の締結その他の管理事務(保存行為並びに財産の性質を変えない範囲の利用行為及び改良行為は除く。)については、指図権者による指図に従って行うものとする。
2　受益者は、信託事務の委託先を指名することができる。当初受益者たる委託者は、別紙委託先目録(略)記載の者を信託事務の一部の委託先に指名する。(※11)
3　信託開始日前に委託者が信託不動産に関する損害保険契約を締結しているときは、委託者は、当該損害保険の被保険者(保険の対象の所有者)の変更手続その他本信託の設定に伴い当該損害保険にとって必要な手続を行い、受託者は、これに協力する。(※12)
4　受託者は、新規賃借人との間で信託建物についての賃貸借契約を締結し、又はその内容を変更するときは、指図に従ってしなければならない。(※13)
5　受託者は、信託建物の賃借人から敷金又は保証金の返還請求を受けたときは、あらかじめ返還すべき敷金又は保証金の相当額の前払いを、委託者又は支払いに同意した受益者に対し、求めることができる。(※14)
6　信託不動産の処分については、指図に従ってのみすることができる。(※

15)

(中略)

第15条（指図権）
1　委託者は、その留保する指図権を別紙指図権一覧表記載の者（本契約において「指図権者」という。）に対して委託する。
2　受託者が指図につき次の各号のいずれかに該当すると判断したときは、受託者は、その指図に従わず、または、指図権者に対し、あらためて指図を求めることができる。
　(1)　本信託契約の規定と合致しない場合
　(2)　信託遂行上不適切である場合
　(3)　法令、通達若しくは監督指針又はそれらの解釈に抵触するおそれがある場合
　(4)　指図された管理、運用又は処分が不可能又は著しく困難である場合
　(5)　第三者に損害を与える差し迫った危険がある場合
3　受託者は、前項各号のいずれかに該当する指図を受けたときは、当該指図の内容及びそれに従うことができない理由を記載した書面を受益者に対して交付するものとする。（※16）
4　指図権の存続期間及び内容は、別紙指図権一覧表記載のとおりとする。
5　指図権者の相続人は、指図権を相続により承継しない。（※17）

(中略)

第17条（受益権）
1　本信託の受益者、受益権の期間及びその順序は、別紙受益者一覧表記載のとおりとする。
2　各受益権者についての別紙受益者一覧表記載の始期記載の日が到来する前に、同人の受益権の同別紙記載の終期記載の日が到来したときは、各次順位の者がその法定相続分と同じ割合の受益権を取得する。（※18）
3　すべての受益権の内容は、別紙受益者一覧表記載のとおりとする。賃料を減資とする金銭の受け取りについては、各受益者名義の預金口座に対する振込みの方法によるものとし、その毎月の支払時期は毎月10日から5営業日以

内とする。
4　受益者は、受益権の譲渡及び質権設定その他の処分をすることができない。

第18条（帰属権利者）
　　本信託における帰属権利者は、信託終了事由発生時の受益者とする。

（中略）

第20条（委託者）
1　委託者は、本信託契約に定める権利を除き、信託法に定める権利の全部を有しない。（※19）
2　委託者は、本信託契約に基づいて指図権を委託された者を除き、受託者に対し信託財産の管理又は処分その他の本信託の目的の達成に必要な行為についての指図を行う権限を有しない。（※20）
3　委託者の死亡により、その委託者の権利は消滅するものとする。（※21）

（中略）

第22条（報酬）
　　委託者は、受託者に対して、別紙報酬一覧（略）の定めに従い、信託報酬を支払う。

（中略）

（中略）

第25条（合意解約）
　　委託者と受託者は、書面による合意により本契約を解約することができる。

第26条（終了）
　　本信託は、次の各号に定める事由が生じたときに終了する。
（1）信託開始日から10年を経過した場合
（2）本契約が解約された場合

(3) 信託財産がなくなった場合
 (4) 信託法第163条第1号から第8号までに定める事由のいずれかが生じた場合
2 前項第1号に定める場合については、期間満了前6カ月以内に更新しない旨の意思表示が委託者からなされない限り、期間満了日からさらに10年延長する。受託者は、これによる延長がなされたときであって、信託報酬及び信託費用の未払いがあるまま、3カ月が経過したときは信託契約を解約することができる。

(中略)

第30条（残余財産の交付等）
1 受託者は、受益者及び帰属権利者の最終計算書に対する承認を得た後、遅滞なく、残余財産を帰属権利者に交付する。
2 信託終了時に存在する信託建物を目的とする賃貸借契約に基づく賃貸人たる地位は、信託不動産の所有権の移転と同時に当然に帰属権利者に移転するものとする。同賃貸借契約に付随して交付された敷金又は保証金等の預かり金返還債務は、賃貸人たる地位の移転と同時に帰属権利者が承継し、受託者はその責任を免れる。（※22）
3 受託者は、信託終了時において受託者が信託財産負担債務を負っているときは、各帰属権利者に対してその取得する権利と同一の割合で債務を負担させるものとする。受託者は、帰属権利者の中に、負担すべき債務の引受けを承認しない者がいるときは、当該帰属権利者に引き渡すべき残余財産を留保することができる。受託者は、当該帰属権利者が債務負担を拒絶する意思表示をしたときは、留保した残余財産を自己の固有財産に帰属させることができる。

第31条（残余財産の交付手続）
1 受託者は、帰属権利者に対して、残余財産たる金銭を帰属権利者により指定された金融機関の預金口座へ振込みにより交付する。
2 受託者は、信託の登記の抹消及び帰属権利者への所有権移転登記を申請し、現状有姿にて引き渡す。受託者は、同登記申請手続完了後、帰属権利者に対して、同手続に係る登記識別情報通知書その他の書類を引き渡し、この引渡しが完了したことをもって、信託不動産の引渡しが完了したものとする。

3 信託不動産の所有権は、帰属権利者への引渡し時に帰属権利者へ移転する。（※23）

平成〇〇年〇〇月〇〇日

　　　　　　　　　　委託者
　　　　　　　住所　〇〇県〇〇市〇〇町〇〇丁目〇〇番〇〇号
　　　　　　　氏名　S_1　　　　　　　　　　　　　　　　㊞

　　　　　　　住所　〇〇県〇〇市〇〇町〇〇丁目〇〇番〇〇号
　　　　　　　氏名　S_2　　　　　　　　　　　　　　　　㊞

　　　　　　　住所　〇〇県〇〇市〇〇町〇〇丁目〇〇番〇〇号
　　　　　　　氏名　S_3　　　　　　　　　　　　　　　　㊞

　　　　　　　住所　〇〇県〇〇市〇〇町〇〇丁目〇〇番〇〇号
　　　　　　　氏名　S_4　　　　　　　　　　　　　　　　㊞

　　　　　　　住所　〇〇県〇〇市〇〇町〇〇丁目〇〇番〇〇号
　　　　　　　氏名　S_5　　　　　　　　　　　　　　　　㊞

　　　　　　　　　　受託者
　　　　　　　住所　〇〇県〇〇市〇〇町〇〇丁目〇〇番〇〇号
　　　　　　　名称　株式会社Ｔ信託
　　　　　　　　　　　代表取締役　〇　〇　〇　〇　㊞

※1　契約書では、当事者を「甲」「乙」と表記することが多いが、信託契約の場合、信託関係者の地位にある者が変更しても信託が継続されることや、同一人が複数の地位に立つこと（〔委託者＝受益者〕の自益信託など）があり、どの地位に基づいた権利義務なのかを明確にする必要があることから、「甲」「乙」とせず、「委託者」「受託者」「受益者」などと記載するのが適切だと考える。

※2　不動産を信託財産とする信託においては、管理にとどまるか、処分をも含むかは、信託の登記の際の信託目録の記載（【書式5－7】参照）や、これを前提とする後続登記申請に影響を及ぼすため、後に続く財産の管理方法についての定めと齟齬が生じないように定める必要がある。

※3　信託の対象となる不動産については、信託不動産の分別管理（信託法34条1項1号・2項）および信託財産に属する旨の対抗要件具備（同法14条）のために信託の登記が必要になるため、同登記をするのに必要十分な項目により特定をすることを要する。

※4　信託契約を諾成契約とする信託法のデフォルト・ルール（信託法4条1項）を変更し、要物契約とするものである（同条4項）。これは、信託の効力発生による善管注意義務の一つとして発生する、受託者の委託者に対する信託の対象財産の引渡請求義務や登記移転請求義務を負うことを回避するためである。本事例のように、委託者が複数の場合には、契約締結後、一部の者が翻意して登記手続に協力しないことなどがありうるが、これらの義務の発生を前提とするとそのコストを信託報酬の金額に反映させざるを得ないし、家族間の財産の管理や承継のための信託は、少なくとも委託者の願いを実現するために行われるべきであり委託者自身の協力が得られないケースの受託は相当でないからである。

※5　信託終了日については、親族を受託者とする場合には期限の定めのないものにすることが多いと思われるが、信託会社を利用する場合には報酬等との見合いもあるため、一定期間経過後に見直すための定めが必要であると考える。本条では、「信託終了事由の発生日」までを信託期間とし、信託終了事由（本契約26条1項）として信託開始日から10年が経過したことを定め、更新拒絶がない限りさらに10年更新されるとして信託が不意に終了することを防止するとともに、未払いの信託報酬や信託費用について更新後一定期間内でその清算が済まされることを促すための定めをしている。

※6　大判大正10・5・30民録27輯1013頁等参照。対抗要件を備えた賃借権が設定されている賃貸建物の譲渡があったときは、譲渡人と賃借人との間の賃貸借関係は法律上当然に譲受人と賃借人との間に移る。信託においても受託者に対し目的物の譲渡がなされるため（信託法3条）、受託者がこれにより賃貸人となる。賃貸借契約上の地位の移転についての賃借人の同意は不要である。

※7　信託の変更は、受託者の信託事務に大きな影響を及ぼすため意思表示のみではなく要式行為とするものである。また、本事例では、委託者が当初受益

者であり、かつ、信託の変更については受益者（委託者らの家族）の関与は不要との意向があったため、信託法149条1項のデフォルト・ルールを変更し、委託者と受託者の合意によるものとした（同条4項）。

※8　信託法34条1項2号ロが定める分別管理方法についての定めである。

※9　信託法34条1項1号が定める分別管理方法についての定めであると同時に、同法14条の信託財産であることの対抗要件についての定めである（登記申請については後記4(3)参照）。

※10　金銭の管理方法についての定めである。管理型信託における保存行為としての預金（信託業法2条3項2号、信託会社等に関する総合的な監督指針5-2-1(2)①および3-4-5(1)⑦参照）と、信託契約で特定された方法による受益者への交付、信託法37条・信託業法27条に定める帳簿等の内容の報告および信託財産状況報告書の交付について定めるものである。委託先への管理手数料等の支払いについても、管理方法の一つとして、「信託財産の管理のための費用として支出する」ことを明示している。

　　信託会社は銀行業を営まないため社外の金融機関に預金口座を開設し預け入れにより金銭を管理する。金融機関への預け入れは信託事務の第三者への委託（信託法28条）に該当するため、これが可能なことを定める必要があるが（同条1号、信託業法22条1項1号）、保存行為であるため（信託会社等に関する総合的な監督指針5-2-1(2)①および3-4-5(1)⑦参照）指図は不要であり（信託業法2条3項2号）、かつ、委託先の名称の定めやその選定基準に関する定め（同法22条1項1号）は不要である（同条3項1号）。

※11　信託会社が信託事務の一部を委託する際は、少なくとも委託先の選定に係る基準および手続を信託契約に定める必要がある。しかし、管理型信託の場合は、保存行為等を超える管理処分（たとえば、定期借家権にしない通常の賃借権の設定）は、指図に従い行わなければならないため（信託業法2条3項1号）、不動産管理業務の委託については信託業法22条3項3号、信託業法施行規則29条1号により、選定に係る基準および手続についての定めは不要となる。

※12　損害保険の被保険者（物件所有者）が変更されるため、保険事故発生時に保険契約者（委託者）が保険金を受け取れるように手当てする必要がある。

※13　短期賃貸借（民法602条）であれば「信託財産につき財産の性質を変えない範囲内の利用行為のみが行われる信託」（信託業法2条3項2号）にあたり、指図は不要であるが、定期借家権でない限り、更新拒絶に一定の要件がある

ために（借地借家法28条）、3年以上継続することが想定されるゆえ、短期賃貸借に該当しない。そのため、指図に従って賃貸するものとしている。

※14　賃借人の地位の移転に伴い敷金返還債務も受託者へ引き継がれる（賃貸不動産の譲渡の事案について大判昭和5・7・9民集9巻839頁等）。なお、本信託後に新規に賃貸借契約を締結する際には、責任限定特約（後記4⑽参照）を付することも検討すべきである。

※15　信託業法2条3項1号（処分に関する指図については【書式5―3】および※解説参照）。

※16　指図権の委託を受ける者は、信託財産の管理処分についての判断をすることから受託者と同じく、受益者に対する忠実義務を負うと考えられる（信託業法65条参照）。受託者は、受益者の利益に反する指図であると認められる場合であっても、原則としてこれに従わなければならない。従わないことはそれ自体が管理処分について裁量権をもつことを禁止される管理型信託における受託者の義務に反するからである。そこで、信託条項違反等の指図を受けた場合に、受益者たる親族の他の者に対して、受益者を害する内容の指図があったことをアナウンスし、親族内での是正・解決をする契機を提供するために定めるものである。

※17　本事例における指図権は、その委託を受ける者の個性に着目して委託するものであるため、相続により別の者が行使することは想定されておらず、また、共同相続により指図権の委託を受ける者が複数人となり意思決定に支障を及ぼすことも避けなければならない。そのため相続による承継を否定する。

※18　受益権に基づいて受ける給付の割合を法定相続分と異なる割合にする場合には、受益者となるべき者を指定し、かつ、受益者となるべき者が受益権取得前に死亡した場合の、その取得すべき受益権の帰属先を定める必要がある。もっとも、本事例のように法定相続分と同一の割合でかまわないという意向である場合には、受益権を相続財産として法定相続されるようにする。本事例では、法定相続分と同じ割合であるものの、これらを指定したいという意向があるときを想定して、あえてこの定めをおいている。

※19　信託法の定める委託者の権利については、本信託契約の定めるものに限る趣旨である（信託法145条1項）。

※20　信託業法2条3項1号の規定ぶりでは、委託者は指図権の委託をしても、別途指図ができるようにも読めるが、本信託においては管理処分についての判断者を特定して、その円滑を図ることも目的の一つであるため、委託者は

指図権を委託された限りで指図できるものとする。
※21　契約により設定する信託の場合は、遺言信託（信託法147条）とは異なり、委託者の地位については相続されるとされているため（寺本昌弘『逐条解説新しい信託法〔補訂版〕』337頁以下）、相続人による（本信託契約で定めた）委託者の権利の終期について定めるものである。
※22　信託不動産を売却せずに信託が終了し、現物を返還することになった場合について定めるものである。賃貸人の地位は本項の定めによる信託不動産の所有権の譲渡により受託者から帰属権利者へ移転する（※6参照）。敷金については、受託者（旧賃貸人）が負っていた敷金返還債務は、賃借人の受託者に対する未払賃料債務があれば当然充当されるため、残額についてのみ帰属権利者に承継させることになる（賃貸建物の売買による所有権移転の事例について最判昭和44・7・17民集23巻8号1610頁参照）。
※23　残余財産の移転時期を定めるものである。

【書式5−2】　信託財産目録

信託財産目録

金　　　銭		当初信託金額	○○○,○○○,○○○円
不動産評価額			○○○,○○○,○○○円
（土地）	所　　在		○○県○○市○○町
	地　　番		○○番○○
	地　　目		宅地
	地　　積		○○○.○○m²
	共有持分	(1)	S_1　2分の1
		(2)	S_2　8分の1
		(3)	S_3　8分の1
		(4)	S_4　8分の1
		(5)	S_5　8分の1
（建物）	所　　在		○○県○○市○○町○○番地○○
	家屋番号		○○番○○
	種　　類		共同住宅

3　信託スキームの立案

構　造	鉄筋コンクリート造 陸屋根5階建
床 面 積	1階　○○○.○○m² 2階　○○○.○○m² 3階　○○○.○○m² 4階　○○○.○○m² 5階　○○○.○○m²
共有持分	(1)　S_1　2分の1 (2)　S_2　8分の1 (3)　S_3　8分の1 (4)　S_4　8分の1 (5)　S_5　8分の1

以上

【書式5－3】　指図権一覧表（一部）

指図権一覧表

指図権に関して、その委託を受ける者、行使可能期間及びその内容は、次のとおりとする。

一　信託財産の管理に関する指図について（※1）

順位(1)	
指図権の委託を受ける者	
氏　名	S_2
住所・所在地	○○県○○市○○町○○番地○○
生年月日	昭和○○年○○月○○日
委託者との関係	本　人
指図権の行使可能期間	
始　期	信託開始日

終　期	次に掲げる各日のうちいずれか早く到来した日 (1)　指図権の委託を受けた者の相続開始日 (2)　指図権の委託を受けた者が後見、保佐、補助の各開始の審判を受けた日（※2） (3)　指図権の委託を受けた者が判断能力を欠く常況にある旨の専門の医師による診断を受けた日（診断書の発行を受けた場合に限る）
内　容	
指図権が行使可能な間において、信託不動産の賃貸管理及び建物管理（これに要する費用の支出を含む。以下同じ。）についてその方法を指図すること	

（第2順位以下省略）

二　信託不動産の売却について

1　現存する上記一記載の指図権者（その委託を受けた指図権の行使がいまだ可能でない者を含む。この表において「当初指図権者」という）が信託不動産の売却についての指図をすることができる。当初指図権者が2名以上いるときは、売却の指図は、当該指図権者全員からのみすることができる。（※3）

2　当初指図権者の各相続開始日がすべて到来した日以後における信託不動産の売却についての指図権（以下「売却指図権」という。）は、次のとおりとする。（※4）

順位(1)	
指図権の委託を受ける者	
氏　名	J
住所・所在地	○○県○○市○○町○○番地○○
生年月日（個人の場合のみ）	昭和○○年○○月○○日
委託者との関係	S_2 の長男
指図権の行使可能期間	
始　期	当初指図権者の各相続開始日がすべて到来した日

終　期	次に掲げる各日のうちいずれか早く到来した日 （1）　指図権の委託を受けた者の相続開始日 （2）　指図権の委託を受けた者が後見、保佐、補助の各開始の審判を受けた日（※2） （3）　指図権の委託を受けた者が判断能力を欠く常況にある旨の専門の医師による診断を受けた日（診断書の発行を受けた場合に限る）
内　容	指図権が行使可能な間において、信託不動産の売却についてその方法を指図すること

（第2順位以下省略）

三　その他
(1)　各指図権者の始期欄記載の日が到来する前に、同人の指図権の終期欄記載の日が到来したときは、次順位の者は、指図権を行使することができるようになる。（※5）
(2)　委託者は、この書面にて委託を受けた指図権を行使できる者が欠けた場合の指図権を、その時点の受益者全員により指定の通知を受けた者に対して委託する。指図権の委託を受ける者に対する通知は、受益者全員の名義によってするものとする。（※6）

以上

※1　管理型信託であっても財産の性質を変えない範囲内の利用行為については受託者の裁量によってすることができるが（信託業法2条3項2号）、不動産の賃貸は、その形態にもよるが賃貸期間が長期に及ぶこともあるため、これについての指図権の委託を受ける者についても規定する。
※2　指図権の委託を受けた者が、権限を有するだけでなく、実際に指図ができる状態にあることも確保するために、判断力の低下により指図が期待できない状態になったときには、次順位の者に引き継がれるようにする。補助については、これを含めるかどうかは、委託者の希望を容れつつ決めることになる。
※3　売却については、委託者全員の意思の一致があったときにのみ可能とする趣旨である。指図権については、管理に関するものと処分に関するものを分けて規定し、それぞれを別の者に帰属させることで、決定方法や条件を異に

※4　当初指図権者（委託者）が全員死亡した場合の、売却に関する指図権の委託を受ける者を定めるものである。委託者全員が死亡した場合には信託を終了して現物（共有持分）を相続人に帰属させることも考えられるが、それでは多数人による共有関係になってしまう。本事例では、そのような事態を避けることが目的の一つであるため、売却は必須である。売却が必須である以上、その指図をする者の確保も必須であるため規定するものである。この文例とは別に、その当時の受益者全員を指図権者とし、その全員や多数による指図とすることも考えられる。

※5　先順位の者が指図権の行使が可能となる前に死亡するなどした場合に、次順位の者による指図権の行使を可能とするための規定である。

※6　当初の信託契約において指図権の委託を受ける者を特定しきれないために、その特定の方法についての定めをおくことで対処するものである。

【書式5―4】　受益者一覧表（一部）

受益者一覧表

順位(1)	
受益権を取得すべき者	
氏　名	S_1
住所・所在地	○○県○○市○○町○○番地○○
生年月日（個人の場合のみ）	昭和○○年○○月○○日
委託者との関係	本　人
受益権の期間	
始　期	信託開始日
終　期	S_1の相続開始日
内　容	
収益（賃料収入（ただし報酬・費用を控除した残額）の2分の1）を受け取ること（※）	

することが可能である。

(S₂以下の受益者については省略)

以上

※ 信託する財産（共有持分）と同じ割合による受益権を取得することで自益信託とし、信託設定時の贈与税の課税がないようにしている。

(3) 信託スキーム立案時の専門職の関与のあり方

　以上の不動産管理処分信託の設定にあたっては、信託会社の営業担当者が委託者ニーズや家族関係、信託財産の状況等を聴取し、信託条項にしているのが信託会社における実務の大勢であると思われる。

　しかし、特に本事例のような高齢者や複数の者が委託者となるケースでは、よりきめ細かいニーズの汲み取りや関係者間の利益調整が必要であるのに対して、依頼者からの聴取を日常業務で行っている弁護士や司法書士がその強みを発揮することや、第三者が間に入ることにより利害調整の促進が期待できることから、専門職が委託者側の代理人等として信託契約の締結に関与することの意義は大きい。委託者側の代理人等としての専門職の関与を歓迎する信託会社もあると聞いている。

　また、関係者が複数いることから受益者代理人に選任されることによる関与や、指図権者として指名されることによる関与も考えられる。

4　信託登記と登記申請手続

(1) 概　要

　不動産を信託財産とする信託においては、信託の登記は、信託財産に属することの対抗要件であるとともに（信託法14条）、分別管理義務の履行でもある（同法34条1項1号・2項）。また、受託者の権限違反行為の取消し（同法27条2項）、信託財産に属する財産に対する強制執行等の制限（同法23条1項）で求められる要件でもある。また、信託設定後、信託不動産の物権変動があったときに、そのための登記申請が却下されないかどうかに影響する重要な手続である。

(2) 必要書類等

　受託者への共有者全員持分全部移転登記（共有持分の移転の登記をする際には、誰の持分をいくら移転するかを特定する必要がある。本事例では、共有者全員がそれぞれ有する持分の全部の移転登記をするため、「共有者全員持分全部移転登記」という）および信託の登記を同時に申請するにあたっては、次の①〜⑨の書類を用意する必要がある。

① 　登記申請書（後記(3)および【書式5―5】参照）
② 　登記原因証明情報（後記(4)および【書式5―6】参照）
③ 　登記識別情報（登記済証）
④ 　信託目録に記録すべき情報（後記(5)および【書式5―7】参照）
⑤ 　印鑑登録証明書（後記(6)および【書式5―8】参照）
⑥ 　資格証明書（後記(7)および【書式5―9】参照。ここでは、代表者事項証明書を紹介する）
⑦ 　登記事項証明書（前記⑥と同様）
⑧ 　委任状（後記(8)および【書式5―10】参照）
⑨ 　固定資産課税（補充）台帳登録事項証明書（後記(9)および【書式5―11】参照）または同通知書

　前記②は、権利に関する登記の申請であるため必要になる（不動産登記法61条、不動産登記令7条1項5号ロ）。信託契約書または信託契約の締結と当該不動産の移転に関する事項を記載した書面（報告形式の登記原因証明方法）を提出する（同令別表30項添付情報欄イ・65項添付情報欄ロ）。報告形式の場合は、最低限、登記義務者が作成名義人になっていなければならない。

　前記③は、登記義務者である委託者が所有権移転の登記等を受けたときの登記識別情報（登記済証）を提供する（不動産登記法22条）。

　前記④は、不動産登記令15条および別表65項添付情報欄ハに基づいて、書面または磁気ディスク（CD-ROM等）を提供する必要がある。

　前記⑤は、登記義務者である委託者の作成後3カ月以内の印鑑証明書を添付する（不動産登記令16条2項・3項）。登記義務者が法人であり、その管轄

登記所(法務大臣の指定した登記所を除く)への申請であるときは不要である(不動産登記規則48条1項1号)。

前記⑥は、申請人が信託会社(法人)であるため、作成後3カ月以内の信託会社の代表者の資格を有する情報として代表者事項証明書等がこれにあたる(不動産登記令7条1項1号・17条1項)。

前記⑦は、住所証明情報として必要である。登記名義人となる者(受託者)の住所を証する市町村長、登記官その他の公務員が職務上作成した情報として添付する(不動産登記令別表30項添付情報欄ロ)。信託会社(法人)が受託者であるため、登記事項証明書を添付する。本事例では、⑥の代表者事項証明書等がこれを兼ねる。

前記⑧は、代理人に申請代理を依頼するときに、代理人の権限を証する情報として必要になる(不動産登記令7条1項2号)。登記識別情報の通知の受領、復代理人の選任を委任する旨や登記識別情報の通知を希望しない場合にはその旨も記載する必要がある。

前記⑨は、登録免許税を計算するために必要である。

(3) 登記申請書

受託者への共有者全員持分全部移転登記および信託の登記を同時に申請する際の登記申請書は【書式5—5】のとおりである。また、書類の作成上の留意点については、「※」を付しているので参考にされたい。

【書式5—5】 登記申請書(信託設定時)

登記申請書(※1)

登記の目的　　共有者全員持分全部移転登記及び信託

原　　因　　平成○○年○○月○○日信託(※2)

権　利　者　　○○県○○市○○町○○丁目○○番○○号

株式会社 T 信託
代表取締役 ○ ○ ○ ○（※3）

義　務　者　　○○県○○市○○町○○丁目○○番○○号
　　　　　　　S_1
　　　　　　　○○県○○市○○町○○丁目○○番○○号
　　　　　　　S_2
　　　　　　　○○県○○市○○町○○丁目○○番○○号
　　　　　　　S_3
　　　　　　　○○県○○市○○町○○丁目○○番○○号
　　　　　　　S_4
　　　　　　　○○県○○市○○町○○丁目○○番○○号
　　　　　　　S_5（※4）

添付書類
　登記原因証明情報（※5）　登記識別情報（※6）　信託目録に記載すべき情報
　印鑑証明書　資格証明情報　住所証明情報　代理権限証明情報
　固定資産税評価証明書（※7）

登記識別情報の通知について
　送付の方法により登記識別情報通知書の交付を希望します。
　送付先：資格者代理人の事務所あて

平成○○年○○月○○日申請　　○○法務局○○出張所

代　理　人　　○○県○○市○○町○○丁目○○番○○号
　　　　　　　司法書士　G　　　　　　㊞
　　　　　　　電話先　00-0000-0000

課税価格　金○○○,○○○円（※8）

登録免許税　金○○○,○○○円（※9）
　移転分　登録免許税法7条1項1号により非課税

>   信託分　金〇〇〇,〇〇〇円
>
>   不動産の表示（略）

※1　共有者全員持分全部移転の登記と信託の登記とは、一の申請情報によってしなければならない（不動産登記令5条2項）。

※2　原因の日付は、信託の効力が生じた日（信託法4条1項・4項）である。本事例では、信託不動産の所有権が受託者へ移転した日、つまり、当初信託する金銭および当初信託設定報酬全額の振込みが完了した日である。

※3　登記権利者は受託者である。受託者が法人であるときは、その代表者の資格および氏名を記載する。

※4　登記義務者は、所有権の登記名義人である委託者である。登記記録に記載された所有権の登記名義人の表示および登記原因証明情報の表示と符合していることを要する。転居等により符合していないことが多い。信託の引受けにあたり事前に確認し、符合させるための住所変更の登記申請手続を委託者にとってもらう必要がある。

※5　不動産登記法61条、不動産登記令7条1項5号ロ。信託契約書または報告形式のものを提供する（同令別表30項添付情報欄イ・65項添付情報欄ロ）。

※6　不動産登記法22条。紛失等の理由により提供できず、資格者代理人および公証人による本人確認情報（同法23条4項）の提供もできないときは、登記官による事前通知をすることになる（同条1項・2項）。

※7　固定資産税評価証明書は法定の添付書面ではないが、実務上は添付する取扱いになっている。

※8　課税価格は、土地または建物の登記時の不動産の額（固定資産課税台帳の登録価格）を記載する。

※9　登録免許税は、共有者全員持分全部移転登記の登記分と信託の登記分の合計金額を記載する。

(4)　登記原因証明情報（報告形式の場合）

受託者への共有者全員持分全部移転登記および信託の登記を同時に申請する際の登記原因証明情報は【書式5―6】のとおりである。

第4章 Ⅱ 高齢者の財産管理における商事信託の活用

【書式5－6】 登記原因証明情報

登記原因証明情報

1 登記申請情報の要項
   (1) 登記の目的　　共有者全員持分全部移転登記及び信託
   (2) 原　　　因　　平成○○年○○月○○日　信託
   (3) 当　事　者　　権利者（受託者）
　　　　　　　　　　　　○○県○○市○○町○○丁目○○番○○号
　　　　　　　　　　　　株式会社Ｔ信託
　　　　　　　　　　　　代表取締役　○　○　○　○
　　　　　　　　　　義務者（委託者）
　　　　　　　　　　　　○○県○○市○○町○○丁目○○番○○号
　　　　　　　　　　　　S_1
　　　　　　　　　　　　○○県○○市○○町○○丁目○○番○○号
　　　　　　　　　　　　S_2
　　　　　　　　　　　　○○県○○市○○町○○丁目○○番○○号
　　　　　　　　　　　　S_3
　　　　　　　　　　　　○○県○○市○○町○○丁目○○番○○号
　　　　　　　　　　　　S_4
　　　　　　　　　　　　○○県○○市○○町○○丁目○○番○○号
　　　　　　　　　　　　S_5
   (4) 不動産の表示（略）
   (5) 信託目録に記載すべき情報　別紙信託目録に記載すべき情報のとおり

2 登記の原因となる事実又は法律行為
   (1) 信託契約の締結と効力の発生
　　　　平成○○年○○月○○日、S_1、S_2、S_3、S_4及びS_5と株式会社Ｔ信託は、不動産管理処分信託契約を締結し、S_1、S_2、S_3、S_4及びS_5はそれぞれその所有する本件不動産の共有持分を株式会社Ｔ信託に信託し、株式会社Ｔ信託はこれを引き受けた。
　　　　上記信託契約には、本件信託不動産の権利の移転時期について、同契約に基づいて信託される金銭の全額及び当初信託設定報酬全額（合計

○○○,○○○円）の株式会社 T 信託への振込が完了した時とする特約がある。
　　平成○○年○○月○○日、上記信託契約に基づいて株式会社 T 信託は○○○,○○○円の振込を受けた。
(2)　不動産の移転
　　(1)の信託契約の効力の発生に伴い、本件不動産の各共有持分は信託契約の規定に基づき、S_1、S_2、S_3、S_4 及び S_5 から株式会社 T 信託へ、平成○○年○○月○○日、信託を原因として移転した。

平成○○年○○月○○日　　○○法務局○○出張所　御中

　上記の登記原因のとおり相違ありません。

（義務者）
　　○○県○○市○○町○○丁目○○番○○号
　　S_1　　　　　　　　　　㊞
　　○○県○○市○○町○○丁目○○番○○号
　　S_2　　　　　　　　　　㊞
　　○○県○○市○○町○○丁目○○番○○号
　　S_3　　　　　　　　　　㊞
　　○○県○○市○○町○○丁目○○番○○号
　　S_4　　　　　　　　　　㊞
　　○○県○○市○○町○○丁目○○番○○号
　　S_5　　　　　　　　　　㊞

（権利者）
　　○○県○○市○○町○○丁目○○番○○号
　　株式会社 T 信託
　　代表取締役　○　○　○　○　㊞

(5)　信託目録に記録すべき情報
　受託者への共有者全員持分全部移転登記および信託の登記を同時に申請する際の信託目録に記録すべき情報は【書式5―7】のとおりである（なお、

信託条項は、不動産管理処分信託契約書（【書式5―1】）にあげた範囲のものに限る）。また、書類の作成上の留意点については、「※」を付しているので参考にされたい。

【書式5―7】信託目録に記録すべき情報（抜粋）

信託目録に記録すべき情報

委託者（略）

受託者（略）

受益者　第1次受益者①　○○県○○市○○町○○丁目○○番○○号
　　　　　　　　　　　　S_1
　　　　第1次受益者②　○○県○○市○○町○○丁目○○番○○号
　　　　　　　　　　　　S_2
　　　　第1次受益者③　○○県○○市○○町○○丁目○○番○○号
　　　　　　　　　　　　S_3
　　　　第1次受益者④　○○県○○市○○町○○丁目○○番○○号
　　　　　　　　　　　　S_4
　　　　第1次受益者⑤　○○県○○市○○町○○丁目○○番○○号
　　　　　　　　　　　　S_5

信託条項（※2）
　1　信託の目的
　　　管理及び処分。
　2　信託財産の管理方法
　　　指図権者の指図に従い、管理及び処分を行う。
　3　信託の終了事由
　（1）信託開始日から10年を経過した場合。ただし、期間満了前6カ月以内に更新しない旨の意思表示が委託者からなされない限り、期間満了日からさらに10年延長する。受託者は、これによる延長がなされたときであ

って、信託報酬及び信託費用の未払いがあるまま、３カ月が経過したときは信託契約を解約することができる。
　(2)　信託契約の解約
　(3)　信託財産の滅失
　(4)　信託法第163条第１号から第８号までに定める事由のいずれかの発生
４　その他の信託条項
　(1)　受益者は、受益権の譲渡や担保設定その他の処分をすることができない。
　(2)　委託者の権利は、委託者の死亡により消滅する。
　(3)　信託の変更は、委託者及び受託者の書面による合意により変更することができる。委託者が複数のときは、その全員と受託者の書面による合意によらなければならない。

以上

※１　信託目録に記載すべき事項に「受益者」が含まれている。本事例のような受益者連続信託の場合は、当初受益者の住所・氏名のみを記載し、受益者の変更時に受益者の変更登記を申請する方法と、当初の信託目録に次順位受益者の住所・氏名と受益権の取得条件を記載する方法がある。記載例は、前者の方法によった場合の例である。

※２　信託目録は、登記事項として後続の登記申請却下事由となり、受託者の権限濫用を防止する機能があるため、特に、受託者を個人とする信託の場合の受益者保護に対する有用性が説かれている（渋谷陽一郎『信託目録の理論と実務』148頁以下参照）。本事例では、財務局による登録を受けた信託会社を受託者とする信託であることから、個人を受託者とする場合より権限濫用の危険は低いと思われるため、必要最小限のもののみを定めている。

(6)　印鑑登録証明書

　印鑑登録証明書は【書式５―８】のとおりである（様式は市区町村によって異なる）。

【書式 5 － 8】 印鑑登録証明書

<table>
<tr><td colspan="6" align="center">印鑑登録証明書</td></tr>
<tr><td rowspan="3">印　影</td><td>氏　名</td><td colspan="4">S₁</td></tr>
<tr><td>生年月日</td><td colspan="2">昭和○○年○○月○○日</td><td>性　別</td><td>女</td></tr>
<tr><td>住　所</td><td colspan="4">○○県○○市○○町○○番○○号</td></tr>
</table>

　この写しは、印鑑登録原票に登録されている印影の写しに相違ないことを証明します。

　　　　　　　　　　平成○○年○○月○○日
　　　　　　　　　　　○○県○○市長　○　○　○　○　㊞

この証明書は黒色の電子公印を使用しています。
この用紙には、市章がすかしとして入っています。

(7)　資格証明書・登記事項証明書

　資格証明書・登記事項証明書が必要であるが、ここでは代表者事項証明書（【書式 5 － 9】）を紹介する。

【書式 5 － 9】　代表者事項証明書

　　　　　　　　　　代表者事項証明書

会社法人番号　　○○○○―○○―○○○○○○
商　　　号　　　株式会社 T 信託
本　　　店　　　○○県○○市○○町○○丁目○○番○○号

代表者の資格、氏名及び住所
　　　　　　　　○○県○○市○○町○○番○○号
　　　　　　　　代表取締役　　○　○　○　○

```
                                              以下余白




  これは上記の者の代表権に関して登記簿に記録されている現に効力を有する
事項の全部であることを証明した書面である。


  (○○法務局管轄)

                    平成○○年○○月○○日
                    ○○法務局
                      登記官    ○  ○  ○  ○  ㊞

整理番号  キ○○○○○○  *下線のあるものは抹消事項であることを示す。  1/1
```

(8) 委任状

受託者への共有者全員持分全部移転登記および信託の登記を同時に申請する際の委任状は【書式5—10】のとおりである。

【書式5—10】委任状

```
                    委  任  状
                              平成○○年○○月○○日

                        ○○県○○市○○町○○丁目○○番○○号
                          司法書士  G                     ㊞

  私は、上記の者を代理人として、下記の登記申請に関する一切の権限を委任
する。
```

記

1 登記の目的　　共有者全員持分全部移転及び信託
1 原　　　因　　平成〇〇年〇〇月〇〇日　信託
1 権　利　者　　〇〇県〇〇市〇〇町〇〇丁目〇〇番〇〇号
　　　　　　　　株式会社 T 信託
　　　　　　　　代表取締役　〇〇〇〇
1 義　務　者　　〇〇県〇〇市〇〇町〇〇丁目〇〇番〇〇号
　　　　　　　　S_1
　　　　　　　　〇〇県〇〇市〇〇町〇〇丁目〇〇番〇〇号
　　　　　　　　S_2
　　　　　　　　〇〇県〇〇市〇〇町〇〇丁目〇〇番〇〇号
　　　　　　　　S_3
　　　　　　　　〇〇県〇〇市〇〇町〇〇丁目〇〇番〇〇号
　　　　　　　　S_4
　　　　　　　　〇〇県〇〇市〇〇町〇〇丁目〇〇番〇〇号
　　　　　　　　S_5
1 原本還付請求及び受領に関する一切の件
1 復代理人選任に関する一切の件
1 登記識別情報の受領及び登記識別情報の受領に係る復代理人選任に関する一切の件

　　　　　　　　　　　　　　　　　　　　　　　　　　　　以上

不動産の表示（略）

　　　　　　　権利者　〇〇県〇〇市〇〇町〇〇丁目〇〇番〇〇号
　　　　　　　　　　　株式会社 T 信託
　　　　　　　　　　　代表取締役　〇　〇　〇　〇　㊞

　　　　　　　義務者　〇〇県〇〇市〇〇町〇〇丁目〇〇番〇〇号
　　　　　　　　　　　S_1　　　　　　　　　　　　　㊞
　　　　　　　　　　　〇〇県〇〇市〇〇町〇〇丁目〇〇番〇〇号
　　　　　　　　　　　S_2　　　　　　　　　　　　　㊞
　　　　　　　　　　　〇〇県〇〇市〇〇町〇〇丁目〇〇番〇〇号

$$S_3 \quad ㊞$$
○○県○○市○○町○○丁目○○番○○号
$$S_4 \quad ㊞$$
○○県○○市○○町○○丁目○○番○○号
$$S_5 \quad ㊞$$

(9) 固定資産課税（補充）台帳登録事項証明書

　固定資産課税（補充）台帳登録事項証明書は、【書式5―11】のとおりである。

【書式5―11】　固定資産課税（補充）台帳登録事項証明書

平成○○年度　固定資産課税（補充）台帳登録事項証明書

（土地評価証明）

第○○○○○○○号　　　　　　　　　　　　　　　　　　　　　　(1/1)

所有者の住所又は所在地	○○県○○市○○町○○番地○○
所有者の氏名又は名称	S_1　外4名

資産の所在地				
登記地目	課税地目	登記地積	課税地積	利用区分
価格（円）			単位当価格（円）	
近傍宅地㎡当価格（円）				
備考				

○○市○○町○○番地○○				
宅地	宅地	○○㎡	○○㎡	○○○○
		¥00,000,000	○○㎡当価格　¥00,000,000	
記載事項なし				

```
┌─────────────────────────────────────────────┐
│ 記載事項なし                                  │
└─────────────────────────────────────────────┘

以下余白

上記のとおり相違ないことを証明します。

　　　　　　平成○○年○○月○○日
　　　　　　　○○市長
　　　　　　　　　　○　○　○　○　㊞
```

(10) 賃貸借契約書（責任限定特約部分のみ）

　信託不動産を目的とする賃貸借契約を締結するときは、同契約に基づいて受託者が賃貸人として賃借人に対して債務を負うことが想定される。そのため、その債務の責任財産を信託財産に限定する必要がある。これについては、限定責任信託（信託法216条以下）と責任限定特約（同法48条5項）のいずれを選択するかであるが、本事案では、費用（事務の煩雑性やそれによる報酬の負担増）や委託者の信用力を考慮して、責任限定特約で対処する方法について述べる（このほか、表明保証条項によって対処する方法もある）。

　この責任限定特約は、受託者が有する固有財産と信託財産のいずれに対しても執行可能な信託財産責任負担債務に係る債権について、固有財産（およびその他の信託財産）に対しては執行しない旨の特約であり、不執行合意の一種（責任制限合意）である。責任制限合意は、特定の財産について執行しない旨の合意であり、債権者がこの合意に反して執行の申立てをしたときやその申立てを取り下げないときの、債務者の救済手段は、請求異議の訴えによるべきとされている（最決平成18・9・11民集60巻7号2622頁）。

　責任制限合意であるために必要な合意内容は、①当該債務については信託財産に属する財産のみをもってその履行の責任を負う旨、②当該信託財産以外の受託者の財産に対しては強制執行・保全処分の申立てをしない旨、③当

該信託財産をもって弁済しても債権が一部または全部が未履行のときは、その未履行部分については放棄する旨の三つである。そこで賃貸借契約に盛り込むべき条項例は、次のとおりである。

〔責任限定特約の記載例〕
第○条（責任財産の限定）
1 本契約に基づく甲（賃借人）の乙（賃貸人・受託者）に対する一切の債権（以下、本条において「本債権」という。）は、乙と丙（委託者）との間の信託契約の目的である信託財産（以下「責任財産」という。）のみを引当てとし、乙のその他の財産には及ばないものとする。
2 甲は、本債権の満足を図るため、責任財産以外のいかなる財産についても強制執行及び保全処分を行わないものとし、かかる強制執行及び保全処分を申し立てる権利を放棄する。
3 乙の責任財産がすべて換価処分され、本債権の弁済に充当されたにもかかわらず、本債権の全部又は一部が未履行であったときは、本債権のうち当該未履行の部分については、甲がその請求権を当然に放棄したものとみなす。

(11) 税務上の留意点（信託設定時）

(ｱ) 自益信託

本信託は、〔委託者＝当初受益者〕であり、かつ各受益権の給付の割合も甲マンションの共有持分割合と同一であるため、自益信託であり、設定時には課税は生じない。

(ｲ) 登録免許税

共有者全員持分全部移転登記の登記分は非課税（登録免許税法7条1項1号）、信託の登記分は、土地および建物とも不動産の価額の1000分の4である（同法別表1・1⑽イ）。ただし、土地に関する共有者全員持分全部移転登記の税率は租税特別措置法による軽減があることがある。

5 信託期間中の実務と留意点

(1) 主な実務

信託期間中の主な実務は、①指図の処理、②賃料の分配、③委託先の管理、

第4章 Ⅱ 高齢者の財産管理における商事信託の活用

【書式5-12】 信託の計算書

信 託 の 計 算 書

（自 ○○年○○月○○日 至 ○○年○○月○○日）

信託財産に帰せられる収益及び費用の受益者等	住所(居所)又は所在地	○○県○○市○○町○○丁目○○番○○号		
	氏 名 又 は 名 称	S_1		
元本たる信託財産の受 益 者 等	住所(居所)又は所在地	○○県○○市○○町○○丁目○○番○○号		
	氏 名 又 は 名 称	S_1		
委 託 者	住所(居所)又は所在地	○○県○○市○○町○○丁目○○番○○号		
	氏 名 又 は 名 称	S_1		
受 託 者	住所(居所)又は所在地	○○県○○市○○町○○丁目○○番○○号		
	氏 名 又 は 名 称	株式会社T信託　　　　（電話） 00-0000-0000		
	計算書の作成年月日	平成○○年 4月 20日		
信託の期間	自 平成○○年○○月○○日　至 平成○○年○○月○○日	受益者等の異動	原　　因	信託契約の締結
信託の目的	不動産を賃貸して、賃料収入を分配し、不動産を売却処分する。		時　　期	平成○○年○○月○○日
受益者等に交付した利益の内容	種　　類	金銭	受託者の受けるべき報酬の額等	報酬の額又はその計算方法	00000円
	数　　量	00000円		支払義務者	S_1
	時　　期	平成○○年○○月○○日		支払時期	平成○○年○○月○○日
	損益分配割合	2分の1		補てん又は補足の割合	－

収 益 及 び 費 用 の 明 細

収益の内訳	収益の額	費用の内訳	費用の額
受取利息・配当	千　0円	経費	000千　000円
動産不動産収益	000	動産不動産売却損	0
動産不動産売却益	0	その他費用	000　000
その他収益	0		
合　計	000　000	合　計	000　000

資 産 及 び 費 用 の 明 細

資産及び負債の内訳	資産の額及び負債の額	所 在 地	数量	備　考
資産 現金預け金（普通預金）	00千　000円			
受託土地	00　000　000	○○市○○町○○丁目○○番○○号	1	受入平成○○年○○月○○日
受託建物	00　000　000	○○市○○町○○丁目○○番○○号	1	受入平成○○年○○月○○日
その他資産	0			
合　計	00　000　000	(摘要) 帰属権利者として指定された者　別紙(略)のとおり		
負債 仮受金	00　000　000			
その他負債				
合　計	00　000　000			
資産の合計－負債の合計	00　000　000			

整 理 欄	①	②

④信託財産状況報告書の作成・送付であり、これらは信託会社が行う。

また、信託会社は、信託の計算書（【書式5—12】は信託設定の初年度に賃貸収入があった場合S_1の分）を作成し、毎年3月31日から1カ月以内に、受益者別に、信託事務を行う事務所の管轄税務署長に提出する（所得税法227条、所得税法施行規則96条）。

(2) 信託財産（不動産）の売却と登記申請

(ｱ) 概　要

信託財産に属する不動産の売買は信託財産の処分に該当するため、指図に従わなければ、管理型信託会社は不動産の売買をすることができない（信託業法2条3項1号）。そのため、売却をするには、信託契約により指図権の委託を受けた者からの指図書を受け取り、売買契約の締結をする必要がある。また、不動産の所有権移転の登記および信託登記の抹消申請手続も必要になる。

(ｲ) 必要書類等

信託財産の売却による不動産の所有権移転の登記および信託登記の抹消を同時に申請するにあたっては、次の①～⑦の書類を用意する必要がある。

① 　登記申請書（後記(ｳ)および【書式5—13】参照）
② 　登記原因証明情報
③ 　指図があったことを証する情報
④ 　登記識別情報（登記済証）
⑤ 　印鑑登録証明書
⑥ 　資格証明情報
⑦ 　代理権限証明情報

前記②は、信託契約の規定に基づく信託財産の処分であることが明らかになる売買契約書または報告書形式のものを提供する（不動産登記法61条、不動産登記令7条1項5号・別表26甲添付情報欄ホ）。

前記③は、管理型信託は、指図のみに従い信託財産を処分することができる信託であり（信託業法2条3項1号）、本事例の信託も、その旨信託行為に

規定されているため、信託財産に属する不動産の売却が指図に従ってされたものであることを証する書面が必要である。信託財産の所有権移転登記と信託条項については、「信託財産について所有権移転登記の申請をする場合、信託条項に『受託者は受益者の承諾を得て管理処分する』旨記載されているときは、受益者の承諾書の添付を要する」（「質疑応答7097」登記研究508号173頁）とされる。

前記④は、不動産登記法22条による。

　　㈦　登記申請書

信託財産の売却による不動産の所有権移転の登記および信託登記の抹消を同時に申請する際の登記申請書は【書式5―13】のとおりである。また、書類の作成上の留意点については、「※」を付しているので参考にされたい。

【書式5―13】　登記申請書（信託財産の売却）

```
                    登記申請書

   登記の目的    所有権移転及び信託登記の抹消

   原　　　因    所有権移転　平成○○年○○月○○日売買
                信託登記抹消　信託財産の処分

   権　利　者    ○○県○○市○○町○○丁目○○番○○号
                ○　○　○　○（※）

   義　務　者    ○○県○○市○○町○○丁目○○番○○号
                株式会社Ｔ信託
                代表取締役　○　○　○　○

   添付書類
      登記原因証明情報　登記識別情報　印鑑証明書　住所証明情報
      資格証明情報　代理権限証明情報
```

```
登記識別情報の通知について
  送付の方法により登記識別情報通知書の交付を希望します。
  送付先：資格者代理人の事務所あて


平成○○年○○月○○日申請　○○法務局○○出張所

代　理　人　　○○県○○市○○町○○丁目○○番○○号
　　　　　　　　司法書士　G　　　　　　　㊞
　　　　　　　　電話先　00-0000-0000


課税価格　　金○○○,○○○円


登録免許税　金○○○,○○○円
　移転分　　金○○○,○○○円
　抹消分　　金○○○,○○○円


不動産の表示（略）
```

※　信託の抹消登記は受託者の単独申請であるが（不動産登記法104条2項）、信託の登記は原則として権利の移転の登記と同時にしなければならないので（同条1項）、登記義務者（受託者・売主）と登記権利者（買主）の共同申請となる。

(3) 税務上の留意点（信託期間中）

　　㋐　賃料収入

　(A)　相続税

後述のように、受益権の取得時に課税されるため、具体的に賃料の受取りがあった時には、相続税は発生しない（後記㋒参照）。

　(B)　所得税

各受益者が（その割合に応じて）信託財産に属する甲マンションを有する

ものとみなし、かつ、甲マンションに帰す収益および費用は、各受益者の収益および費用とみなして計算した所得に対して課される（所得税法13条1項）。

もっとも、損益通算はできない（租税特別措置法41条の4の2、租税特別措置法施行令26条の6の2第4項）。

　　(イ)　売　却

　　(A)　相続税

後述のように、受益者の取得時に課税されるため、具体的に売買代金の受取りがあった時には、相続税は発生しない（後記(ウ)参照）。

　　(B)　所得税

受益者に対して課税される（所得税法13条1項）。

　　(C)　登録免許税

所有権移転の登記分は、不動産の価額の1000分の20（登録免許税法別表1・1(2)ハ）、信託登記の抹消分は不動産1個につき1000円である（同法別表第1・1(15)）。土地に関する売買の所有権移転の登記の税率については、租税特別措置法の軽減規定の適用を受けるときがある。

　　(ウ)　受益者の交代時の課税

本事例における信託は、受益者の死亡時に、その法定相続人がその法定相続分の割合と同じ割合の給付を受けられる受益権を取得するとしているため、受益者の交代時に、新受益者に対して、旧受益者から受益権の遺贈があったものとみなして相続税が課税される。

　　(4)　**信託期間中の専門職の関与のあり方**

信託期間中の税務申告については税の専門家の関与が不可欠であるため、顧問契約の締結等による関与が考えられる。特に、本事例のような受益者連続信託では、受益者に相続が起こるたびに、遺贈とみなされる受益権の取得が起こるため、これに対応した信託受益権の評価明細書を添付して相続税の申告を行う必要がある。

また、本事例とは異なるが、専門職が、委託者から指図権の委託を受けて、指図権を行使するといったスキームにすることも考えられる。指図に堪えう

る能力のある者が親族にいない場合などで、委託者が高齢で認知症の発症リスクも想定できるときには、特に必要になるスキームである。ただし、その場合には、関係者が複数になるため、どのような指図をするのかについての基準をあらかじめ決めておくことを要すると思われる。

6 信託終了後の実務と留意点

(1) 主な実務

信託期間中に不動産が売却され、その代金が受益者に分配されたときは、残金があれば帰属権利者への分配が事務になる。これは、信託の清算手続（信託法175条以下）として行うことになる。

(2) 信託終了後の専門職の関与のあり方

残余財産が金銭しかない場合でも、帰属権利者への課税が発生するため、税務に関する相談等で関与することがありうる。また、信託期間中に信託不動産の売却がされず、信託不動産を残余財産として特定の者に帰属させることにするときはもちろん、法定相続分と同じ割合で分けることにするときでも、課税の発生や不動産登記申請が必要になる。特に、関係者が多数になるため、専門家の力が求められる場面である。

▷金森健一

※本稿中、意見にわたる部分は、筆者個人の見解であり、所属する団体の見解ではないことを申し添える。

Ⅲ　アメリカの Living Trust の検討――ニューヨーク州司法試験問題も題材に

1　概説

　信託は、自由な利用をその本質とする。「the only limitations of the trust may be those of the imaginations」（信託の唯一の限界は、（その利用者の）想像力の限界であるかもしれない）というのは著名な言葉である。

　ここでは、アメリカ合衆国（以下、「アメリカ」という）における Living Trust（リヴィング・トラスト。訳語として「生存中信託」の語を用いた。後記3⑵参照）の利用状況を紹介することを目的とする。アメリカでは、遺言と信託は、ワンセットのものとして語られることが多い。ロースクールの授業にしても、教科書にしても、「Will and Trust」（遺言と信託）という題名になっていることが多い。

　アメリカは、50の州（およびワシントンDC）からなる連邦国家である。日本人の中には、州と連邦の関係を、日本でいう県と国の関係のように誤解している人もいるが、正しくは、50の国が存在している状態である。そして、倒産法や証券法のように連邦法がアメリカ全土を通じて適用される分野もあるが、各州でバラバラな分野も多い。その典型が不動産や保険である。そして、信託や遺言も、統一の動きはあるものの、依然として、各州が個別の法律を制定しているのが実情である。

　Living Trust の利用を簡潔にするために、研究者や実務家から構成され

1　A. Scott, The Law of Trusts §1, at 4 (3d ed. 1967), Gail Boreman Bird, "Trust Termination: Unborn, Living and Dead Hands- Too Many Fingers in the Trust Pie" (The Hastings Law Journal Vol. 36, Issue 4, p. 563-608 at 563 (1984-1985))

る The National Conference of Commissioners on Uniform State Laws（統一州法委員会全国会議）により、1987年に Uniform Custodial Trust Act（統一保全信託法）が策定されたが、2016年4月時点で、採択した州は17州（およびワシントンDC、米領ヴァージン諸島）にとどまる。

アメリカでは、日本と異なり、生存中に、遺言などにより死亡時・死亡後の財産関係を決めてしまいたいという人が多いように思われる。

2 ニューヨーク州司法試験の信託のエッセイ問題の検討

(1) はじめに

本書は、民事信託の具体的事例の検討を目的とする実践的手引である。しかし、アメリカと日本では法制度が大きく異なっており、かつアメリカ国内においてさえも州ごとに信託法制、税制度が異なることから、本書でアメリカの実例を検討するにあたっては、題材の選択を慎重に行う必要がある。実際に、アイオア州弁護士会のウェブサイトには次のような記載もある。

Can I Use a Living Trust Form or Kit That I Buy?（市販の Living Trust のひな型やキットを使うことはできますか？）
You can use a form or kit or even prepare the trust agreement yourself, but your situation may not fit the form, or the form may have been

---

2 Richard v. Wellman "A living trust law with merit- The UCTA helps client and beleaguered lawyers" (Experience, Vol. 4, Issue 4, p. 43 (1994))

3 17州とは、アラスカ、アリゾナ、アーカンソー、コロラド、ハワイ、アイダホ、インディアナ、ルイジアナ、マサチューセッツ、ミネソタ、ネブラスカ、ネヴァダ、ニューメキシコ、ノースカロライナ、ロードアイランド、ヴァージニア、ウィスコンシンである（統一州法委員会全米会議ウェブサイト〈http://www.uniformlaws.org/Act.aspx?title = Custodial Trust Act〉参照）。

4 これは筆者の私見であるが、日本は、自分が突然に死亡しても会社が守ってくれることが多い（多かった）のに対して、アメリカでは、会社は自らを守ってくれず、家族こそが砦であることから、家族のために財産関係を明確にしたいという動機が強いように思われる。

5 アイオワ州法曹協会ウェブサイト〈http://www.iowabar.org/?page = LivingTrust〉参照。

> poorly prepared and may lead to adverse tax consequences and conflicts over property distributions. Problems with the forms or kits may not surface until years later, sometimes notsp until after your death when you cannot change the trust and clear up the problem. Just as you would run the risk of flying in a plane built by someone without the proper training and experience, it can be "dangerous" using a trust form or kit without using a knowledgeable attorney.（あなたはひな型やキットを使うことができますし、ご自身で信託契約を作成することさえ可能です。しかし、あなたのおかれた状況はひな型に適していないことがあります。また、ひな型の出来が悪いこともありますし、そのようなひな型は、不利な課税に至ることや、財産の分配において利害衝突を招くこともあります。そのようなひな型やキットの問題点は何年も顕在化せず、場合によっては、あなたが死亡した後に問題が顕在化することもあり得ます（死亡後の時点では、あなたは信託の変更や問題点の解消をすることができません）。適切なトレーニングと経験のない誰かが造った飛行機に乗って飛ぶことについてリスクがあるのと同様に、知識の豊富な法律家（attorney）の助力なしに信託のフォームやキットを用いることは「危険」であることがあります。）

　この指摘は、本書の読者も常に留意すべきであろう。他方、アメリカの法制度を学ぼうとする者には、ニューヨーク州の司法試験の合格をめざす者も少なくないと思われる。そして、同州の司法試験のエッセイの問題では、「Will and Trust」はほぼ毎回出題される重要分野である[6]。

　そこで、ここでは、本書の主題である具体的事例の検討に代えて、ニューヨーク州の司法試験の過去の出題内容の中から、信託の問題を2問ほど取り上げて、検討することにする[7]。なお、ニューヨーク州で、遺言や生存中信託を規律する法律は、New York Estates, Powers and Trusts Law（ニュー

　6　なお、MPT（Multistate Performance Test：マルチステート・パフォーマンス・テスト）では、1999年7月に、In re Emily Dunn という仮想事案で、遺言の主要部分を起案させる問題が出題されたことがある。

　7　ニューヨーク州司法試験委員会ウェブサイト〈http://www.nybarexam.org/ExamQuestions/ExamQuestions.htm〉にて問題文と参考答案2通を閲覧・ダウンロードすることができる。

ヨーク州エステーツ・パワーズ・アンド・トラスツ法[8]）であり、ニューヨーク州の司法試験を受験するにあたり、必須の法律である[9]。

　ニューヨーク州は、2016年7月よりUBE（Uniform Bar Examination、全米統一司法試験）に参加することになった（なお、ニューヨーク州の司法試験は年2回（2月と7月）行われる）。したがって、今後、エッセイの問題は、ニューヨーク州法に関するものではなく、MEE（Multistate Essay Exam、マルチステート・エッセイ試験）に取って代わられることになる。MEEではコモン・ローの一般原則に従った回答が求められる。しかし、MEEにおいても、遺言と信託（Will and Trust）はほぼ毎年出題される重要な科目である。また、ニューヨーク州弁護士としての登録を受けるためには、UBEに合格するだけでは足りず、ニューヨーク州法に特化したコース（NYLC）をオンラインで受講し、かつオンラインでのニューヨーク州法の試験（NYLE）に合格しなければならない[10]。したがって、UBEへの参加後も、ニューヨーク州司法試験の過去のエッセイの問題を検討することには十分に意義がある。

(2)　信託のエッセイ問題から

　2006年7月試験（第5問）に出題された問題を紹介する（原文はもちろん英語である。和訳は筆者による）[11]。

　サムとアイダは、1978年に結婚し、1980年には二人の間に双子のジョンとジェイが誕生した。

　2001年、サムはB証券会社の証券口座内の80万米ドルの資金を、姉のイブに対し、イブを信託受託者として移転した。適法に締結された信託証書[12]は、信

8　FindLawウェブサイト〈http://codes.lp.findlaw.com/nycode/EPT〉参照。
9　もっとも、受験にあたり、条文まで読み込むものはまずいないと思われる。
10　ニューヨーク州司法試験委員会ウェブサイト〈https://www.nybarexam.org/UBE/UBE.html〉（2016年4月22日）の6項参照。
11　前掲（注7）参照。後記2013年2月試験（第3問）も同様。
12　信託証書の締結の適法性は論点にならないという趣旨で、この語句が用いられている。

第4章 Ⅲ　アメリカの Living Trust の検討――ニューヨーク州司法試験問題も題材に

託の収益はジョンとジェイが生存中は彼らに共同で支払われること、および、彼らの両方が死亡した後は元本はサムの相続人に交付されることを定めていた。信託証書は、信託を撤回する権限をサムに残したが、修正に関しては規定がなかった。また、信託証書は、浪費者保護条項（spendthrift clause）を規定しておらず、また収益の累積も指示していなかった。

　2002年、ジョンは乳児の娘ダーナを残して死亡した。2003年、アイダはサムに対して、離婚判決を得た。

　2004年、Sound Inc.がジェイに販売した音響機器の代金7500米ドルをジェイが支払わなかったため、Sound Inc.は、金7500米ドルの支払いをジェイに命じる判決を得た。当時ジェイはロースクールの学生であったが、信託から受ける収益は、学費と生活費を賄うのに十分であった。Sound Inc.は、その信託の収益に対して強制執行を試みた。

　同じく2004年、サムの契約違反を理由に、Games Inc.は、12万米ドルの支払いをサムに命じる判決を得た。Games Inc.は、信託財産はサムの債権者の引当てになっていると信じて、すべての信託財産に対して当該判決に基づき強制執行しようと試みた。

　信託受託者は、Sound Inc.と Games Inc.の両者が得た支払い判決に関して、執行停止を申し立てた。裁判所は、これを認め、いずれの債権者も信託の収益と信託財産自体につき権利を及ぼすことはできないと判断した。2005年、サムとイブは、署名、承認された文書にて、イブを信託の収益受益者として追加する内容に信託証書を修正した。サムは2006年に、検認対象となる純資産1200万米ドルを残して、死亡した。1995年に適法に作成された彼の遺言の主要部分は、次のように定めている。

第1　最愛の妻アイダに純資産の半分を残す。
第2　私の相続人に、代襲で（per stirpes）、30万米ドルを残す。
第3　残余の財産を姉のイブに残す。
第4　息子のジェイを遺言執行人として任命する。

サムが死亡した時、アイダ、ジェイ、ダーナ、イブが生存していた。

1　裁判所が下記の執行の停止を命じたことは正しかったか？
(a) Sound Inc.による信託の収益への強制執行。
(b) Games Inc.による信託財産への強制執行。

2　信託は適切に修正されたか？
　　3　サムの遺産はどのように分配されるべきか？

　次に、2013年2月試験（第3問）に出題された問題を紹介する（原文はもちろん英語である。和訳は筆者による）。

　　ヘンリーとウィルマは20年以上前に結婚し、二人の間には、現在は成人している二人の子ども、アンディとエバがいる。数年前、ヘンリーはサリーと関係をもち始めた。
　　2年前、ヘンリーは銀行に自分の名義で自らを信託受託者としサリーのためにトッテン信託の口座を開設し、資金を預けた。その信託口座の条項には、同時死亡または災害に起因する死亡についての文言はなかった。また、ヘンリーは、アンディとエバを保険金受取人とする生命保険を購入した。
　　昨年、ヘンリーは、下記の条項を含んだ遺言を適法に作成した。

　　第1　私は、すべての負債、葬儀費用および事務管理費用を支払うことを指示する。
　　第2　私は、200万米ドルを、後述の私の信託受託者（訳者注・この問題中では信託受託者は特定されていない）に信託し、遺贈する。信託受託者は、信託財産を保持し、私の子どもであるアンディおよびエバの生存中は、彼らに対して、平等の割合で信託の収益を支払い、もしくは生存するほうに信託の収益を支払い、並びに彼らのうち死亡が遅いほうの死亡に基づき、アンディおよびエバの子どもたちに対して、平等の割合で信託の収益を支払い、彼らのうちの最年少の者が25歳になった時に信託元本をその子どもたちに対して平等の割合で支払うものとする。
　　第3　私は、遺産の残りすべてを妻のウィルマに与える。

　　2カ月前、ヘンリーとサリーは運転中に自車のレーンから脱線し、直接に対向車に衝突した。ヘンリーは即死し、サリーは数日後に死亡した。
　　ヘンリーの死亡時、妻ウィルマ、当時子どものいなかった二人の子どもたち、アンディとエバが生存していた。ヘンリーの遺言は検認を経て適式なものと認められ、ウィルマが遺言執行人として選任された。
　　ウィルマは、検認裁判所に、200万米ドルの信託への遺贈は永久拘束禁止原

則に違反するために違法であること、ゆえに残余財産の条項（residuary clause）に基づき200万米ドルはすべて彼女に交付されるべきことの決定を求める申立てを行った。

ヘンリーの遺族とサリーの遺族は、銀行口座の残高の回復・取戻しを求めた。

ウィルマは、適法にヘンリーの遺産に対し遺留分の行使を申し立てた。ヘンリーの死亡時、銀行口座の残高が10万米ドル、生命保険の死亡給付金が100万米ドル、ヘンリーの他の財産（負債や葬儀費用および事務管理費用を支払い後）の純額は200万米ドルであった。

1(a) 信託に対する遺贈は永久拘束禁止原則に違反するか？
 (b) 違反とする仮定した場合、信託に遺贈された資産はどのように分配されるべきか？
2 いずれの相続人が銀行口座の残高についての権利を有するか？
3 ウィルマの遺留分（elective share）の価値はいくらであり、どのように計算されるか？

以上2問の信託のエッセイ問題の検討（解答）については後記5で触れることとし、まずは3および4において問題の検討にあたり参考になる点をみていきたい。

3　アメリカにおけるLiving Trust（生存中信託）

(1)　総　論

アメリカでは商事信託のほうが広く使われているかのようにいわれることもあるが、筆者の印象では、必ずしもその認識は正しくないように思われる。特に南部では、北部に比して民事信託が好まれる傾向があるように感じられる。たとえば、日本では証券化の目的で信託を用いることも多いが、アメリカでは、LLC（Limited Liability Company）が、法人格がありながらも税法上はパススルー課税（構成員課税）の扱いを受けるので、証券化には、LLCが広く用いられている。ただし、アメリカでは、ABCP（Asset Backed

---

13　日本の合同会社をLLCと訳している文献をみることがあるが、税法の観点からすれば、両者は全く異なる。日本の合同会社は、パススルーではない。

Commercial Paper：資産担保コマーシャルペーパー）については、信託が用いられることが多い。筆者がアメリカの会計士に理由を尋ねたところ、沿革的にそうしてきただけで、信託を使わないと達成できない事項があるわけではないとの回答であった。

アメリカでは、富裕層の財産管理を得意とする信託会社も存する。これは、確かに営業信託に分類されるであろうが、業務の性質としては、日本の信託銀行の主要業務に比して、民事信託に近いといえる。

〈表14〉　信託の分類

①	行為の性質による区分	民事信託	商事信託
②	免許等を要する営業に該当するかどうかによる区分	非営業信託	営業信託

※わが国で民事信託というときには、②の文脈で語られることが多い（非営業信託）。

信託の分類には、いくつかの基準がある。アメリカでは、一度設定すると撤回することができない信託と撤回が可能な信託とに分けることも多い。後述のように、生存中信託のメリットの一つに、修正・変更が容易という点がある（後記(8)(イ)(A)参照）。したがって、生存中信託は、撤回可能な信託（revocable trust）として設定されることが多い。そして、撤回可能信託は、全米50州のすべてで有効である。

(2) Living Trust（生存中信託）

Living Trust とは、死亡時ではなく、委託者が生存中に設定する信託をいう。[14] アメリカでは、inter vivos trust とか living trust と呼ばれるが、法的には前者（inter vivos trust）が正式である。[15] 生前信託という訳語でも問題

14　他方、Living Will というのは、生存中に作成される遺言という意味ではなく、延命治療や臓器提供などに関する意思を表示したものをいう。

15　全米法曹協会ウェブサイト〈http://www.americanbar.org/content/dam/aba/migrated/publiced/practical/books/wills/chapter_5.authcheckdam.pdf〉参照。

はないが、本書の他の箇所で論じられている、日本法に基づく生前信託と区別する意味で、ここでは「生存中信託」と呼ぶことにする。なお、対語は、遺言によって設定される信託（testamentary trust：遺言信託）である。

また、信託には、設定者による撤回（revoke）が可能か否かで、撤回可能信託（revocable trust）と撤回不能信託（irrevocable trust）に分かれるが[16][17]、生存中信託の利点の一つである、修正・変更の容易性を達成するためには、撤回可能信託（revocable trust）としておくことが必要となる（後掲（注19）参照）。アメリカでは、revocable trust という語を Living Trust を意味するものとして用いる者もいるほどである[18]。ただし、生存中は収益を自分に分配し、死亡時には元本を慈善事業へ信託するという場合などには撤回不能信託のほうがよいとされるので、用途によって使い分けが必要である[19]。

生存中信託の対語は、遺言信託であるが、生存中に設定した信託に対して、遺言により遺産を追加信託する場合を、注ぎ込み信託（pour over trust）という。歴史的には、遺言により、他の法律文書を参照して組み込むことは無効とされてきたが、現代では信託契約を具体的に特定すれば、注ぎ込み信託も有効とされており、生存中信託を設定した者は、死亡時に、生存中に信託しなかった財産を信託に注ぎ込むことが多いようである（詳細は後記5⑵⑦参照）。

筆者は、米国の法律家がよく用いる法律関係の判例文献の検索サービスで

---

16 厳密には、撤回権の主体は設定者に限らないが、通常は、設定者（委託者）を基準に考える。

17 撤回可能信託（revocable trust）は、「信託設定者が明示的又は黙示的に撤回権を留保して設定する信託。設定者の債権者は、信託設定が詐害譲渡となることを立証できない限り、信託が撤回可能という理由だけでは、信託財産を債務弁済に充当させることはできない」（田中英夫編『英米法辞典』734頁（1991年））。

18 全米法曹協会ウェブサイト「Revocable Trusts」〈http://www.americanbar.org/groups/real_property_trust_estate/resources/estate_planning/revocable_trusts.html〉参照。

19 A. James Casner "Estate Planning-Avoidance of Probate"（Columbia Law Review Vol. 60, p. 108-140 (1960) at 115）（後記⑻の文献9）。

ある Hein Online（ハイン・オンライン）を用いて Living Trust という語句を題名に含む文献を検索してみたところ（2016年4月15日現在）、合計で33件しかヒットしなかった。Inter Vivos Trust でも、47件しかなかった。他方、Will で検索すると、7827件のヒットがあった。遺言以外の意味での will の文献を除いても数千の文献がある。Living Trust の文献は、最も古いものは1930年であり、2000年以降も文献が出ているにもかかわらず、33件しかないということは、アメリカにおける Living Trust は、研究者や法律家が問題にするような法的な問題点はほとんどなく、むしろどのように実務で活用するかが主たる議論であると推測される。もっとも、A. James Casner 氏の文献のように（前掲（注19）参照）、Living Trust という語句を題名に含まない文献もある。

　感覚的には20％くらいのアメリカ人が生存中信託を使っているとの観測もある[20]。また、1930年の時点で、相続対策として、第1位は「何もしない（法定相続に委ねる）」、第2位が「遺言」、第3位が「生存中信託」という評価もある[21]。

　その関連でいうと、むしろ、Lawyer の資格を有しない者が、Living Trust の提案をすることが、法律の実務（practice of law）にあたり違法ではないかという議論はかなりなされているようである[22]。ただ、アメリカの Lawyer については、日本のように司法書士や行政書士などのように細分化されておらず、日本の司法書士や行政書士が行っている業務内容も Lawyer の業務に含まれる可能性がある点に注意が必要である[23]。

　モンタナ州[24]のように、Living Trust Act を有する州もあるが、この法律

20　legal Zoom ウェブサイト「Top Three Benefits of a Living Trust」〈https://www.legalzoom.com/articles/top-three-benefits-of-a-living-trust〉参照。

21　Edward C. King "The Living Trust" Dicta, Vol. 7, Issue 11 p. 3-19（1930）at p. 4. 参照。

22　"Attorney Association with Living Trust Marketing Firms: Examining the Legal Issues" South Carolina Law Review, Vol. 51, Issue 4 p. 1003-1018（2000）参照。

は、Living Trust の販売者を規制するものである。

　Living Trust については、多くの弁護士会のウェブサイトにて説明がなされている。筆者が検索をしたウェブサイトのうちのいくつかを紹介する。①全米法曹協会〈http: //www. americanbar. org/groups/real_property_trust_estate/resources/estate_planning/revocable_trusts. html〉、②ニューヨーク市弁護士会〈http://www. nycbar. org/get-legal-help/article/wills-trusts-and-elder-law/trusts/living-trusts-revocable-irrevocable/〉、③カリフォルニア州弁護士会〈http: //www. calbar. ca. gov/Public/Pamphlets/LivingTrust.aspx〉、④イリノイ州弁護士会〈http://www.illinoislawyerfinder. com/sites/default/files/pamphlets/consumer/What%20is%20a%20Living%20Trust.pdf〉、⑤コロラド州弁護士会〈http://www.cobar.org/index.cfm/ID/20880〉、⑥オハイオ州弁護士会〈https://www. ohiobar. org/ForPublic/Resources/LawFactsPamphlets/Pages/LawFactsPamphlet-12. aspx〉、⑦アイオワ州弁護士会〈http://www.iowabar. org/?page = LivingTrust〉、⑧オレゴン州弁護士会〈https: //www. osbar. org/public/legalinfo/1196_RevocableTrusts.html〉、⑨ワシントン州弁護士会〈http://www.wsba.org/~/media/Files/News_Events/Publications/Consumer%20Info%20Pamphlets/Consumer-Info-Revocable-Living-Trusts.ashx〉。

(3) Living Trust の勃興

　アメリカでは、1960年代から、生存中信託が流行し始めたとの記述もある。[25]その火付け役となったとされる論文が、当時ハーバード大学の教授であった

23　ただし、さらにいえば、attorney-client-privilege（弁護士秘匿特権）は、少なくとも、訴訟代理業務を行う資格を有しない専門家には適用がない可能性が高いといわざるを得ないであろう。

24　FindLaw ウェブサイト「Montana Code - Part 9: Montana Living Trust Act」〈http://codes.lp.findlaw.com/mtcode/30/10/9〉参照。

25　Bruce G Cohne & Martha S. Stonebrook "The Living Trust in Utah-Boon or Boondoggle"（Utah Bar Jounal Vol. 6, Issue 6, p. 10-12 (1993), at 10）（後記(8)の文献5）参照。

A. James Casne（エイ・ジェイムズ・カーン）による「Estate Planning-Avoidance of Probate（エステート・プランニング—検認の回避）」（Columbia Law Review（コロンビア・ロー・レビュー） Vol. 60, p. 108-140。後記(8)の文献9）である。この論文は、題名が示すように、検認（Probate）の回避を主眼においたものである。検認を回避するとどのようなメリットがあるのかは後述する（後記(8)参照）。

(4) 誰が信託受託者となるか

アメリカでは、信託の受託者について、①自らを受託者にする、②配偶者を受託者にする、③自らと配偶者を共同で受託者にする三つのタイプのいずれかが多い。また、配偶者以外の家族が信託の受託者になることも多い。友達や同僚を任命する場合もあるようである。銀行の信託部門や信託会社に信託の受託者になってもらうこともある（前記(2)のカリフォルニア州、アイオア州、オレゴン州、ワシントン州の各弁護士会ウェブサイト参照）。自らを信託の受託者に使命する場合は、死亡または無能力（incapacity）になるまでの間は自らを信託の受託者とするが、無能力者となった時または死亡時に信託の受託者となる者（後継受託者）を定めておくことが不可欠であるし、実務においては当然定められている。共同受託者（共同でないと業務が遂行できないように制限をかける）とすることも可能である。弁護士などは、州法によっては、裁判所の許可を得ることが求められるなどの理由で、あまり受託者とされないようである（前記(2)のオレゴン州弁護士会ウェブサイト参照）。ただし、遺言執行者が弁護士を雇うことが多いのと同様に、一般人が信託の受託者となった場合には、受託者の弁護士を雇うことも多い。

信託の受託者について注意しなければならないのは、連邦遺産税（Federal Estate Tax）については、遺言執行者も信託の受託者も個人責任を負うという点である。[26]

---

26 Joseph E. Doussard "The Revocable Living Trust Revisited" Colorado Lawyer, Vol. 18, Issue 2 p. 225-228 (1989) at p. 227参照。

(5) 生存中信託は、誰にでも適しているか

　生存中信託は、誰にでも適しているかと問われれば、答えは「No」である。生存中信託の利用の最大の動機が、検認という裁判所の関与する手続の回避にあることからすれば、逆に、裁判所の関与を受けたいという者にとっては、遺言のほうがよい。

　次に、生存中信託は、財産権を信託受託者に移転することが必須であるため、移転の証明が容易でない財産（具体的には、動産）が多い者にとっては、生存中信託は適していない。

　さらに、信託や遺言とは関係なしに遺産の帰属が決まるもの（生存者権付きの共有物、生命保険）くらいしか目ぼしい財産がない場合や、財産の数が少ない場合には、生存中信託を用いるメリットはない[27]。また、州によっては、簡易検認の制度などがあり、簡易検認を使える程度の資産しかない状況であれば、信託を設定する意味がない場合もある。

(6) 生存中信託は、税金との関係ではニュートラル（中立）である

　まず、大前提として、生存中信託は、その多くが撤回可能信託であることからも理解できるとおり、所得税や贈与税との関係では、委託者や受益者の地位に影響を与えないのが原則である（その意味で、ニュートラルである）[28]。また、遺産税についても、基本的にはニュートラルである。にもかかわらず、中には、「遺産税を55％カットできる」と言って生存中信託を勧誘する者もあるようであるが、そのような効果を得られるケースがあったとしても必ず得られるものではなく、遺産税の削減というのは少なくともミスリーディングである[29]。

　むしろ、適切にしくみを構築しないと、生存中信託を使ったほうが、委託者の死亡後に支払う遺産税の額が増える事案もある[30]。たとえば、フロリダ州は遺産税が存しない一方、インディアナ州は遺産税が存する。インディアナ

27　後記(8)の文献6（250頁）参照。
28　前記(2)のワシントン州弁護士会ウェブサイト参照。
29　後記(8)の文献1（646頁）参照。

州の居住者がフロリダ州に存する不動産をも信託財産に含めてインディアナ州で生存中信託を設定すると、フロリダ州の不動産にも遺産税が課される可能性が出てきてしまう。他方、うまく使うと、少なくとも納税時期の繰り延べの効果を得ることはできる（前記2のオハイオ州弁護士会ウェブサイト参照）。また、後述のAB Trustのような使い方もありうる（後記4参照）。

結論として、遺産税の節税になるのかどうかは、税務を専門とする法律家に確認することが不可欠である。

(7) **なぜ、生存中信託が用いられるのか**

生存中信託を用いる際の最も強い動機は、遺言の際に実施される検認（Probate）を回避できるという点である。これを「私的な検認手続」（private process for probate）と呼ぶ者もいる。[31] 検認が、どの程度重い手続なのかは州によって異なるが、州によっては遺産の帳簿を作成し、それが公に閲覧可能な状態とされるところもある。そのような州では、①検認の複雑さを回避するだけでなく、②プライバシーの見地からも、遺言ではなく生存中信託が好まれることになる。弁護士によっては、信託設定時の手続を、生存中の検認などと説明するようである。

さらに、事前に信託を設定しておけば、無能力になった場合でも、当該財産については、法定後見制度（conservatorshipまたはguardianship）の適用を受けなくて済むというメリットもある。[32]

(8) **生存中信託のメリット・デメリットの検討**

生存中信託のメリット・デメリットについて、次の(ア)〜(オ)のとおり、具体的に検討する。生存中信託のメリット・デメリットをまとめた〈表8〉もあわせて参照されたい。これらの作成にあたっては、前記(2)の各弁護士会ウェ

30　後記(8)の文献4（460頁）、C. Douglas Miller and R. Alan Rainey "Dying with the "Living"(or "Revocable") Trust: Federal Tax Consequences of Testamentary Dispositions Compared" Vanderbilt Law Review, Vol. 37, Issue 4, p. 811–844（1984）参照。

31　前記(2)のワシントン州弁護士会ウェブサイト参照。

32　後記(8)の文献1および文献2参照。

ブサイト並びに、① Living Trust Scams and the Senior Customers (Texas Bar Journal, Vol. 70, Issue 7, p646-647 (2007))（以下、「文献1」という）、② Richard Gould "The Living Trust: Fact v. Fiction" (Quinnipiac Probate Law Journal, Vol. 15, Issue 1 & 2, p. 133-142 (2000))（以下、「文献2」という）、③ James H. Hernandez "The Living Trust; Charting Untested Waters" Res Gestae, Vol. 44, Issue 1, p. 24-26 (2000)（以下、「文献3」という）、④ Donald E. Esmont "Revocable Living Trust-Traps and Pratfalls"（Res Gestae, Vol.36, Issue 10, p458-463 (1993))（以下、「文献4」という）、⑤ Bruce G Cohne & Martha S. Stonebrook "The Living Trust in Utah-Boon or Boondoggle" (Utah Bar Jounal Vol.6, Issue 6, p10-12 (1993))（以下、「文献5」という）、⑥ "The Revocable Living Trust as an Estate Planning Tool" (Real Property, Probate and Trust Journal, Vol. 7, Issue 2, p. 223-252 (1972))（以下、「文献6」という）、⑦ Martin L. Sturman "Adapting the Living Trust to Special Problems in Estate Planning" Practical Lawyer, Vol. 18, Issue 8, p. 51-56 (1972)（以下、「文献7」という）、⑧ Martin L. Sturman "The Importance of the Family Trusts" Practical Lawyer, Vol. 17, p. 69-78 (1971)（以下、「文献8」という）、⑨ A. James Casner "Estate Planning-Avoidance of Probate" (Columbia Law Review Vol. 60, p. 108-140 (1960))（以下、「文献9」という）を参考にしている。なお、生存中信託のメリットについて、後記(イ)(ウ)のように、死亡の前後で区分する方式は、文献6を参考にした。

〈表15〉 生存中信託のメリット・デメリット

		メリット	反論（異なる見解）
最大のメリット（検認の回避）			
(ア)(A)		費用の削減	信託契約の作成費用は、一般的には、遺言作成費用より高い。すなわち、

3 アメリカにおける Living Trust（生存中信託）

		当初にかかる費用は生存中信託のほうが高い。プロフェッショナルの受託者を選任した場合は、信託の受託者の報酬も嵩む。
(ア)(B)	迅速な分配　裁判所の関与する手続を避けることにより、迅速な分配を可能とする。	州によっては、簡易検認の制度を設けている場合もある。
(ア)(C)	プライバシーの保護　アメリカでは、遺言の内容（遺産の種類と価値）が記録され、公開されることになっている州がある。	不動産と多少の現金など、公開されても困らないような財産しか残っていない場合には、妥当しない。注ぎ込み信託でも対応可能である。
(ア)(D)	裁判所の関与の回避　財産の売却などの際に、裁判所の許可をとるなどの手続を踏まなくてよい。	むしろ、裁判所の関与が好ましい場合もある。
生存中のメリット		
(イ)(A)	変更・修正が容易である。	信託受託者への費用がかかる。
(イ)(B)	無能力への対応（認知症など）への対応が可能である（右欄への再反論：永続的委任状は、死亡時に失効するので、無能力のみならず死亡後まで視野に入れるのであれば、生存中信託のほうがよい）。	永続的委任状（durable power of attorney）でも対応が可能である。
(イ)(C)	継続的な管理（生存中含む）に向いている。	継続的に帳簿等を管理しなくてはならず、費用も時間もかかる。
(イ)(D)	専門的な信託の受託者に信託することで、積極的な運用が可能になる。	信託の受託者の報酬・費用がかかる。投資リスクを負う。
死亡後のメリット		
(ウ)(A)	複数の州に財産が存するときに、信託受託者が当該州に居住していなくても問題ない（他方、遺言執行者については、居住要件が課せられる州もあり、その場合には、ancillary administration 手続を踏まなければならない）。	
(ウ)(B)	相続から意図的に排除するという効果を達成できる。遺留分対策にもなりうる。	基本的に、撤回不能信託である必要があり、柔軟性を欠く。

(ウ)(C)	共同受託者が可能である。	生存者権付きの共有（日本でいう合有）にしておけば、死亡者の共有持分は生存者が取得するので、そのほうがむしろ簡便である。
(ウ)(D)	きめ細やかな配当等の設定が可能である。たとえば、子や孫が何歳から信託配当を受けられるかなどまで決められる。	
(ウ)(E)	法律的な関係にない者（同一性婚など）への財産の分配を容易にする。	
(ウ)(F)	遺言よりも争いになりにくい（右欄への再反論：法律的な効果ではないが、実務感覚として、遺言よりも争いになりにくいといわれる）。	法律的にはそのような効果はない。
(ウ)(G)	浪費者保護信託（債権者対策）	

　(ア)　最大のメリット──検認の回避

　アメリカにおいて、生存中信託のメリットとして最も強調されるのは、検認の回避という点である。

　検認とは、①最後の遺言を確定し、②検認手続に服する被相続人の財産の範囲、性質、価値を決定し、③被相続人の債務額を決定し、かつ④被相続人の債務、租税、費用を支払った後に、相続人または受遺者への分配の方法を決定するという手続をいう（前記(2)のオハイオ州弁護士会ウェブサイト参照）。

　検認を回避すると、次の(A)～(D)のようなメリットがある。

　(A)　費用の削減

　まず、費用の面があげられる。検認に関する費用は、主として検認に係る裁判所の費用と弁護士費用に分けられる[33]（そのほかに、資産の評価の費用などもあるが、割合は大きくないことが多い）。生存中信託を使って回避できるのは、主として、前者の裁判費用であるが、2000年当時のマサチューセッツ州で、300米ドル程度であった。信託契約書の作成を弁護士に依頼した場合に

33　後記(8)の文献2（134頁）参照。

3 アメリカにおける Living Trust（生存中信託）

は、検認に係る弁護士費用より高くなることが多いといわれている。

検認費用が著しく高額となった著名な事案（マリリン・モンローの遺産）を後記(9)で紹介している。

(B) 迅速な分配

次に、分配までの時間の面がある。検認は、裁判所の関与のもとで行われるので、1年程度かかることも少なくないといわれる。また、連邦遺産税がかかわる場合には、最悪で数年かかることもあるようである。[34] すなわち、遺言執行者が連邦遺産税について個人責任を負う結果、遺産税の申告（資産の評価などを伴う）は期限ぎりぎり（死亡後9カ月）まで提出されない。また、遺産の内容が多岐にわたる場合には、税務当局からの返答も遅くなりがちであり、しばしば、非常に長い質問リストおよび要求情報リストを伴って返答がなされてくる。遺言執行人がそれに対応し、両者の間でやりとりが何往復かしていると、1年は簡単にかかってしまう。そして、個人責任を負う可能性のある遺言執行人は、連邦遺産税の納付が終わらないと、受遺者に対する遺産の分配を完了させない。こうやって、分配完了までに1年以上かかることは珍しくないという事態になってしまっているようである。しかし、連邦遺産税について個人責任を負うのは、生存中信託の信託受託者も同じことであるので、この分配までの時間というのは、生存中信託を用いるべき決定的な理由とはいいがたい。ただし、生前中信託を設定しておけば、生存中からの分配を継続することができるし、また死亡後すぐに（特に連邦遺産税の納付に影響がないことが明らかな範囲で）分配を行うことも可能である。

(C) プライバシーの保護

州によっては、検認の対象となった遺産の記録は、公に開示される（閲覧可能な状態となる）。つまり、遺産の内容が、公の記録（public record）となり、他人の目に触れうる状態になることを嫌がるという点である。なぜ、遺産の内容を公開するのかというのは州によって事情が異なるが、たとえば、

---

34 後記(8)の文献4（259頁）参照。

不動産について、日本のような登記制度がないアメリカでは、遺産の分配前に、真の権利者からの申出がないかどうかを確認する必要があるといった事情ではないかと推察される。

(D) 裁判所の関与の回避

財産の売却などの際に、裁判所の許可をとるなどの手続を踏まなくてよいので、迅速に対応ができるという点である。

(イ) 生存中のメリット

生存中のメリットには、次の(A)〜(D)のようなものがある。

(A) 変更・修正の容易性

この点を重視するならば、撤回不能信託ではなく、撤回可能信託にしておく必要がある。なお、委託者による撤回が可能ということのみならず、修正が可能という点も明示しておくべきである。信託が撤回可能・修正可能であるならば、いつでも、委託者は信託受託者との間で信託契約の内容を変更することができる。そして、重要なのは、基本的に、信託契約の変更について、特段の要式は求められない点である。他方、遺言の場合は、当初のみならず、修正のやり方についても、厳格な書式が求められており、本人は修正したつもりになっていても、実は、有効な修正ではなかったであるとか、反対に、一部修正したつもりが、全部破棄になってしまったりすることがありうる。このように、生存中信託の変更の容易性というのは、遺言に比してとても大きな安定性をもたらす。

(B) 無能力への対応

生存中に信託を設定しておけば、無能力（認知症など）になった場合でも、当該財産については、法定後見制度（conservatorship または guardianship）の適用を受けなくて済むというメリットもある。[35]

(C) 継続的な管理

継続的な管理とは、信託受託者に対して、一定の行為を命じることにより、

---

35 William P. Cantwell "Adjudication-Avoidance with the Living Trust" Real Property, Probate, and Trust Journal, Vol. 1, Issue 4 p. 373-376 （1966）参照。

遺産を分割した後の管理まで定められるということを意味する。遺言の場合は、遺産を分配すれば、その役割を負えるが、他方、信託を設定することにより、例えば、1000万円の財産の利息を継続的に、子供に分配し続けるといったことまで規定することができる。子供が幼いであるとか、障碍者であるといったときには、特に効果的であろう。後記(ウ)(D)のきめ細やかな管理とも関連する。

　(D)　積極的な運用

　生存中信託は、生存中に、遺言とは全く異なる使い方をすることも可能である。つまり、積極的に、運用能力の高い者を信託受託者に任命し、より多くの配当を狙いたいという場面がある。もう一つは、元本受益者は自分にし、収益受益者を配偶者などにすることにより、自分以外の者に対して、生存中に配当を行うという使い方である[36]。ただし、専門家に支払う報酬・費用は他の使い方をする場合よりも高くなる可能性がある。

　(ウ)　死亡後のメリット

死亡後のメリットには、次の(A)～(G)のようなものがある。

　(A)　複数の州への財産の点在

　遺言の場合は、検認裁判所および遺言執行者の権限は、当該州に所在する財産にしか権限が及ばないとされることがある。他方、信託受託者は、複数の州に財産が点在していたとしても権限が及ぶ。したがって、たとえば、A州とB州に土地をもっている者であれば、生存中信託を設定しておいたほうが単一の者（信託の受託者）に管理を委託することができ、便宜である。

　(B)　意図的な排除

　意図的な排除とは、意図的に、たとえば、長男には1米ドルを相続させると遺言に書くことにより、それ以外の財産を付与しないことを明確にする場合をいう。州によっては、そのような遺言を無効とするところがある。他方、生存中信託を用いて、信託配当として、長男に1米ドル配当と規定すれば、

36　E. Lou Jones "A Revocable Trust: Women's Perspective" Res Gestae Vol. 34, Issue 10, p. 462-463（1991）参照。

無効とされることはない。

　筆者の調べた限り、アメリカでは、ジョージア州を除き、遺留分（elective right または elective share）[37]は配偶者にしか認められていない[38]。しかし、妻との関係でも、一定の財産を信託することにより、そもそも遺産の範囲から当該財産を除外し、妻が遺留分減殺請求権を行使したとしても、対象にならないという効果を得ることも可能である。しかし、遺産の対象から除外するには、撤回不能信託とする必要があるため、ここでは検討対象外とする。さらに、州によっては、除外できる財産の額に限度額を設けている。

　(C)　共同受託者

　特に、不動産の場合に意味をもつのが、信託では共同受託者とすることが可能という点である。たとえば、夫が土地Aを所有し、妻が土地Bを所有し、土地AとBの上にまたがる形で居宅Cが存し、Cは夫と妻の共有であったとする。この場合に、夫が先に死亡したとすれば、土地Aと居宅Cの夫の持分について、相続が発生することになる。遺言では、死亡時に初めて移転するが、信託であれば、あらかじめ共同受託者に所有権を移転できる。この場合に、夫と妻が、自分たちを共同受託者として信託を設定し、土地と居宅の所有権を信託の受託者に移転すれば、いずれか一方が死亡しても、所有権は引き続き信託の受託者のもとにあるので、安定した管理が可能となる。この手法は、自分以外の者（配偶者を含む）に財産権を移転したくないが、財産関係の複雑化を防ぎたい場合にも有効である。すなわち、共同受託者ということは、それぞれの信託の受託者がすべての信託財産について管理権を

37　遺留分の割合は各州で異なるが、遺産の3分の1から2分の1を上限とする州が多い。

38　ジョージア州は、そもそも遺留分が存しない。その代わり、配偶者と未成年の子どもには、裁判所の許可を得て、遺産から毎年一定額（Year's Support）を受け取ることができる。いわば遺産に対して、最優先の債権者の位置に立つことになる。GAWillsOnline.com ウェブサイト「What is Elective Share and How Does Georgia Treat It?」〈https://gawillsonline.wordpress.com/2011/11/12/what-is-elective-share-and-how-does-georgia-treat-it/〉参照。

有する状態を意味し、それぞれの信託の受託者が2分の1ずつの管理権を有するという状態ではない。したがって、共同受託者となっても、引き続き、当初の財産の全体について権限を有することができる一方で、自らまたは配偶者の死亡時にも、生存する信託受託者が所有・管理をし続けることができるのである。ただし、当初から生存者権（Survivorship）付きの共有にしておけば、死亡時に、自動的に死亡共有者の持分が生存共有者に移転するので、そのような共有を選択することにより、共同受託者を選択する必要がない場合も多いであろう。

　(D)　きめ細やかな配当等の設定

　きめ細やかな配当等の設定が可能であるという点は、たとえば、子や孫が何歳から信託配当を受けられるかなどまで決められるという点である。遺言は、財産をどのように分割するかを定めるのみであるのに対して、信託であれば、たとえば、高等学校に入学するまでは何円を支払う、大学に入学してからは何円を支払うなどと詳細な設定が可能である。

　(E)　法律的な関係にない者

　たとえば、事実婚であるとか、同一性婚が認められていない州での同一性のカップルは、遺言でも対応可能であるが、生存中信託でもメリットを得られる。最も効果があるのは、婚外子や、婚外での恋愛関係にある者などの法律関係にない者[39]への財産分配である。これらの者を遺言に記すことは、家族関係を混乱させ、無用な争いを誘発する可能性がある。また、遺言の検認の際に、当該者との関係を詮索されるという事態も当然に予想される。そこで、あらかじめ信託を設定し、一定の財産を相続財産から離脱させておくことにより、そのような面倒を回避することが可能となる。

　(F)　遺言よりも争いになりにくい

　遺言については、遺言が執行されるのが死後であるため、感覚として、家族間の紛争になりやすいイメージをもたれよう。一方、生存中信託を設定し、

39　Martin. Sturman "Adapting the Living Trust to Special Problems in Estate Planning" Practical Lawyer Vol. 18, Issue 8 p. 51-56（1972））参照。

生存中から信託を利用（収益の分配を受けるなど）しておけば、信託設定自体を無効として争うことは難しいという実務的な視点があるのは否定しがたい。[40]

(G) 浪費者保護信託

浪費者保護信託を設定するためには撤回不能信託とすることを要求する州もあるので、生存中信託（おおむね撤回可能型を前提とする）のメリットとしてこの点を紹介することには躊躇もあるが、アメリカの信託の大きな特徴の一つであるので、触れておきたい。

浪費者保護信託とは、受益者による受益権の移転（受益者自身の行為によるものと第三者の行為によるものの両方を含む）を禁止することで、債権者から受益者の利益を保護するものである（後記5(1)(ア)参照）。たとえば、父親が信託を設定し、息子を受益者とした場合に、息子の債権者が、受益権自体や受益権に基づく分配金請求権を差し押さえられるかというと、浪費者保護信託のもとでは、差押えが認められないのが原則である。どのような場合に、例外的に差押えが認められるかは州によって異なる（ニューヨーク州における例外については、後記5(1)(ア)(C)参照）。問題は、なぜこのような制度が認められるのかであるが、判例法理において示された「債権者が元々把握していなかった利益が、信託設定という偶然の事情によって債権者による何らの対価の負担なしに、債権者の把握する範囲内に含まれたとしても、引き続きその利益にはかかっていけないのが公平」という考えに基づくようである。[41]ただ、この制度については、受益者の保護に手厚すぎるという批判も少なくないようである。

(エ) 税金対策

連邦遺産税、所得税、贈与税の対策にはならないといわれる。税金対策に

40　前記(8)の文献6（227頁）参照。

41　A.F. Young "Drafting Living Trust Agreement-Practical Aspects" American Bar Association, Section of Real Property, Probate and Trust Law. Proceedings, Vol. 1939 p. 175-178, Gail Boreman Bird "Trust Termination: Unborn, Living, and Dead Hands-Too Many Fingers in the Trust Pie" Hastings Law Journal, Vol. 36, Issue 4, p. 563-608 (1985) at p. 585参照。

なるという売り文句を用いて生存中信託を推奨する者もいるようであるが、これらは遺言信託でも達成できる効果であって、生存中信託のメリットではないので、ここで付言しておく。

(オ) デメリット

最大のデメリットないし考慮要素としていわれるのは、生存中信託の場合、「信託受託者への所有権の移転が必要であるところ、対抗要件具備が面倒な資産がある（たとえば、動産）」という点である。

逆にいえば、不動産、有価証券、現預金といった、移転が容易な財産のみが遺産を構成するのであれば、生存中信託の利用をより積極的に考えるべきであるのに対し、多くの動産（宝石、貴金属、絵画など）が遺産に含まれるのであれば、生存中信託の利用にあたってより慎重になるべきといえる。

また、信託受託者への移転自体はさほど難しくなくとも、たとえば、自動車を信託に入れると、自動車保険を継続できない可能性があるといった点も考慮しなくてはいけない。

さらに、離婚の場合、遺言であれば、妻への遺贈の部分は当然に無効になるが、信託は有効なままであり、信託契約の修正が必要となってしまう点もある。

また、遺言の検認手続であれば、債権者の申出期間に期限（deadline）があるが、生存中信託では債権者の権利をカット（申出期間による切断）する手続は特にないという点もある。

(9) **検認費用が高額に上った著名な事案**

マリリン・モンローは1962年に亡くなったが、彼女の遺産は、その後18年間にわたって収入（主としてロイヤリティ収入）を得ていた。収入額は160万米ドル（約1億6000万円）を超えていた。1980年に彼女の遺産の問題が解決した時点で、彼女の遺言執行人は、37万2136米ドルの負債が支払われ、10万1229米ドルが相続人に残されたと発表した。つまり100万米ドル（約1億円）

---

42 前記(8)の文献1（646頁）参照。
43 前記(2)のワシントン州弁護士会ウェブサイト参照。

以上が検認費用として消費されたのである。

そのうえで、1997年に米国租税裁判所は、1時間1600米ドル（230時間の合計で36万8100米ドル）という検認に係る弁護士費用を支持する判決を下した。裁判所は、「当該費用は、ニューヨーク州法に基づき合理的」と判断したのである。

4 AB Trust

アメリカでは、生存中信託を使って、夫婦間で節税（連邦遺産税の配偶者控除または免除の十分な活用）を行うためのAB Trustというストラクチャー[44]が構築されることがしばしば見受けられる。ただ、これは、生存中信託でも「できる」というものであり、遺言信託でも実現できるのであるが、生存中信託の利用法の一つということで紹介したい。

AB Trustと呼ぶのはA信託とB信託の二つが登場するからであると思われる（〈表16〉参照）。A信託のほうを婚姻信託（Marital Trust）やQTIP信託と呼んだりし、B信託のほうをバイパス信託、クレジット・シェルター信託またはファミリー信託と呼んだりする。

まず、夫婦で一つの信託を設定し、同じ額を自己信託する。同じ額にするのはいずれが先に死亡してもメリットを享受できるようにするためである。2014年の連邦遺産税の配偶者免除額の上限は、534万米ドル（日本円に換算すれば5億円以上である）であるところ、それを上回る資産を有する夫婦にとって意味がある（なお、2013年に連邦遺産税を支払ったのは、全米で3800人ともいわれる）。配偶者の一人が死亡したときに、死亡配偶者の信託勘定をA信託とB信託に分割する。B信託の口座には、免除枠の上限までの金額を信託する。B信託に入った財産は、生存配偶者の財産とならないので、そ

---

44 前記(8)の文献6（238頁）、about maneyウェブサイト「What is an AB Trust?」〈http://wills.about.com/od/overviewoftrusts/a/abtrust.htm〉、Fundamental Tutorials on Personal Finance, Investments and Economicsウェブサイト「AB Living Trusts and AB Disclaimer Trusts」〈http://thismatter.com/money/wills-estates-trusts/a-b-trusts.htm〉など参照。

〈表16〉 AB Trust

	A 信託	B 信託
主目的	生存配偶者のため	配偶者以外のため（子どもなどのため）、連邦遺産税の回避
別　名	Marital Trust QTIP Trust	Bypass Trust Family Trust Credit Shelter Trust
撤回可能性	撤回可能	撤回不能
信託の設定者	死亡配偶者（生存中信託の場合は、双方が相手のために設定する）	
信託の受託者	誰でも可能であるが生存配偶者が多い。	
信託の当初受益者	生存配偶者	生存配偶者
後継受益者を誰が決めるか	生存配偶者	死亡配偶者
メリット	収益について、unlimited marital deduction（無制限の婚姻控除）をとれる。	B 信託の財産は、連邦遺産税の対象額から除外される。そして、生存配偶者死亡時に、信託の受益者に非課税で交付される。

※ただし、2012年の American Taxpayer Relief Act（アメリカ納税者軽減法）の後は、死亡配偶者の免除枠がポータブルになったので、B 信託を設定せずとも、未使用の免除額を生存配偶者が用いることができるため、B 信託の有用性は（なくなってはいないが）、相当程度少なくなったいえる。

そもそも遺産を構成せずに、信託受託者が信託契約に沿って柔軟に活用することになる。もし AB Trust がなければ、B 信託の財産は生存配偶者の死亡時に534万米ドル（2014年当時）[45]の上限を超えた分につき連邦遺産税に服する。

他方、免除枠の上限を超えた額は A 信託の口座に信託される。A 信託の金銭は、生存配偶者が死亡するまで課税されない（非課税の B 信託と違って、

45　連邦遺産税の免除枠は、毎年、インフレ率を考慮して改定される。2015年は543万米ドルであった。

課税時期を繰り延べているだけである）が、そのためには、A信託の収益のすべてが生存配偶者に支払われる必要がある。さらに、A信託の信託元本の利用には制限がかかっており、生存配偶者の健康、教育、養育費および慰謝料の支払いなどにしか使えない。[46]

生存配偶者が死亡した場合、B信託の財産は、引き続き遺産税免除の恩恵を受け続け、B信託の最終受益者（生存配偶者の次の受益者）も、遺産税の免除を受けられる。

A信託のほうは、生存配偶者の財産とみなされ、生存配偶者の死亡時に連邦遺産税の対象となるが、生存配偶者自身に係る534万米ドルの免除枠の枠内となり課税されない。

上記は、日本円でいえば、約5億円を超える資産を有する者でなければ、用いるメリットがない。ただ、不動産もこの関係での資産に含まれるため、不動産との関係で、AB Trustを用いるケースは比較的多いようである。アメリカでは、連邦遺産税の配偶者免除枠を超える財産を有する夫婦は、このAB Trustを用いるべきであり、それ以外のLiving Trustはお勧めできないという見解もあるようである。

5　ニューヨーク州司法試験の信託のエッセイ問題の解答・分析

(1)　「浪費者保護信託」に関する事例

2006年7月試験（第5問）に出題された問題（問題文は前記2(2)）について解答するにあたってのポイントは、次のとおりである。

① 浪費者保護信託が設定されているか。
② 浪費者保護信託が設定されているとして、信託の収益は、受益者の債権者の強制執行に服するか。
③ 浪費者保護信託が設定されているとして、信託の元本は、委託者の債権者の強制執行に服するか。

46　前掲（注44）Fundamental Tutorials on Personal Finance, Investments and Economics ウェブサイト参照。

④ 修正可能との明文がない信託契約により設定された信託については、委託者による修正が可能か。
⑤ 遺言に記載された遺贈は、離婚によって影響を受けるか。
⑥ 離婚によって元妻への遺贈の条項が無効となった場合、どのように遺産の分配がなされるか。
⑦ 遺言に「代襲で（per stirpes）」との文言があった場合の分配方法はどうなるか。
⑧ 受遺者は、遺言執行者になれるか。

ただし、前記⑥以降は、純粋に遺言の問題であり、信託に関連しないため、ここでは触れないこととする。

　㈦　浪費者保護信託とは

　(A)　概　要

英米法上、浪費者保護信託（Spendthrift Trust）という概念がある[47]。これは、受益者による受益権の移転（受益者自身の行為によるものと第三者の行為によるものの両方を含む）を禁止することで、債権者から受益者の利益を保護するものである。一言でいえば、受益者は受益権を譲渡できず、受益者の債権者も受益権を差し押さえることができない。一般的には、委託者自身が

---

47 著名な辞典では、次のように説明されている。「受益者を扶養するための資産を準備し、あるいはその無思慮ないし無能力に対し資産を保護するため、その債権者が受益権を差し押さえ得ないように、また受益者が受益権を譲渡し得ないように設定された信託。元来は、妻の特有用益（separate use）に起源する制度であったが、その後、主としてアメリカ合衆国の多数州において、とくに19世紀初頭以降の判例および州制定法で発達した信託である」。ただし、「浪費者信託は縮小的に解釈される傾向がみられる」（鴻常夫＝北沢正啓編『英米商事法辞典〔新版〕』891頁・892頁（1998年））。また、「受益者の生活を保護するため、意思能力の有無を問わず受益者自身による受益権の処分を禁止する一方で、同人の債権者による受益権に対する強制執行を禁止または制限する信託。イギリスでは無効とされたが、アメリカのほとんどの州では判例または制定法によりその有効性が承認されている。しかし、受益者は、破産の場合でも、債務の支払を一切しないまま信託からの多額の収益を保障されるため、債権者との対比で保護に厚すぎるとの批判がある。なお、今日では、イギリスでも、protective trust（保護信託）によって、ほぼ同じ目的を達成しうる」（田中編・前掲（注7）800頁）。

第4章 Ⅲ アメリカのLiving Trustの検討──ニューヨーク州司法試験問題も題材に

元本受益権の受益者となり、息子などが収益受益権の受益者となった場合における、収益受益者の保護の文脈で語られることが多い。差押えが認められる範囲は州によって異なっている。辞典では、浪費者信託と訳されているが、制度趣旨からして、浪費者保護信託と訳した。

(B) ニューヨーク州法の原則

ニューヨーク州エステーツ・パワーズ・アンド・トラスツ法（New York Estates, Powers and Trusts Law。以下、「EPTL」という）7-3.1(b)(4)は、「No creditor of a trust creator shall be entitled to reach any trust property based on the discretionary powers described in this paragraph.」（信託設定者の債権者は、本項に定める裁量権を根拠にして、信託財産に対し権限を及ぼすことはできない）と規定している。

多くの州では、信託契約に、Spendthrift Trustを設定する文言を入れておかなければならない。一例としては、次のようなものがあげられる。

> No beneficiary of this trust shall have the power to assign his or her income interest, nor shall such interest be reachable by the beneficiary's creditors by attachment, garnishment, or other legal process.（この信託の受益者は、収益受益権を譲渡する権限を有さず、また収益受益権は、差押え、債権差押えその他の法的手続によっても受益者の債権者の引当てとならないものとする。）

この点、ニューヨーク州法では、すべての信託はSpendthrift Trustであると確定的に推定されると定めている。すなわち、EPTL7-3.1 (Disposition in trust for creator void as against creditors. 設定者による信託譲渡の債権者との関係での無効性）は、次のように定めている（下線部加筆）。[48]

> (a) A disposition in trust for the use of the creator is void as against the existing or subsequent creditors of the creator.（自己信託による浪費

---

[48] FindLaw ウェブサイト「N.Y. EPT. LAW § 7-3.1 : NY Code-Section 7-3.1: Disposition in trust for creator void as against creditors」⟨http://codes.lp.findlaw.com/nycode/EPT/7/3/7-3.1⟩ 参照。

者保護信託設定は、信託設定者の既存または後継の債権者との関係では無効とする。)

(b)(2)　All trusts, custodial accounts, annuities, insurance contracts, monies, assets, or interests described in subparagraph one of this paragraph shall <u>be conclusively presumed to be spendthrift trusts</u> under this section and the common law of the state of New York for all purposes, including, but not limited to, all cases arising under or related to a case arising under sections one hundred one to thirteen hundred thirty of title eleven of the United States Bankruptcy Code, as amended.（本項第1号に規定されたすべての信託、カストディアル口座、アニュイティー、保険契約、現金、資産または権益は、すべての目的（アメリカ連邦倒産法第11章の101条から1330条までに基づいて生じるすべての事件もしくはその事件に関するすべての事件）との関係において、本項およびニューヨーク州のコモン・ローに基づき、<u>浪費者保護信託（スペンドスリフト・トラスト）である</u>と確定的に推定されるものとする。）

したがって、ニューヨーク州法上は、撤回可能信託の受益者（ただし、委託者が受益者となる信託（自己信託）は除く）であっても、浪費者保護信託の保護を受けることができる。

(C)　ニューヨーク州法の例外

しかし、浪費者保護信託は、受益者の保護に手厚すぎるという批判もあることから、EPTLは、上記の例外を規定している。下記の例外は、信託契約にSpendthrift Trustの文言が入っていても適用される。

まず、①教育・養育に必要な分を超えた収益であり（EPTL Section 7-3.4：Excess income from trust property subject to creditors' claims. 債権者の請求権に服する信託財産からの超過収益）[49]、「Where a trust is created to receive the income from property and no valid direction for accumulation is given, the income in excess of the sum necessary for

---

49　FindLawウェブサイト「N.Y. EPT. LAW § 7-3.4：NY Code - Section 7-3.4: Excess income from trust p. roperty subject to creditors' claims」〈http://codes.lp.findlaw.com/nycode/EPT/7/3/7-3.4〉参照。

the education and support of the beneficiary is subject to the claims of his creditors in the same manner as other property which cannot be reached by execution.」（信託財産からの収益を受領するための信託が設定され、かつ収益を累積すべき旨の適法な指示がない場合には、当該受益者の債権者は、当該受益者の教育および養育に必要な額を超えた収益について、強制執行による引当ての対象とならないその他の財産と同じ方法を用いて当該超過収益に執行することができる）と規定されている。

すなわち、この場合、受益者の債権者は、「the income in excess of the sum necessary for the education and support of the beneficiary」（受益者の教育および養育に必要な額を超えた収益）にかかっていくことができる。

次に、②ニューヨーク州 Civil Practice Law and Rules 5205条(e)により、判決を得た債権者は、受益権の10％まで強制執行可能である。ただし、この10％の枠は、すべての判決を得た債権者の総額であって、個々の債権者が10％まで執行できるのではない。なお、前記①とは、別枠である。

さらに、③扶養料（慰謝料）・養育費（alimony or child support）の債権者は、強制執行をすることが可能である。

4つ目に、④必要物資を提供する債権者（creditor who provides necessaries（medical care, food, rent, clothing））も、受益権に強制執行をすることが可能である。

最後に、⑤連邦税法上のタックス・リーエンも強制執行をすることが可能である。

(D) 本問へのあてはめ

ニューヨーク州法では、すべての信託が、浪費者保護信託となる。したがって、本問でも、浪費者保護信託が設定されている。そうすると、信託の収益は、受益者の債権者の強制執行に服しないのが原則である。しかし、EPTL は前記(c)のような例外を規定している。そこで本問について例外があてはまるかを検討すると、問題文では「当時ジェイはロースクールの学生であったが、信託から受ける収益は、学費と生活費を賄うに十分であった。

Sound Inc. は、その信託の収益に対して強制執行を試みた」とある。したがって、前記(c)①の例外が適用され、Sound Inc. は、「教育・養育に必要な分を超えた収益」について強制執行をすることができる。加えて、Sound Inc. は判決を得た債権者であるので、(c)②の例外の適用も受けることができ、「教育・養育に必要な分を超えた収益」に加えて、受益権の10％までは強制執行をすることが可能である。

次に、「委託者である、サムの契約違反を理由に、Games Inc. は、12万米ドルの支払いをサムに命じる判決を得た。Games Inc. は、信託財産はサムの債権者の引当てになっていると信じて、すべての信託財産に対して当該判決に基づき強制執行しようと試みた」という点はどうか。まず、浪費者保護信託は、受益者を保護する制度であるので、委託者であるサムはその恩恵を受けることができない（なお、問題文からは、サムは委託者兼当初受益者であるとも読めるが、そのように事実認定しても結論に差異はない）。問題は、信託が設定された後は、信託財産の所有者は、信託受託者であるので、委託者の債権者は信託財産にかかっていけないのではないかという点である。しかし、本問では、「信託を撤回する権限をサムに残した」とあることから、サムは撤回可能信託を設定したものである。とすると、サムは、いつでも信託を撤回し、信託財産を取り戻すことのできる権限を有している。したがって、サムの債権者は、信託財産に対して強制執行をすることが可能というべきである。

　(イ)　修正可能との明文がない信託契約により設定された信託については、委託者による修正が可能か

EPTLは、撤回可能という文言が信託契約に規定されていない限り、撤回不能信託であると推定するとしている。これは、信託の安定性をできる限り保つという制度趣旨に基づくものである。そうすると、修正可能という明文がない信託契約によって設定された信託については、委託者による修正はできないと解すべきである。ただし、このように解したとしても、委託者は、信託自体を撤回して、新たな信託を設定することにより、修正をしたのと同

じ効果を得ることができることになる。

　　　(ウ)　遺言に記載された遺贈は、離婚によって影響を受けるか

　これは、前記4(8)(イ)(A)にて、生存中信託のデメリットの一つとして規定したものである。すなわち、遺言に記載された元妻への遺贈は、離婚によって効力を失うのであるが、他方、生存中信託中の元妻の権利は、離婚によっても効力を失わないので、離婚後に、元妻の権利を変更または削除したい場合は、信託契約自体を修正する必要がある。

　(2)　「永久拘束禁止原則違反」が論点となる事例

　2013年2月試験（第3問）に出題された問題（問題文は前記2(2)）について解答するにあたってのポイントは、次のとおりである。

> ①　遺言により信託を設定することができるか（注ぎ込み信託）。
> ②　本問の信託は、永久拘束禁止原則に違反するか。
> ③　永久拘束禁止原則に違反する場合に、ニューヨーク州法による救済があるか。
> ④　同時死亡の場合の取扱いはどうか。[50]
> ⑤　トッテン信託は有効に設定されているか？
> ⑥　生命保険金の帰属。
> ⑦　遺留分の価値と算定方法。

　ただし、前記④および⑦は、信託に関連しないため、ここでは触れないこととする。

　　　(ア)　注ぎ込み信託

　問題文があいまいなため、本文において注ぎ込み信託（pour over trust）を論点として取り上げる必要があるかは必ずしも明確ではないが、ここでは問題文中にある「後述の私の信託受託者」という部分は、遺言中にて、既存の信託契約の信託受託者を指定したものと理解して、議論を進める。

50　Uniform Law Commission ウェブサイト「Simultaneous Death Act」（統一同時死亡法）〈http://www.uniformlaws.org/Act.aspx?title = Simultaneous Death Act〉参照。統一同一死亡法が作成されているが、2016年4月時点で、13州とワシントンDCおよび米領ヴァージン諸島しか採択していない。

前記3(2)のとおり、伝統的には、遺言法は、既存の他の法律文書を参照することにより遺言の内容として組み込むことはしない[51]ということを原則としている。しかし、現在は、遺言中で、すでに存在する信託契約を特定することによって、有効に、当該信託へ一定の相続財産を追加することができる。これを注ぎ込み信託という。さらに、既存の他の法律文書という点については、現在のニューヨーク州法では、遺言の効力発生の前に限らず、それと同時に設定される信託の契約であってもよいとされている[52]。

本問では、問題文からは定かではないが、もし信託契約が特定されていれば、注ぎ込み信託として有効である。

(イ) 永久拘束禁止の原則

(A) 概　要

永久拘束禁止の原則[53]とは、「No estate in property shall be valid unless it must vest, if at all, not later than 21 years after one or more lives in being at the creation of the estate and any period of gestation involved.」（権利設定当時に生きている一人または複数の人（life in being＝基準者）の死後21年以内（権利設定当時に胎児である者については、胎児期間を加える）に付与されない不動産に係る権利は無効である）というコモンロー上の

51　こうした問題を解決するため Uniform Testamentary Additions to Trusts Act（信託への遺言による追加に関する統一法）が1960年に提案された（田中編・前掲（注７）652頁）が、2016年４月時点で、採択した州は17州および米領ヴァージン諸島にとどまる（Uniform Law Commission ウェブサイト「Testamentary Additions to Trusts Act」〈http://www.uniformlaws.org/Act.aspx?title＝Testamentary%20Additions%20to%20Trusts%20Act〉参照。

52　Allen S. Hubbard, Jr. "The Revocable Living Trust- Uses and Misuses" New York State Bar Journal, Vol. 39, Issue 5 (1967) p. 413-418, at p. 418参照。

53　N.Y. EPT. LAW §9-1.1：NY Code-Section 9-1.1: Rule against p. erpetuities (http://codes.lp.findlaw.com/nycode/EPT/9/1/9-1.1)（FindLaw ウェブサイト「N.Y. EPT. LAW §9-1.1：NY Code - Section 9-1.1: Rule against p. erpetuities」〈http://codes.lp.findlaw.com/nycode/EPT/9/1/9-1.1#sthash.KlR6YPU3.dpuf〉参照)。

第4章 Ⅲ　アメリカの Living Trust の検討――ニューヨーク州司法試験問題も題材に

原則をいう。これは、ニューヨークの司法試験の中で、日本人にとって最も理解しにくい点の一つである（信託法と不動産法（Real Property）の両方に登場する）。

(B)　ニューヨーク州法

永久拘束禁止の原則は、内容が複雑であり、取引関係者の予測可能性を害することから、州法でその適用を制限しているところもあり、ニューヨーク州もその一つである。

すなわち、ニューヨーク州では、法令上、財産権の移転を保護するために、上述の年齢の基準を21歳にまで縮減する（前掲（注53）参照）。胎児も計算に入るので21歳9カ月が上限となる。すなわち、EPTL- Section 9-1.2：(Reduction of age. 基準年齢の引き下げ）は、「Where an estate would,

---

54　著名な辞典では、次のように説明されている。永久権禁止則は、「処分の当時現存せる者の一生の間および彼らの最後の生存者の死後21年間（懐妊期間だけは延長される）をこえて権利の帰属が延長されることが禁止されるという原則。財産が長期にわたって拘束され、その流通性が妨げられることは公序に反するからである」。「最近大幅に改正された。すなわち旧来の可能性テスト（what might have been rule）を確実性テスト（what was rule）に改める、いわゆる『待って事実を見よの規則』（wait and see rule）への移行である。この新しい解釈は、イギリスの永久権および永久積立法（Perpetuities and Accumulations Act 1964）はじめ、アメリカ合衆国における多くの州制定法および判例法において採用されている」（鴻＝北沢編・前掲（注48）831頁）。また、永久拘束禁止則は、「一定の期間以上、ある財産権の帰属を不確定のままにしておくことを禁止する法準則」であり、「この期間は、権利設定当時に生きている人（life in being）の死後21年以内（権利者となるべき者の出生が問題となる場合には胎児期間を加える）とされる。したがって、設定された future interest がこの準則に反して無効とはならないことを示すためには、設定時に生きている、権利の確定に関係する者（measuring life）のうちで、どのようなことがあってもその死後21年以内に必ず権利の確定があることを示せる者（validating life）を見出すことが必要である」。「アメリカでも、州によっては、この準則によって処分が無効とされるか否かを権利の設定時の状態でではなく、この準則の期間中に実際に vest（確定）するか否かで判断する法律――wait and see statute（形勢観望法）――を制定している。またこの法準則の適用を緩和する cy-pres（シープレー）（可及的近似則）が制定法や判例法で採用されている法域もある」（田中編・前掲（注7）741頁・742頁）。

except for this section, be invalid because made to depend, for its vesting or its duration, upon any person attaining or failing to attain an age in excess of twenty-one years, the age contingency shall be reduced to twenty-one years as to any or all persons subject to such contingency.」(ある者が21歳を超える年齢に到達しまたは到達しないことを理由に、本条の定めがなければ不動産権の付与またはその期間が無効とされる場合には、当該年齢基準に服するすべての者に関して、基準年齢は21年に減少するものとする)と定めている[55]。

(C) 本問へのあてはめ

本問では、200万米ドルの信託のうちアンディおよびエバの子どもたちに関する部分は永久拘束禁止の原則に違反する。すなわち、ヘンリーの死亡時に生存していたアンディおよびエバが life in being（基準者）となるが、遺言によれば、アンディおよびエバの子どもたちのうちの最年少の者が25歳になった時に信託元本をその子どもたちに対して平等の割合で支払うものとされている。理論上は、アンディおよびエバの死亡時に0歳の子どもがいる可能性があり、その子どもが25歳に達するまでに死亡時から25年間を要する可能性がある。したがって、明らかに、アンディおよびエバ（life in being）の死亡後21年では、信託元本の帰属は定まらないのである。しかし、EPTLの適用により、基準年齢を21歳に縮減して処理がなされるため、最年少の者が21歳に達した時点で信託元本の帰属が決まることになり、そのように適法に処理がなされることになる。

(ウ) トッテン信託

(A) 概　要

トッテン信託（Totten Trust）[56]は、「預金名義人が、他の者の trustee（信託受託者）である旨明示して預金口座を開設した場合に、revocable trust

---

55　FindLaw ウェブサイト「N.Y. EPT. LAW §9-1.2 : NY Code-Section 9-1.2: Reduction of age contingency」〈http://codes.lp.findlaw.com/nycode/EPT/9/1/9-1.2〉参照。

（撤回可能信託）の成立を認めたニューヨーク州の Matter of Totten（トッテン事件）（1904年）に由来する。[57] トッテン信託は、厳密には信託ではないが、実質的には、撤回可能信託と同じといえる。具体的には、「［預金者］は、［受益者］のために信託受託者として保有する」（"[Depositor], in trust for [Beneficiary]"）との口座名となっている銀行口座をトッテン信託という。

法的に預金者が口座に関するすべての権限を有するため、本来の信託ではない。預金者が口座から引き出すと信託が部分的に撤回されたと理解することになる。

受益者は、預金者の生存中は引き出すことができないし、預金者の死亡時点での預金額のみについて取得可能である。

(B) 本問へのあてはめ

本問でのトッテン信託は、「ヘンリーは銀行に自分の名義で自らを信託受託者としサリーのためにトッテン信託の口座を開設し、資金を預けた」ということである。したがって、ヘンリー死亡時には、銀行口座内の現金は、サリーに分配されることになる。

(エ) 生命保険金の帰属

本問で、ヘンリーは、アンディとエバを保険金受取人とする生命保険を購入した。わが国でもそうであるが、生命保険の保険金の受取人は、生命保険契約にて定まるものであって、遺言によって影響を受けない。仮に遺言で指定していても、生命保険契約が優先する。したがって、本問でも、アンディとエバが保険金を受け取ることができる。

6　日本法への示唆

これまでに論じた点を日本ですぐに応用できるかといえば、諸々の問題を

56　トッテン信託（Totten trust《米》または savings account trust）の名は、預金名義人が、他の者の trustee（受託者）である旨を明示して預金口座を開設した場合に、revocable trust（撤回可能信託）の成立を認めたニュー・ヨーク州の Matter of Totten（1904）に由来する。

57　鴻＝北沢編・前掲（注46）948頁。

はらんでいる。その最たるものが税法である。前記3(8)などで示した生存中信託のメリットを日本に取り入れて実現したとしても、信託しなかった場合に比して多額の税金を信託設定時に支払うようなこととなるのであれば、本末転倒である。わが国では、信託のストラクチャーは税制が決めるといっても過言でない点を常に念頭におくべきである。

　それを考慮してもなお、生存中信託のメリットのうち、日本に妥当するものがあるとすれば、継続的な管理であろう。遺言は、死亡時から意味を有するものであるが、生存中信託は、文字どおり、生存中から信託が有効となり、信託受託者の業務遂行能力なども確認できる。信託受託者が円滑に業務を遂行していることが確認できれば、思い残すところはないという心境に至ることもできるかもしれない。

　もう一つは、夫婦の双方または一方が再婚で、前の配偶者との間にも子どもがいるといった場合である。相続が複雑化しないように、生存中信託契約の中で、誰に何を付与するかを定めておけば、遺言に比して、もめる可能性は低くなるであろう。

　ただ、いずれにしても、信託には限界はなく、あるとすれば、その利用者の想像力の限界のみである。工夫しすぎてしすぎることはない。

▷山中眞人

●事項索引●

〔英字〕

AB Trust　308
Living Trust　284,290

〔あ行〕

遺言　3
遺言公正証書　96,221
遺言執行者　95,229
遺言信託　3,83,95
遺言代用信託契約　23,83,104
遺言代用信託契約書　105
遺産承継　4,79,124
遺産分割調停　124
意思確認　68
委託者　4
委託者の地位の相続　104,258
一般社団法人　19,172
一般社団法人の定款　186
遺留分　15,22,73
印紙税　33
親なき後支援信託　79
親なき後の子の生活保障　78
親なき後問題　78

〔か行〕

家族信託　2
家族のための信託　2
株式管理承継信託契約書　175
監督義務　57
元本受益権者　34
議決権行使の指図権　166

帰属権利者　36,67,121
給付内容　70
経営権　165
限定責任信託　173,276
検認　300
後継者　164
後継受託者　20,104,203
後見的な財産管理　4,79,124
工作物責任　49
公正証書　28,71,221
高齢者の財産管理　123,241
個人信託　2

〔さ行〕

財産管理　81
財産管理処分信託契約　202
財産の管理方法　70
祭祀主宰者　228
最終計算書　198
詐害信託　15
指図権　166,257
残余財産帰属権利者　121
残余財産受益者　36,67,121
自益信託　31
事業承継　164
事業用資産　173
死後事務　200,232
死後事務委任・財産管理処分信託　204
死後事務委任・財産管理処分信託契約書　207

死後事務委任契約　200, 202, 234
死後事務委任契約書　235
自己信託　3
自社株信託　165
死亡後受益者　24
司法書士法施行規則31条　220
収益受益者　34
受益権取得請求権　58
受益者　4, 36
受益者の変更　66
受益者なき信託　204
受益者代理人　4, 10, 95, 137
受益者等課税信託　30
受益者保護関係人　4
受益者連続型信託　35, 37, 73
受託者　4
受託者就任予定者　229
受託者の義務　47, 54
受託者の義務の任意規定化　9
受託者の権利濫用　74
受託者の裁量権限　72
受託者の変更　66
商事信託　10, 241
所得税　33, 35
所有権移転登記　150, 279
身上監護　5, 81, 125
信託　3
信託会社　247
信託関係人　4, 46, 67, 71
信託監督人　4, 10, 95, 137
信託期間中の課税関係　33
信託業法による規制　18
信託契約　3

信託行為　2, 5, 73
信託事務処理代行者　4
信託終了時の課税関係　35
信託受益権　9, 34, 166
信託受益権の相続税評価額　37
信託受託者法人　18
信託条項　70
信託条項の見直し　75
信託設定時の課税関係　31
信託創造者　2
信託登記　114, 138, 263
信託の終了　72
信託の引受け　52
信託の変更　58, 66, 72
信託の目的　28, 70
信託報酬　19
信託抹消登記　155, 279
信託目録　71
信認関係　13
信認義務　13
清算事務処理代行者　122
清算受託者　67, 121, 161, 196
生存中信託　284, 290
成年後見制度　6
成年後見制度との併用　7
成年後見制度利用促進法　78, 123
成年後見人　81, 200, 232
成年被後見人　81
責任限定特約　276
説明義務　53
善管注意義務　47
選任義務　57
専門職　46, 75

事項索引

相続税　31, 35, 39
双方代理　75
贈与税　31, 35, 39
訴訟信託　15
注ぎ込み信託　316
損益計算書　195

〔た行〕
第一次受益者保護関係人　20
貸借対照表　194
第二次受益者　20
他益信託　31
脱法信託　15
誰のものでもない財産　19
帳簿作成義務　66, 117
追加信託　22, 59, 125
デフォルト・ルール　9
登記申請の必要書類等　114, 138, 150, 156, 263, 279
当初受益者　20
当初受託者　20
登録免許税　32, 35
トッテン信託　319

〔な行〕
任意後見監督人　125, 202
任意後見契約　201
任意後見制度　6
任意後見人　174, 202

〔は行〕
パススルー課税　30, 290
費用等の償還　58
福祉型信託　12, 78, 82
不動産管理処分信託契約　104, 125, 243
不動産管理処分信託契約書　105, 131, 249
不動産取得税　32, 35
不法行為　49
扶養義務　50
プライバシー保護　68
分別管理　117
平成28年民法等改正法　200
報告義務　66, 117
法定後見制度　6
法務局　129

〔ま行〕
民事信託　10, 12
名義信託　15

〔や行〕
予備的受益者保護関係人　20
予備的信託関係人　20

〔ら行〕
利益相反　50, 75
流通税　32, 35
浪費者保護信託　306, 311

●編者・執筆者紹介●

〈編　者〉

一般社団法人民事信託推進センター

〒103-0027　東京都中央区日本橋2-16-13
ランディック日本橋ビル3階
URL　http://www.civiltrust.com

〈執筆者〉（執筆順）

遠藤英嗣（えんどう・えいし）
弁護士（遠藤家族信託法律事務所）、株式会社野村資産承継研究所研究理事
第1章Ⅰ～Ⅲ担当

中島礼子（なかじま・れいこ）
税理士、株式会社野村資産承継研究所主任研究員
第1章Ⅳ担当

星田　寛（ほしだ・ひろし）
公益財団法人公益法人協会専門委員
第2章担当

山﨑芳乃（やまざき・よしの）
司法書士（こすもす司法書士法人）
第3章Ⅰ担当

谷口　毅（たにぐち・つよし）
司法書士（つばさ司法書士事務所）
第3章Ⅱ担当

編者・執筆者紹介

宮本敏行（みやもと・としゆき）
司法書士（司法書士法人芝トラスト）
第3章Ⅲ担当

山北英仁（やまきた・ひでひと）
司法書士（合同事務所ジュリスター・インターナショナル）
第3章Ⅳ担当

金森健一（かなもり・けんいち）
弁護士（弁護士法人中村綜合法律事務所）、ほがらか信託株式会社常務執行役員
第4章Ⅱ担当

山中眞人（やまなか・まさと）
弁護士（日本国および米国ニューヨーク州）（ベーカー＆マッケンジー法律事務所（外国法共同事業））
第4章Ⅲ担当

有効活用事例にみる民事信託の実務指針

平成28年6月29日　第1刷発行

定価　本体3,200円＋税

編　　者	一般社団法人民事信託推進センター
発　　行	株式会社　民事法研究会
印　　刷	株式会社　太平印刷社

発 行 所　株式会社　民事法研究会
　　　　〒150-0013　東京都渋谷区恵比寿3-7-16
　　　　〔営業〕TEL 03(5798)7257　FAX 03(5798)7258
　　　　〔編集〕TEL 03(5798)7277　FAX 03(5798)7278
　　　　http://www.minjiho.com/　　info@minjiho.com

落丁・乱丁はおとりかえします。　ISBN978-4-86556-096-1　C3032　¥3200E
カバーデザイン：関野美香

▶最新の法令・理論に基づく成年後見実務に必携のシリーズ第3巻！

Q&A成年後見実務全書〔第3巻〕

編集代表：赤沼 康弘（弁護士）・池田 惠利子（社会福祉士）・松井 秀樹（司法書士）

Ａ５判・432頁・定価　本体4,300円＋税

本書の特色と狙い

- ▶成年後見実務の第一線で活躍する弁護士・司法書士・社会福祉士等の実務家が、制度の理念から実務までを、最新の法令・理論・実務に基づき、網羅的に解説！
- ▶具体的な事例をもとに、実務上の疑問点や留意点を取り上げ、わかりやすく解説！
- ▶第3巻では、医療、虐待に関する問題から、日常生活の支援や相続の遺言、信託、「親なきあと」への対応など、後見等開始後の実務を網羅！
- ▶弁護士、司法書士、社会福祉士、税理士等の実務家はもちろん、成年後見実務に携わる行政関係者、裁判所関係者、市民後見人等も必読の書！

本書（第3巻）の主要内容

第2部　法定後見Ⅲ〔第2巻からの続き〕
　第3章　後見等開始後の実務②
　　⑥医　療
　　⑦虐　待
　　⑧就労支援
　　⑨その他の日常生活の支援
　　⑩年　金
　　⑪生活保護
　　⑫消費者問題
　　⑬相続の遺言
　　⑭住居の確保
　　⑮信　託
　　⑯税　務
　　⑰「親なき後」への対応
　　⑱家庭裁判所による監督
　　⑲辞任・解任

【全4巻】

第1巻（既刊）
第1部　総　論
第2部　法定後見Ⅰ
　第1章　後見等開始に向けた実務
　第2章　後見等開始時の実務

第2巻（既刊）
第2部　法定後見Ⅱ〔〔第1巻〕からの続き〕
　第3章　後見等開始後の実務①

第4巻（予定）
第2部　法定後見Ⅳ〔〔第3巻〕からの続き〕
　第4章　成年後見監督人等としての実務
　第5章　成年後見監督の終了をめぐる実務
第3部　任意後見
　第1章　任意後見開始に向けた実務
　第2章　任意後見開始時の実務
　第3章　任意後見人・任意後見監督人の実務
　第4章　終了をめぐる実務

発行　民事法研究会

〒150-0013　東京都渋谷区恵比寿3-7-16
（営業）TEL. 03-5798-7257　FAX. 03-5798-7258
http://www.minjiho.com/　info@minjiho.com

■**信託法・不登法の要請する信託目録の基準を探究！**■

信託目録の理論と実務
―作成基準と受益者変更登記の要点―

渋谷　陽一郎　著

A5判・444頁・定価　本体4,000円＋税

▷▷▷▷▷▷▷▷▷▷▷▷▷▷▷▷▷▷▷　**本書の特色と狙い**　◁◁◁◁◁◁◁◁◁◁◁◁◁◁◁◁◁◁◁

▶信託実務・不動産登記実務を横断的に解説し、実際に申請された信託目録を逐条的に分析・検討して、申請に必要な信託目録の内容・作成基準について記載例を示しながら登記実務の指針を探究！

▶営業信託と民事信託・福祉型信託それぞれの目的・機能、対象の違いに応じて、「抽出すべき必要的記載事項」と「事案によって個別に対応すべき任意的記載事項」を提案しているので、実務に悩んだときに役に立つ！

▶司法書士など資格者代理人が実務上触れうる最大の機会である信託受益権の取引の決済を念頭におき、受益者の変更と信託目録に関する登記申請上の重要論点を詳解した垂涎の書！

本書の主要内容

序　章　信託目録制度の立法経緯
第1章　信託目録の理論と作成基準
　第1節　信託目録の理論
　第2節　信託目録の作成基準
第2章　信託目録作成の実務
　第1節　営業信託
　　Ⅰ　はじめに
　　Ⅱ　信託契約書からの情報の抽出・要約の過程
　　Ⅲ　信託条項と信託目録の実際例
　第2節　民事信託・福祉型信託
　　Ⅰ　はじめに
　　Ⅱ　民事信託・福祉型信託の規律維持と信託目録
　　Ⅲ　民事信託における受益者取消権の保全と信託目録の活用
　　Ⅳ　民事信託の信託条項と信託目録の実際例
第3章　信託目録の実際例の分析・検討
　　Ⅰ　はじめに
　　Ⅱ　信託目録の実際例の分析・検討
　　Ⅲ　信託目録に記録すべき情報をめぐる論点
第4章　受益者変更登記と信託目録

発行　民事法研究会

〒150-0013　東京都渋谷区恵比寿3-7-16
（営業）TEL. 03-5798-7257　FAX. 03-5798-7258
http://www.minjiho.com/　info@minjiho.com

■信託登記の構造とあるべき実務に論及し大幅改訂!■

信託登記の理論と実務
〔第3版〕

藤原勇喜 著

A5判・561頁・定価 本体5,400円+税

▷▷▷▷▷▷▷▷▷▷▷▷▷▷▷▷▷▷▷ **本書の特色と狙い** ◁◁◁◁◁◁◁◁◁◁◁◁◁◁◁◁◁◁◁

▶信託のしくみから活用の実際までを体系的に解説するとともに、信託に関する登記の構造を学説・判例・先例・実例等をとおして詳解し、あるべき実務を示唆!
▶資産の流動化・証券化、高齢化社会における財産管理とその有効活用、倒産隔離機能の活用として注目される信託の最新状況に対応!
▶信託の本質・特質・構造・動向等を踏まえ、信託に関する登記の構造を解明!
▶登記申請書、記載例も網羅するとともに、信託の登記をめぐる諸問題にも論及!
▶法律実務家、登記関係者、信託会社の法務担当者、研究者の必読書!

❖❖❖❖❖❖❖❖❖❖❖❖❖❖❖❖❖ **本書の主要内容** ❖❖❖❖❖❖❖❖❖❖❖❖❖❖❖❖❖

第1部　信託の理論総説
第1章　総論
第2章　信託の概要
第3章　信託の種類とその特色
　Ⅰ　はじめに／Ⅱ　不動産信託／Ⅲ　倒産・破産をめぐる信託—信託による資産の流動化と企業再生／Ⅳ　民事信託・福祉信託等／Ⅴ　事業信託／Ⅵ　遺言代用信託／Ⅶ　後継ぎ遺贈型受益者連続信託／Ⅷ　不動産の流動化信託／Ⅸ　公有地信託／Ⅹ　公益信託／Ⅺ　信託登記事件の動向

第2部　信託登記の実務
第1章　信託登記の基本構造
第2章　信託の基本原理と信託の登記
第3章　信託に関する各種の登記とその問題点
　Ⅰ　信託に関する登記／Ⅱ　信託に関する登記の変更（更正）の登記／Ⅲ　受託者の変更等による登記／Ⅳ　信託管理人等に関する信託目録の記載信託の併合・分割とその登記手続／Ⅵ　受益権取得請求権の行使による受益者の変更とその登記手続／Ⅶ　信託の登記の抹消の登記
第4章　信託に関する登記の申請構造
第5章　登記申請（嘱託）情報および登記情報記録例
　Ⅰ　信託の登記／Ⅱ　受託者変更による権利移転等の登記／Ⅲ　権利の変更と信託／Ⅳ　仮登記／Ⅴ　信託の登記がある土地の合筆等／Ⅵ　信託目録の変更（更正）／Ⅶ　裁判所からの嘱託による登記／Ⅷ　受益者代理人／Ⅸ　信託監督人／Ⅹ　信託登記の抹消の登記

発行　民事法研究会

〒150-0013　東京都渋谷区恵比寿3-7-16
（営業）TEL. 03-5798-7257　FAX. 03-5798-7258
http://www.minjiho.com/　info@minjiho.com